美国外来移民的
劳动力市场与经济影响
（1965—2005）

欧阳贞诚　著

The Impact of Immigration
on American Labor Market
and Economy
(1965-2005)

生活·讀書·新知 三联书店

图书在版编目（CIP）数据

美国外来移民的劳动力市场与经济影响：1965～2005／欧阳贞诚著. —北京：
生活·读书·新知三联书店，2016.3
ISBN 978 - 7 - 108 - 05325 - 1

Ⅰ．①美… Ⅱ．①欧… Ⅲ．①移民 - 影响 - 劳动力市场 - 研究 -
美国 - 1965～2005 ②移民 - 影响 - 经济发展 - 研究 - 美国 - 1965～2005
Ⅳ．① D771.238 ② F249.712.12 ③ F171.24

中国版本图书馆 CIP 数据核字（2015）第 104436 号

责任编辑　胡群英
装帧设计　王齐云
责任印制　宋　家
出版发行　生活·讀書·新知 三联书店
　　　　　（北京市东城区美术馆东街 22 号 100010）
网　　址　www.sdxjpc.com
经　　销　新华书店
印　　刷　北京鹏润伟业印刷有限公司
版　　次　2016 年 3 月北京第 1 版
　　　　　2016 年 3 月北京第 1 次印刷
开　　本　635 毫米 × 965 毫米　1/16　印张 20
字　　数　250 千字
印　　数　0,001－3,000 册
定　　价　58.00 元
（印装查询：01064002715；邮购查询：01084010542）

目　录

绪 论

美国是一个由移民及其后代构成的国家。数百年来，成千上万的外来者不辞劳苦、远涉重洋，前赴后继地涌入北美大陆，时至今日，移民潮仍方兴未艾。对于这些外来移民而言，入境原因可谓各不相同：或是为了获得更好的生活条件与经济机会，或是为了摆脱政治、宗教迫害，或是为了结束异地分居实现家庭团聚。对此，在其深具影响的名著《拔根者》中，美国著名移民史学家奥斯卡·汉德林开门见山地写道："当我想撰写一部美国外来移民史时，我才发现外来移民史就是一部美国史。"[1]

美国之所以愿意接纳这些外来移民，主要原因不外乎两点：一是自殖民地时代伊始，外来移民不仅提供了经济发展所必需的劳动力，同时也带来了科学技术、企业人才、艺术成就以及丰富的多元文化，造就了今天美国的富庶和强大；二是多数美国人笃信，根据上帝的旨意，美国肩负着神圣的使命，有责任和义务接纳那些受苦受难而意欲前往美国的人，是全世界受压迫的贫苦大众的"避难所"和栖息地。

然而，在不同的历史时期，美国社会时常弥漫着对移民的怀疑和排斥情绪。正是这种怀疑和排斥，导致了1798年《外侨及叛乱法》与1882年《排华法》的问世、"一战"期间对德裔的敌视、"二

---

[1] Oscar Handlin, *The Uprooted: The Epic Story of the Great Migrations that Made the American People*, Massachusetts: Atlantic Monthly Press, 1973, p.3.

战"期间对西海岸十余万日裔美国人的拘留，以及历次移民法规的制定与出台。因移民问题而引发争论，在美国从来就不是一个新现象。虽然美国接收移民入境的大门从未完全关闭，但其打开的门缝却会随国内民众排外情绪的强弱而忽大忽小。

自 20 世纪 60 年代以来，美国在移民政策方面出现重大调整，其外来移民潮也随之发生了前所未有的变化。值得一提的是，1965年《外来移民与国籍法修正案》的颁布和实施，废除了自 20 世纪 20年代以来实施的、基于种族歧视基础之上的移民民族来源限额体制，确立了对各国一视同仁的全球限额制度。自此，美国进入一个全新的移民时期，新移民在数量、民族与地区来源、教育与技能特征等方面，均出现了显著变化。

在数量方面，新移民潮创下美国入境人口数量的新纪录。根据统计数据，在 1820—2004 年，美国记录在案的入境移民数量为6986.95 万。其中，第一次移民入境高峰在 1880—1930 年，数量为2757.26 万，而在 1960—2004 年进入美国的合法移民则超过了这个数字，为 2802.85 万。[1] 如果将非法移民计算在内的话，那么新时期入境移民的实际数量毫无疑问将会更多。

在来源地方面，新移民不再多来自传统的欧洲、加拿大等发达地区，而是来自拉美及亚洲等第三世界地区。在 20 世纪 50 年代末期，外来移民中 67.7% 以上仍来自欧洲和加拿大，但到 80 年代，该比例急剧下降至 12%，而来自亚洲、拉美以及加勒比海地区的移民则占到 85% 左右。[2] 此后，这一变化趋势仍在持续。从移民具体的来源国看，来自英国、德国、法国等欧洲国家以及加拿大等国的移民数

---

〔1〕 U.S. Department of Homeland Security, Office of Immigration Statistics, *2004 Yearbook of Immigration Statistics*, p.5, http://www.dhs.gov/xlibrary/assets/statistics/yearbook/2004/Yearbook2004.pdf.（2007 年 8 月 29 日下载）

〔2〕 Frank D. Bean and Stephanie Bell-Rose, eds., *Immigration and Opportunity: Race, Ethnicity, and Employment in the United States*, New York: Russell Sage Foundation, 1999, p.7.

量日益减少，而来自亚洲的中国、越南、菲律宾、韩国以及拉美的墨西哥、萨尔瓦多、古巴等地的移民则日渐增多，构成了当代新移民的绝对主体。

在教育程度、技能水平方面，新移民整体而言相对落后。根据人口统计数据，1990 年时，25 岁及以上的外国出生人口当中，受教育年限不足九年者的比例为 26%；而到 2000 年 3 月，该比例仍高达 22.2%，相比之下，本土人口中受教育年限不足九年者的比例仅为 4.7%。[1] 由于外来移民的技能水平普遍较低，因此从事体力劳动者和无正式职业者较多，在美国劳动力市场中处于不利地位。[2] 此外，随着 20 世纪 60 年代以来难民与非法移民的不断增长，移民当中贫困者和失业者的比例也相对较高，依赖社会福利的现象比较突出。

当代新移民的这些特点，又一次激起了美国社会的广泛关注。围绕新移民对美国经济、政治、社会、文化、环保以及国家安全等方面的影响，美国各阶层展开了激烈的争论。由于经济问题直接涉及国家和个人的切身利益，因此有关移民经济影响这一话题的辩论数量最多，参与的人最广，辩论的时期也最长。[3] 谈及 60 年代以前入境移民的经济影响，美国人几乎不存在异议，基本达成共识，即这些移民对美国经济发展做出了无与伦比的贡献。但是，对于 1965 年以来新移民给经济造成的影响，社会各界反应不一，争执长期不休。

2004 年，导演塞尔西奥·阿若的影片《没有墨西哥人的日子》（*A Day Without a Mexican*）上映，该片以奇幻的剧情反映了移民对于加州的重要性。剧情大意是：一天清早，加州所有的墨西哥人，包括保姆、警察、洗衣工、公车司机、球星、电视节目主持人等，突

---

〔1〕 Maria A. Padilla, *Impact of the Mexican Immigrant Labor Force in the United States Economy*, p.6, http://www.appstate.edu/~stefanov/student2002.pdf.（2006 年 2 月 10 日下载）

〔2〕 陈奕平：《当代美国外来移民的特征及影响分析》，《世界民族》，2004 年第 5 期。

〔3〕 钱皓：《美国移民大辩论历史透视》，《世界历史》，2001 年第 1 期。

然全部神秘地消失了。整个加州由此陷入混乱，近乎瘫痪：庄稼无人收割，饭店没有了服务员，街道上的垃圾无人清理……于是，加州人才开始发觉，那些曾经在自己身边默默无闻地提供服务的墨西哥人是如此的重要，并怀念他们在过去所做出的贡献。当混乱不堪的一天结束后，失踪的墨西哥人又回来了。他们并不知道究竟发生了什么，但周围的人惊异的眼光和转变的态度，让他们感觉这个世界似乎变了，变得让他们陌生了，变得让他们也意识到自己的价值和重要了。

在现实生活中，移民的确深深地影响着美国的经济生活。2006年5月1日，美国数百万非法移民及其支持者走上各地街头，举行游行示威，发誓要把当天变成"没有移民的一天"。在芝加哥，数十万人举行集会，许多商店被迫关门，一些街道交通受阻；在纽约市，移民及其支持者发起了声势浩大的游行示威，其影响波及许多工商业活动，尤其是移民集中的某些行业。例如，食品巨头泰森公司和嘉吉公司旗下至少有八家工厂停产，国雅食品公司完全停止产品配送。麦当劳仍继续营业，但部分店铺因人手短缺而缩短营业时间。纽约联合广场露天市场比平常冷清许多。百老汇经营廉价进口商品生意的商店也大多关门歇业。[1]

显然，电影中的荒诞情节或现实中的真实情境，共同反映了当下美国社会较为关注的一个主题，即外来移民对美国经济生活的影响。无论是虚拟世界中加州墨西哥人的突然消失，还是现实生活中芝加哥、纽约等地移民的罢工，造成的结果基本相似：外来移民一旦停止工作，美国社会直接会变得混乱不堪。这似乎表明，外来移民对于美国的经济具有不可或缺的意义，美国经济的发展离不开外来移民。

---

[1] 陈济朋：《"没有移民的一天"，美国差点瘫痪》，《新华每日电讯》，2006年5月3日。

当然，也有许多美国人认为，1965 年之后来自拉美和亚洲等相对落后地区的移民，给美国经济带来了不利影响。他们认为，新移民的到来扰乱了美国劳动力市场的原有秩序，加剧了美国人的失业和收入下降，增加了政府的财政负担，因而是美国经济发展的一个沉重包袱。1992 年，美国进行了全国选举研究调查（National Election Studies Survey），对于外来移民是否抢夺了美国本土人的工作问题，多数人都予以了肯定回答。其中，就西裔移民是否抢夺美国本土人工作的问题，认为"极有可能"者为 17.7%，认为"非常可能"者为 25.6%，认为"或许"者为 33.2%，认为"不知道"或没回答者为 11.6%，而认为"不可能"者仅为 11.9%。就亚裔移民是否会抢夺美国本土人的工作问题，受试者的回答也基本相似：认为"极有可能"者为 16.7%，认为"非常可能"者为 26.8%，认为"或许"者为 32.8%，认为"不知道"或没回答者为 11.8%，认为"不可能"者同样为 11.9%。[1] 2004 年一份盖洛普民意调查也表明，尽管美国人对于外来移民的态度，已不像"9·11"恐怖袭击后那样排斥，但在多数美国人眼里，外来移民仍然是不受欢迎的。仅有 14% 的美国人希望增加移民数量，另有 33% 希望保持现有水平，而有 49% 则希望减少移民。更多的被测试者认为，除了在"食物、音乐和艺术"等少数方面，美国的经济生活由于移民的到来而变得"更坏"而不是"更好"。[2]

　　上述所列举的各种事实，反映了美国社会生活中的一个矛盾现象：一方面，美国的日常生活离不开外来移民，另一方面，美国社

〔1〕 Gordon H. Hanson, Kenneth F. Scheve, Matthew J. Slaughter, Antonio Spilimbergo, *Immigration and the U.S. Economy: Labor-Market Impacts, Illegal Entry, and Policy Choices,* May 2001, pp.67-68, http://papers.ssrn.com/so13/papers.cfm?abstract_id=296108.（2006 年 5 月 12 日下载）

〔2〕 Lydia Saad, *Americans Divided on Immigration,* July 22, 2004, http://www.gallup.com/search/default. aspx?q=Americans +divided+on+immigration&s=&i=&t=&p=4&a=0.（2009 年 12 月 23 日下载）

会中认为移民阻碍了经济发展，造成了明显经济负担的观念却根深蒂固。当代移民究竟对美国的劳动力市场及经济有着何等影响？带着这一问题，本书选取1965年以来美国的新移民为研究对象，期待从历史的视角进行审视，得出一个相对客观的结论。

在美国，从20世纪七八十年代开始，围绕外来移民的经济影响问题，各类论著及研究报告如雨后春笋般涌现。进入90年代，相关研究和论战进入一个新时期，除大量学者之外，各团体、组织及政府部门的相关研究机构等也纷纷参与其中。一时之间，研究成果林林总总、数不胜数，移民反对者与支持者各持己见、针锋相对，将移民问题推向舆论的中心，使之成为与堕胎、吸毒问题并驾齐驱的美国社会三大热点之一。

1994年，著名学者弗农·布里格斯（Vernon M. Briggs）与斯蒂芬·穆尔（Stephen Moore）合著的《依旧门户洞开？美国移民政策与美国经济》一书，由美利坚大学出版社出版。该书分为前后两部分，两位学者一人负责一部分。在书中，两位学者对于美国当代的移民问题持截然相反的态度。在布里格斯看来，由于战后美国的经济结构出现了前所未有的深刻调整，其对劳动力的需求也随之改变。60年代之后进入美国的新移民不仅数量庞大，而且整体技能水平低下，很难适应美国经济发展的需要。于是在劳动力市场，外来移民同美国土生的非熟练工人形成职业竞争，造成后者失业或工资下降，因而对美国的经济产生了较为不利的影响。相反，穆尔则积极肯定了移民的经济贡献。他指出，与美国历史上的移民高峰期相比，现在的移民数量并不突出；从教育程度与技能水平看，当代移民也并非远低于早期移民，相反其技能与素质却有明显提高，只是其增长速度不如美国人而已；在社会福利方面，虽然移民在某种程度上存在着依赖福利的倾向，并给地方财政造成了一定的负担，但总体说来，移民交纳的各类税款远超他们享有的福利；外来移民也没有造成美国土生工人的失业与工资下降，反而创造了大量新的岗位，挽救了许多濒临衰退的行业，甚至促进了高科技产业的发展，复兴了许多衰败的城区，从而促进了美国经济的不断发展。[1] 该书探讨的问题，涉及移民经济影响的许多方面，是当代美国学界关于移民论争的生动写照，为读者勾勒了相关争论的清晰框架。

综合美国学界的研究成果，就当前关于新移民经济影响争论的焦点问题，笔者归纳为以下三个方面。

（一）新移民的人力资本水平与经济融合　1965年《外来移民与国籍法修正案》实施之后，外来移民群体的一个显著特征，就是技能水平有了明显的变化。因此，研究移民对美国的经济影响，移民群体具有的人力资本，即其教育程度及劳动技能等相关因素，是无法忽略的。美国社会的一个常见观点就是，由于战后移民主要来自亚洲、拉美等地区，与早期来自欧洲的移民相比，其教育程度和技能水平都明显下降，人力资本的匮乏决定了他们必然会给美国带来较为不利的影响。但是，一些学者对此看法提出质疑。例如，朱利安·L.西蒙就认为，新移民群体当中存在着两极分化的趋势，既有许多低素质、低技能者，也存在大量高学历、高技能水平者，其中从事专业技术职业者的比例还高于土生美国人。[2] 通过考察1970—1990年的移民群体，朱利安·R.贝茨和马格努斯·洛夫斯特罗姆认为，相对于美国土生工人而言，60年代后入境移民的教育水平的确有所下降，其根本原因在于他们教育程度的增长速度低于土生美国人。事实上，移民的教育程度有不断提高之趋势，其中接受过高等教育的移民的比例，甚至高于土生美国人。此外，移民在美国居住

〔1〕 Vernon M. Briggs, Jr. and Stephen Moore, *Still an Open Door? U.S. Immigration Policy and the American Economy*, Washington, D.C.: American University Press, 1994.

〔2〕 Julian L. Simon, *The Economic Consequences of Immigration*, Michigan: University of Michigan Press, 1999, p.38.

的时间越长，其整体教育程度会逐渐接近土生美国人。[1] 同样，研究移民经济问题的著名学者乔治·J. 波哈斯也对移民的教育程度做了纵向和横向维度的比较与深入探讨。[2]

移民来到美国后，都会经历一个经济同化与融合的过程。在经济同化方面，经济学家巴里·奇斯威克提出的"年龄—收入"理论在学界较为流行。根据美国 1970 年的人口统计，奇斯威克在比较不同年龄阶段的移民的收入后指出：那些刚抵达美国的新移民，由于教育技能水平相对落后，缺少必要的人力资本，其收入水平比本土工人低 17%；这些移民入境 15 年后，其收入将逐渐赶上本土工人，入境 30 年后收入甚至高出本土工人 11%。该理论的依据是，移民之所以千辛万苦来到美国，根本目的是为了改善自身经济状况，因此在美国能够并且愿意辛勤工作。作为较有进取心的群体，随着在美国居住时间的增加，他们逐渐掌握了劳动力市场要求的诸多技能，如能够熟练应用英语、有一定工作经验等，自身人力资本不断提高，因而经济收入也会随着年龄的增加而不断增长。[3]

但是，奇斯威克的"年龄—收入"理论也遭到其他学者的驳斥。波哈斯在其《移民经济学》中明确强调，奇斯威克的研究难以令人信服，因为仅比对了 1970 年时不同年龄段的移民群体（如 25—35 岁、35—44 岁以及 45—54 岁）的收入，就简单得出了移民收入随着在美国时间的增加而不断增长的结论。波哈斯认为，由于移民群体自身及时代背景的改变，新到移民与 20 年前入境的移民有很大区别，不能以早期移民在当前劳动力市场的现状来预测新移民未来的收入

〔1〕 George J. Borjas, ed., *Issues in the Economics of Immigration*, Chicago: University of Chicago Press, 2000, pp.51–115.

〔2〕 George J. Borjas, *Friends or Strangers: The Impact of Immigration on the U.S. Economy*, New Nork: Basic Books,Inc., 1990, pp.45–46.

〔3〕 Barry R. Chiswick, "The Effect of Americanization on the Earnings of Foreign-Born Men", *The Journal of Political Economy*, Vol.86, No.5 (Oct.,1978), pp.897–921.

趋势。他选取具体时期（如 1965—1969 年）入境的某一年龄段（如 25—34 岁）的移民，对其入境后 20 年间的收入变化进行详细分析，认为奇斯威克过高估计了移民收入的实际增长。战后以来任何一个新移民群体，都有工资增长相对缓慢的经历，加之技能水平、教育程度比本土美国人低，因而工资总体呈下降趋势。[1]

英语运用熟练与否，对于移民的经济同化和社会融入有着重要意义。这一点在西裔移民群体中体现得尤为明显。[2] 谢里·A. 克萨齐指出，对于多数移民工人而言，不会说英语会严重影响他们顺利融入美国社会，他们可能找不到高收入工作，也可能丧失职业流动的机会，并且总是位于职业阶梯的底层。得克萨斯大学泛美分校 2002 年的一份研究也表明，能否熟练掌握英语，同样会影响移民企业家的收入。[3]

此外，移民的族裔来源、所在社区等因素也与其经济同化有着密切联系。在 1970 年代末期到达美国的移民中，此后十年内，英国移民的收入增长了 27%，葡萄牙移民的收入增长了 10%，老挝移民的收入却下降了 5%。波哈斯也指出，移民社区的存在不利于移民的社会融入和经济同化。如果移民群体不与本地人隔离居住，其入境美国十年后工资会平均增长 16%。但如果移民聚居在一处，这会减弱他们学习英语及其他劳动力市场技能的动力，从而自身的经济地位存在恶性循环的可能。[4]

〔1〕 George J. Borjas, "The Economics of Immigration", *Journal of Economic Literature*, Vol. XXXⅡ (Dec., 1994), pp.1667-1717.

〔2〕 Sherrie A. Kossoudji, "English Language Ability and the Labor Market Opportunities of Hispanic and East Asian Immigrant Men", *Journal of Labor Economics*, Vol.6, No.2 (Apr.,1988), pp.205-228.

〔3〕 Alberto Dávila, Marie T. Mora, *English Proficiency and Immigrant Entrepreneurial Income in the U.S.*, University of Texas-Pan American, August 2002, http://www.econ.duke.edu/smpe/pdf-files/DAVMORA.pdf.（2005 年 12 月 21 日下载）

〔4〕 George J. Borjas, *Heaven's Door: Immigration Policy and the American Economy*, New Jersey: Princeton University Press, 1999, pp.51-54,56-58.

（二）新移民与美国劳动力市场　　长期以来，关于外来移民是否在就业市场中取代美国本土工人，造成工资下降或者加剧失业的问题，美国学者展开了热烈的探讨。早在1953年，伯纳德（Bernard）对移民影响本土工人就业的说法表示质疑："最为持久和反复出现的谬论之一，就是移民抢夺了美国人的工作。这是一种错误的观念，认为任何经济只存在固定数量的职业，并且任何新来者都威胁了原定居者的工作。"[1]雷蒙德·J.基廷的观点则与之遥相呼应："美国经济并非一个被相互竞争的个人或群体所瓜分的尺寸固定的馅饼，相反，它充满生机并不断发展。"[2]

戴维·卡德通过分析迈阿密的劳动力市场在1980年古巴移民到来前后的变化状况，认为移民并未对本土工人产生不利影响。他指出，尽管在不到一年的时间内，迈阿密劳动力市场中劳动力数量剧增7%，但迈阿密工人的工资和就业并未受到明显负面影响。这主要有两方面原因：一是此前迈阿密大量存在的移民吸引了许多雇主和企业的迁入，因而有着接收新移民的准备；二是古巴移民的存在可能阻止了其他潜在移民的到来。[3]随后，在2005年的一份研究报告中，卡德认为"虽然移民对不同技能群体的劳动力供给有较大影响，但非熟练本土工人并未受到相对供应量的冲击"[4]。

其他一些个案研究也表明，移民对本土工人的影响甚小。例如大双子城联合慈善总会（Greater Twin Cities United Way）一份题为《移

〔1〕　Augustine J. Kposowa, *The Impact of Immigration on the United States Economy*, Lanham, Maryland: University Press of America, Inc, 1998, p.26.

〔2〕　Raymond J. Keating, *A Nation of Immigrants, An Economy of Immigrants*, September 2001, http://www.sbsc.org.media/pdf/BSCpolicyseries4immigrant.pdf?Formmode=&ID=0.（2005年12月21日下载）

〔3〕　David Card, "The Impact of the Mariel Boatlift on the Miami Labor Market", *Industrial and Labor Relations Review*,Vol. 43, No.2 (Jan.,1990), pp. 245–257.

〔4〕　David Card, *Is the New Immigration Really So bad*?, Cambridge, Massachusetts: National Bureau of Economic Research, August 2005, http://www.nber.org/papers/w11547.（2007年2月24日下载）

民与经济》的研究报告，通过对明尼阿波利斯与圣保罗地区的考察，对移民抢夺本土工人职业的说法予以驳斥，认为该观点建立在"经济只支持固定数量职业"的基础之上，忽视了经济本身的活力与发展潜能。[1]

但是，以波哈斯为代表的学者却持不同观点。在其研究成果《劳动力需求曲线在下降》中，波哈斯以1960—2000年的人口统计数据为基础，对18—64岁的男性工人进行分析。研究表明，移民对与其相竞争的本土工人的收入与就业机会产生了不利影响。当移民导致某一类型技能水平的劳动力数量增加10%，该群体中男性工人的周薪将减少3%—4%，而工作时间也会减少2%—3%。[2]

以移民归化局和当前人口调查的统计数据为依据，达拉斯联邦储备银行的一份研究分析了移民对本土工人工资的影响。该研究认为，移民对不同技能程度的美国工人的工资有不同影响：移民对专业技术工人的工资并无消极影响，却会造成体力劳动工人的工资下降。不仅如此，移民自身的状况也对本土工人工资有不同影响。作者将移民分为新到移民和在美国已居住多年的移民，认为新到移民对美国工人的工资有积极影响，是"唯一不对土生蓝领工人工资产生负面影响的群体"，"不会替换本土工人"；而那些居住多年的移民，他们逐渐掌握了英语及其他立足美国的生存技能，增强了同本土工人竞争的能力。也就是说，随着移民同化程度的增强，其对本土工人工资的负面影响更加明显。[3]

〔1〕 Greater Twin Cities United Way, *Immigrants and the Economy*, June 2002, http://www. unitedwaytwincities.org/news/download/Immigration%Economics.pdf.（2005年12月26日下载）

〔2〕 George J. Borjas, "The Labor Demand Curve is Downward Sloping: Reexamining the Impact of Immigration on the Labor Market", *The Quarterly Journal of Economics,* Vol.118, No.4 (Nov.,2003), pp.1335-1374.

〔3〕 Federal Reserve Bank of Dallas, *Does Immigration Affect Wages* ?, August 2003, http://cep.lse.ac.uk/ Seminarpapers/ 21-01-03-BoR.pdf.（2005年12月26日下载）

移民究竟会对土生黑人的经济状况产生何等影响？这一问题很早就引起学者的广泛兴趣。在美国不同历史时期入境的移民群体，从早期的爱尔兰人、意大利人，到最近的墨西哥人及亚洲人等，他们在美国劳动力市场中同土生黑人经常产生竞争，进而屡屡导致种族摩擦与冲突。因此，一些学者将土生黑人视作移民的受害者。布里格斯就认为，移民在城市的集中造成黑人状况的恶化："移民大规模地进入这些中心城市，增加了对可获得的职业的竞争。在这种情况下，许多黑人男性对在常规经济状况下寻求职业已感到绝望。"[1]同样，在90年代末期，两部探讨移民对黑人经济影响的论文集——《帮助或是妨碍？》[2]和《移民与机遇》[3]，都认为移民对黑人经济状况的影响不容忽视。

当然，也有研究并不赞成上述看法。例如《新美国人》一书指出，由于当前美国黑人与移民的空间分布存在巨大差异，黑人的工资收入及就业并未受到移民的严重影响。例如，以25—64岁的美国黑人为例，其30%生活于移民数量仅为2%的地区，63%生活于移民最为集中的加州、纽约等六州之外。因此，尽管某些黑人可能会因移民的到来而失去工作，但总体而言，居住分离的格局导致大多数黑人受移民的影响甚小。[4]

此外，一些研究还对移民与黑人之间的经济关系进行个案分析。在《美墨关系：劳动力市场中的相互依赖》中，通过对迈阿密、洛杉矶、纽约、芝加哥等大都市区的研究，作者发现，由于黑人同墨西哥等

〔1〕 Vernon M. Briggs, Jr. and Stephen Moore, *Still an Open Door? U.S. Immigration Policy and the American Economy*, p.51.

〔2〕 Daniel S. Hamermesh and Frank D. Bean, eds., *Help or Hindrance?: The Economic Implications of Immigration for African Americans*, New York: Russell Sage Foundation, 1998, p.12.

〔3〕 Frank D. Bean and Stephanie Bell-Rose, eds., *Immigration and Opportunity : Race, Ethnicity, and Employment in the United States*, p.14.

〔4〕 James P. Smith and Barry Edmonston, eds., *The New Americans: Economic, Demographic, and Fiscal Effects of Immigration*, Washington, D.C.: National Academy Press, 1997, p.224.

西裔移民存在着就业领域和职业类别方面的差别，二者并未存在明显的职业竞争。在西裔集中的地区，黑人获得高收入职业的机会并未削减，"西裔与土生黑人之间不存在负面关系，移民的存在或许还会促进黑人的就业机会"。当然，这并不表明二者之间完全不存在竞争。在劳动力市场职业阶梯底层的某些行业，如清洁工岗位就存在着大量非工会成员的黑人被西裔移民取代的现象。[1]

其他一些学者指出，外来移民的最大受害者是美国劳动力市场中的少数族裔，特别是先前到达的老移民。由于新、老移民之间存在着直接的替换关系，因此，深受移民影响的是那些先来的移民，而非本土工人。[2]另外像格罗斯曼认为，移民数量增加10%，会导致移民工资整体下降2%。[3]

然而，又有学者相应指出，虽然存在新移民对某些少数族裔或老移民产生不利影响的现象，但这并不是移民造成的必然结果。如奥古斯丁·J.科波索瓦指出："移民是否替换少数族裔，取决于美国总体经济健康状况。在经济繁荣时期，替换很少发生或几乎没有；在经济萧条时期，替换似乎非常严重。"[4]

（三）移民与美国的福利财政 自20世纪30年代以来，随着美国的社会安全保障以及联邦医疗保险制度日趋完善，外来移民进入美国后，可资利用的各类福利项目较多，这导致某些地区，特别是移民较为集中的地区财政负担似乎日益加重。于是，有关移民做出的财政贡献与消耗的福利费用的问题，很快成为移民经济影响研究

---

〔1〕 Jorge A. Bustamante, Clark W. Reynolds, and Raúl A. Hinojasa Ojeda, eds., *U.S.-Mexico Relations: Labor Market Interdependence*, California: Stanford University Press, 1992, p.367.

〔2〕 Kristopher Kaneta, *Immigration and Its Effects on U.S. Labor Markets*, http://titan.iwu.edu/~econ/ ppe/1999/kris.pdf（2005年12月21日下载）; James P. Smith and Barry Edmonston, eds., *The New Americans: Economic, Demographic, and Fiscal Effects of Immigration*, p.6.

〔3〕 Jean Baldwin Grossman, "The Substitutability of Natives and Immigrants in Production", *The Review of Economics and Statistics*, Vol. 64, No.4 (Nov.,1982), pp.596−603.

〔4〕 Augustine J. Kposowa, *The Impact of Immigration on the United States Economy*, p.99.

中的一个热点。90年代初，学者雷（Rea）和帕克（Park）以及唐纳德·赫德尔（Donald Huddle）进行了较有影响的研究，他们都认为移民给美国带来了负面的财政影响。雷和帕克指出，在洛杉矶县，移民及其子女每年耗费了9.47亿美元的福利，而他们通过交纳税款而贡献的财政收入仅为1.39亿。同样，赫德尔发现，在圣迭戈县，移民造成的财政损失高达425亿。但是，也有不少学者对此提出质疑。例如，城市研究院的菲克斯（Fix）和帕塞尔（Passel）认为，这些研究，尤其是赫德尔的研究，在夸大了移民享受福利的同时，又低估了移民创造的经济收益，移民实际贡献的财政收入高达500亿。[1]

波哈斯也对移民接受社会福利的情况及原因作了详细研究。在《移民与福利：1970—1990》中，波哈斯指出，自战后以来，移民群体中接受福利者的比例不断增长，并且消耗现金福利的增长速度更快。在1990年，移民家庭仅占美国全部家庭的8.4%，却占所有接受公共救济家庭的10.1%，耗费了所有现金资助额的13.1%。之所以出现这一现象，主要与如下两个因素有关：一是与过去的移民相比，新来移民中参与福利者的比例较高；二是移民群体中存在着"福利同化"的趋向，即随着移民在美国居留与生活时间的增长，他们接受福利的比例并非不断下降，反而持续上升。其中，难民群体中依赖福利的现象较为严重，西裔移民，尤其是墨西哥移民更是如此。此外，来自亚洲、加拿大等地区的移民享受福利的比例也同样不断增长。然而，在波哈斯看来，虽然移民当中存在较严重的福利依赖现象是不争的事实，但无论如何，它还远未达到成为美国财政无法承受的负担的地步。[2]

---

〔1〕 J. Samuel, P. L. Martin, J. E. Taylor, *The Jobs and Effects of Migrant Workers in Northern America·Three Essays*, http://www.ilo.org/public/English/protection/migrant/download/imp10.pdf.（2006年1月21日下载）

〔2〕 George J. Borjas, *Immigration and Welfare: 1970-1990*, Cambridge, Massachusetts: National Bureau of Economic Research, September 1994, http://www.nber.org/papers/w4872.（2006年12月8日下载）

可以说，在所有的研究成果中，美国国家研究委员会有关移民财政影响的调查报告，是最具权威性的。这份调查报告选取1989—1990财政年度的新泽西州和1994—1995财政年度的加州为研究对象，对移民的财政影响问题作了详细剖析。研究指出，探讨移民的财政影响，应区分其在联邦、州与地方三个层面的差别。从地方和州的层面来看，移民消耗的福利远超过其贡献的财政税收。例如在新泽西，每个移民家庭平均消耗的、由州和地方提供的公共福利支出，比他们交纳的税收多出1484美元，在加州则为3463美元。由于移民的到来，新泽西的土生家庭遭受的财政损失平均为232美元，在加州为1178美元。但是，从联邦层面来看，情况又截然不同，两州的移民家庭交纳的税收都超过其耗费的福利，平均贡献的净财政收入分别为520美元和127美元，两州的土生家庭则因移民而增加3美元和4美元的收益。尽管如此，移民在联邦层面的积极影响却难以抵消其在州和地方层面的消极影响，新泽西与加州的土生家庭平均遭受了229美元和1174美元的损失。然而，该研究也强调，虽然移民造成的福利负担超过其做出的财政贡献，但这里考察的仅是单一财政年度内移民的税收贡献和福利支出，因此只是一个静态的简单扫描，难以全面透析移民及其后代在较长一段时期内所带来的真正财政影响。如果当今移民的后代有着与过去移民类似的发展经历，那么从长远来看，他们将会对美国的财政做出积极贡献。然而，由于这一预测涉及的时间较长，因此结论也需非常谨慎："如果这一持续至23世纪的估算是非常可靠的话，那将是十分荒谬的。"[1]

综上，关于移民对美国劳动力市场与经济的影响，学者们已展开了相当丰富的研究。他们通常借助经济学、社会学等领域的各种

---

[1] James P. Smith and Barry Edmonston, eds., *The New Americans: Economic, Demographic, and Fiscal Effects of Immigration*, pp.254−294,342.

理论以支撑各自的观点，具体涉及生产理论（Production Theory）、人力资本理论（Human Capital Theory）、新古典贸易理论（Neoclassical Trade Theory）、双重劳动力市场理论（Dual Labor Market Theory）等。

（一）生产理论　生产理论是评价移民对美国经济和劳动力市场影响的一种最常见的理论。该理论指出，在社会生产过程中，外来移民与本土工人之间是互补或替换的关系。如果二者是互补关系，外来移民会促进边际生产力的增长，本土工人因而能够获得较高工资、新的就业岗位或更好的职业晋升及社会流动的机会，最终推动美国经济不断发展；如果二者是替换关系，那么外来移民会导致边际生产力下降，进而加剧劳动力市场的竞争，造成本土工人工资下降或失业。根据这一理论，多数研究成果认为，由于战后新移民整体素质、技能水平较差，因而与美国的资本及土地拥有者、技术工人是互补关系，而与美国的低技能工人以及那些先前到达的移民是替换关系。移民较低的劳动力费用会导致商品和服务价格下降，美国的消费者会因此获益。[1]

本质上说，生产理论与罗伯特·帕克（Robert Park）等人类生态学家的部分理论是相契合的。人类生态学理论认为，在同一生存空间中，不同群体因分配资源，诸如职业、住房乃至配偶而展开竞争，竞争代表着"共栖"关系；当占有独立的社会空间或职位时，不同群体间又存在着互惠的"共生"关系。在此情况下，各群体间的竞争较小，劳动力分工的专门化程度相对较高，因此可以提高社会生产力。据此理论，由于非法移民的教育程度、技能水平与本土人相比较为落后，他们从事着本土工人不喜欢的职业，因而通常被认为与本土工人具有互补性，二者之间不会形成资源竞争。[2]

---

〔1〕 Maria A. Padilla, *Impact of the Mexican Immigrant Labor Force in the United States Economy*, pp.34–35.

〔2〕 Frank D. Bean and Stephanie Bell-Rose,eds., *Immigration and Opportunity: Race, Ethnicity, and Employment in the United States*, pp.35–36.

无疑，生产理论从"互补"与"替换"两个截然相反的方面，阐述移民可能产生的积极或消极作用，为理解移民的经济影响提供了一条便捷的途径。但是，该理论的不足在于，它将移民与本土工人的关系简单化了，二者间被理解为一种"替换"关系，忽视了移民作为经济活动主体所具有的能动性。此外，它也将因"替换"而引发移民与本土工人之间的竞争后果过分"妖魔化"，只看到竞争造成的暂时性不利影响，却忽视了在市场经济条件下，竞争机制所特有的、可以创造经济活力与生机的一面。这种对于竞争机制的片面理解在下述诸理论中均有体现。

（二）人力资本理论　该理论最早由舒尔茨（Shultz）和贝克（Becker）提出，认为人力资本是人的知识、技能以及经验的组合，个人收入是人力资本货币收益的直接体现。该理论本质上是关于个人从劳动力市场中获得收入或其他报酬的解释，其暗含的观点为：为实现利润的最大化，雇主通常只依据个人的人力资本来雇用工人，而忽视其种族、性别或国家来源。据此理论，当移民拥有雇主需要的技能时，雇主更可能雇用移民而并非本土工人。这样的话，美国本土工人和移民间的竞争就不可避免，雇主可以利用这些竞争来降低工资。随着外来移民人数的增多，劳动市场的竞争就会加剧，最终会降低本土美国人的收入和社会地位，两者间产生替换现象，某些本土工人将丢掉工作饭碗。所以，人力资本理论认为，入境的外来移民数量越多，就意味着美国本土工人的失业率越高。[1]

在解释移民的经济影响方面，人力资本理论固然存在合理因素，但是它忽视了劳动力的移民身份对他们在就业市场中的影响。因为，在现实生活中，即使在教育、技能水平同等的情况下，因种族、语言、文化背景以及价值观念方面存在显著的差异，移民在入境后通常存

---

[1] Augustine J. Kposowa, *The Impact of Immigration on the United States Economy*, pp.9-12.

在职业降级的现象，很难与同等水平的本土工人形成直接的竞争。

（三）新古典贸易理论　瑞典经济学家赫克歇尔（Heckscher）及其弟子俄林（Ohlin）等，从国际贸易的角度来考察移民的经济影响，提出了赫克歇尔—俄林模式，即新古典贸易理论。该理论假设在一定的条件下，两个有着不同要素的国家之间存在自由贸易，那么，每个国家都会出口本国有相对优势的产品，而进口存在劣势的产品。但在存在关税等贸易障碍的情况下，人口贸易即移民的出现，一定程度上替代了商品贸易。该理论认为，商品贸易和人口贸易是可替换的，如果两个国家之间存在自由贸易，那么就不存在移民的动机，移民是一个因贸易障碍而引起的国家间工资差异的反应。以人力成本高但资本充足的美国和劳动力富余而资本贫乏的墨西哥为例，如果这两个国家间进行自由贸易，美国将从墨西哥进口劳动密集型的产品，而墨西哥将从美国输入资本密集型产品。但是只要存在贸易障碍，劳动力从墨西哥移民美国的现象就会持续发生。当两个国家的工资差距等同于移民费用时，跨境移民才会停止。[1]

该理论认为，移民的到来相应增加了移民接收国的劳动力供应量，必然降低该国劳动力的工资水平或导致工人失业。按照这种解释，移民的大量入境通常对美国工人的工资与就业产生负面影响。显然，此理论陷入了一种基本的劳动力供求关系理论模式，认为移民的到来只会参与瓜分一个"尺寸固定的馅饼"，从而使本土工人的利益受损，忽视了移民作为生产创造者和消费者所具有的经济潜力。

（四）双重劳动力市场理论　该理论由迈克尔·皮奥里（Michael Piore）于1979年提出，通常也被称为劳动力市场分割理论（Segmented Labor Market Theory）。此理论认为，美国发达的产业经济通常产生资本密集与劳动力密集两大职业类别，分别分布于劳动力市场的主

---

[1] J. Samuel, P. L. Martin, J. E. Taylor, *The Jobs and Effects of Migrant Workers in Northern America-Three Essays.*

要部门（primary sector）与次要部门（secondary sector）。本土工人就业于主要部门，它能够提供较高工资、向上流动的机会、职业保险以及其他许多福利；移民及其他少数族裔就业于次要部门，其职业通常收入低下、状况不稳定或季节性强，同时几乎不能提供福利保障或向上流动的机会，本土工人通常对之不屑一顾。此外，两类劳动力市场是相互隔离的，移民和本土工人是互补而非竞争的关系，本土工人的工资及就业不受移民的冲击和影响，大规模入境的移民，整体而言对于美国的影响却是较为积极的。[1]

不难看出，双重劳动力市场理论强调习俗或制度性的限制阻碍着劳动力市场的自由竞争。不管工人的教育程度和其他技能如何，两个劳动力市场之间的收入差距是长期存在的，它反映了公司和企业等劳动力需求方的要求，同时也是由一些特殊的生产状况以及习惯性的工作制度和实践，如工会组织的集体谈判等所决定的。尽管如此，由于部分土生少数族裔、妇女、年长者等弱势群体也倾向集中于次要劳动力市场，那么，移民与这些土生人的竞争就在所难免。另外，两类劳动力市场要完全独立也是根本不可能的。

在研究方法上，美国学者普遍运用区域劳动力市场模式（area approach）与全国劳动力市场模式（national approach）。区域劳动力市场模式即以某一州、大都市区或更小的行政区划为一个独立的劳动力市场，通过研究此劳动力市场内移民数量变化与本土工人的工资收入、就业等状况的变动趋势之间的联系，来确定移民对劳动力市场到底产生何等影响。这类研究模式以戴维·卡德关于古巴移民对迈阿密劳动力市场影响的研究为代表。[2] 尽管该类研究模式涉及不同的研究对象，然而结果基本大同小异，均认为移民对地方劳动

---

〔1〕 Jorge A. Bustamante, Clark W. Reynolds, and Raúl A. Hinojasa Ojeda, eds., *U.S.-Mexico Relations: Labor Market Interdependence*, p.273.

〔2〕 David Card, "The Impact of the Mariel Boatlift on the Miami Labor Market", *Industrial and Labor Relations Review*, Vol. 43, No.2 (Jan.,1990), pp. 245-257.

力市场的消极影响微不足道。

但是，移民来到美国后，对定居地的选择不是盲目的，他们通常本着"收入最大化"的原则，自主流向那些经济繁荣、就业机会多、工资收入高的地区。与此同时，移民的存在既可能阻止其他流动人口进入当地劳动力市场，同时也可能导致当地部分人口外流，将移民的潜在影响分散到他地，从而减轻了当地劳动力市场中就业竞争的压力。此外，一些企业和投资方也会利用该地区充足的劳动力资源，将企业迁入此地或进行直接投资，同样也能创造更多的就业机会。因此，区域模式的研究结果无法得出令人信服的结论。

于是，一些学者转而采用全国劳动力市场模式。全国劳动力市场模式将美国看作一个完整的劳动力市场，采用此种研究方法的学者以波哈斯为主要代表。在 2005 年的一份研究中，波哈斯指出，移民对本土工人工资的影响与劳动力市场的范围大小密切相关，如果考察的劳动力市场范围越大，移民对本土工人工资的影响也就越大，反之亦然。这是因为，在一个特定的地方劳动力市场内，移民的增加相应导致了那些与移民具有同等技能的本土工人外迁，对该地区来说，此技能水平的工人总量并未发生太大变化，因而外来移民对该地区的影响相应就小；但是，从全国范围来看，移民的到来意味着劳动力供应总量的增加，必将对某些工人的工资和就业造成一定影响。也就是说，当把劳动力市场的范围从某一城市延伸至整个美国后，移民的负面影响才会较为明显。[1]

全国劳动力市场模式在一定程度上克服了区域劳动力市场模式的不足，它使用全国的数据来观察不同教育程度、工作经历、职业技能的本土工人工资、就业的变化与那些和他们具有对等特征的移民

---

[1] George J. Borjas, *Native Internal Migration and the Labor Market Impact of Immigration*, Cambridge, Massachusetts: National Bureau of Economic Research, September 2005, http://www.nber.org/papers/w11610.（2007 年 3 月 14 日下载）

数量变化之间的关系，从而在一个较合理的层面分析移民给劳动力市场带来的影响。不过，此模式同样存在着一些不足。其一，它无法解释移民到来后引起土生人口的"二次调整"现象。例如，移民导致职业竞争加剧，这可能会促使部分本土工人通过寻求继续教育的途径，以提高自身的人力资本，为未来的职业流动奠定基础；也可能促使某些潜在辍学者放弃辍学的打算并继续留在学校深造。其二，在当前世界经济一体化快速发展的背景下，任何国家的国内市场都不是完全封闭的，同资本、商品、生产技术等要素一样，劳动力的跨境流动也是一个普遍现象。此外，如前所述，它也强调移民作为本土工人的竞争者的一面，而忽视了移民本身具有的经济创造力的一面。

上述内容对美国学界关于当代新移民及其经济影响问题进行了概要探讨。在国内学界，近些年来关于美国移民问题的研究也取得了较为丰富的成果，然而，专门涉及外来移民劳动力市场与经济影响的史学研究，却并不多见。自 20 世纪 90 年代起，学界相继问世了一批有关美国移民问题的专著。其中，多数研究成果主要是从移民政策的视角，对美国移民问题进行相关探讨，部分著作中的某些章节，就移民在经济生活中对美国的影响有所涉及。[1] 此外，华人移民也是学者关注的重点，一些研究对华人移民进程、社会与经济的变迁等方面进行了分析。[2] 总体而言，尽管这些专著或多或少地涉及了移民的经济影响问题，但由于主题所限，其相关论述也无法充分展开。

〔1〕相关著作见邓蜀生：《美国与移民——历史·现状·未来》，重庆：重庆出版社，1990 年；邓蜀生：《世代悲欢"美国梦"——美国的移民历程及种族矛盾（1607—2000）》，北京：中国社会科学出版社，2001 年；梁茂信：《美国移民政策研究》，长春：东北师范大学出版社，1996 年；戴超武：《美国移民政策与亚洲移民》，北京：中国社会科学出版社，1999 年；钱皓：《美国西裔移民研究——古巴、墨西哥移民历程及双重认同》，北京：中国社会科学出版社，2002 年；黄兆群：《熔炉下的火焰——美国的移民、民族和种族》，北京：东方出版社，1994 年。
〔2〕相关著作见周敏：《美国华人社会的变迁》，郭南审译，上海三联书店，2006 年；周敏：《唐人街：深具社会经济潜质的华人社区》，北京：商务印书馆，1995 年；李小兵等：《美国华人：从历史到现实》，成都：四川人民出版社，2003 年；吴元黎、广树诚：《美国华人经济状况》，台北：中正书局，1998 年。

相较之下，姬虹的《美国新移民研究》则将研究目光集中于美国 1965 年之后的新移民。该书采取专题的形式，从美国新时期的移民政策、移民对城市的影响、移民的婚姻、第二代移民、移民的同化与种族关系等方面，对美国 1965 年后的新移民作了客观的考察和分析。[1] 然而，由于该书涉及的主题较多，因此论述也相对分散。其对新移民的研究，主要着眼于文化与政治影响的角度，而从经济影响的视角进行的论述相对较少。此外，陈奕平在《人口变迁与当代美国社会》的部分章节中，也对亚裔、西裔等移民群体的居住分布、经济特征及影响等进行了分析，为笔者的研究提供了相应的参考。[2]

　　在论文方面，当前论述美国移民问题的文章，可谓琳琅满目，其中以 1965 年以来的新移民为考察对象的研究也不在少数，但是这些研究的关注对象主要是华人移民，涉及当代移民的劳动力市场与经济影响的研究，更是屈指可数。[3] 梁茂信的《外来移民对美国经

〔1〕姬虹：《美国新移民研究——1965 年至今》，北京：知识产权出版社，2008 年。

〔2〕陈奕平：《人口变迁与当代美国社会》，北京：世界知识出版社，2006 年。

〔3〕参见赵和曼：《美国新华侨华人的若干变化》，《八桂侨刊》，2003 年第 1 期；赵红英：《试论中国大陆新移民的特征——北美与欧洲的比较》，《八桂侨刊》，2001 年第 3 期；曾少聪、曹善玉：《华人新移民研究》，《东南亚研究》，2005 年第 6 期；赵红英：《近一二十年来中国大陆新移民若干问题的思考》，《华侨华人历史研究》，2000 年第 4 期；李其荣：《1965 年以来美国华人新移民的特点》，《华中师范大学学报》（哲学社会科学版），1997 年第 5 期；程希：《中国大陆新老华人移民浅析》，《华侨华人历史研究》，1993 年第 4 期；李其荣：《新华侨华人的职业结构及其影响因素——美国与加拿大的比较》，《东南亚研究》，2008 年第 2 期；曾少聪：《美国华人新移民与华人社会》，《世界民族》，2005 年第 6 期；朱慧玲：《近三十年来美国华侨华人职业与经济状况的变化及其发展态势》，《八桂侨刊》，2007 年第 1 期；李其荣：《华人新移民与后工业美国社会——兼论"模范少数族裔理论"》，《世界民族》，2001 年第 3 期；李其荣：《美国族群结构的变化与美国移民的发展趋势——以 20 世纪 90 年代以来美国的亚洲和拉美移民为例》，《世界民族》，2004 年第 3 期；庄国土：《从移民到选民：1965 年以来美国华人社会的发展变化》，《世界历史》，2004 年第 2 期；应世昌：《美国的移民政策和国外移民对美国经济发展的作用》，《世界经济研究》，1994 年第 1 期；陈奕平：《当代美国外来移民的特征及影响分析》，《世界民族》，2004 年第 5 期；张晓青：《1990—2000 年美国移民特点及成因分析》，《西北人口》，2002 年第 1 期；李秀红：《二战后美国华人的就业特征及成因》，《求是学刊》，2007 年第 1 期；邵惟韺：《负担还是贡献——试论九十年代移民对美国经济的影响》，上海外国语大学 2005 届硕士毕业论文；陆月娟：《论战后美国族群结构的变化及其影响》，《华东师范大学学报》（哲学社会科学版），2002 年第 5 期。

济和就业市场的历史影响——兼论中美学者的观点》一文，则是一篇颇具参考价值的研究。该文针对国内外学者所提出的移民降低本土工人工资、引起失业、限制工会组织发展以及造成财政负担等不同问题，分别从历史的角度一一予以了周密的反驳，认为外来移民非但不是美国的包袱，反而是一笔无价的财富，中外学者所谓的外来移民对美国经济和就业市场会产生不利影响的观点不符合历史事实，美国经济中诸多问题的根源不在于外来移民，而在于美国经济本身。[1] 然而，由于该论文涉及的时间跨度较长，并没有对1965年以后的新移民的经济影响问题作专门探讨，并且由于篇幅所限，许多问题也难以详细展开。同样，其他许多论文也或多或少地涉及了当代移民的经济影响问题，但多如蜻蜓点水，一带而过。

可见，关于战后外来移民对美国劳动力市场与经济影响的研究，美国学者已从各个研究角度，综合运用社会学、经济学、人口学等学科的理论和方法，进行了相当全面的分析，并在近几十年中取得了较为丰硕的成果。但总体说来，历史学者对该论题的参与还比较有限，经济学家、社会学家仍是当前研究的生力军，多数成果缺乏历史的探析视角。相较而言，国内相关的研究还相当薄弱，仅少量论文和部分著作中某些章节有所涉及，但多只是触及皮毛而已，未能进行深入细致的分析。因此，借助历史学的方法和视角，加强对当代移民的劳动力市场与经济影响问题的研究，是很有必要的。

当代移民对美国劳动力市场与经济的影响，显然是一个十分复杂的课题。在现实中，影响美国经济及劳动力市场的因素复杂多样，移民仅是其中之一且并非关键的因素。同时，我们也无法预设在没有移民的情况下，美国的经济发展会是怎样的一番景象。更为重要的是，移民对于美国劳动力市场与经济究竟产生积极还是消极影响，

---

[1] 梁茂信：《外来移民对美国经济和就业市场的历史影响——兼论中美学者的观点》，《世界历史》，1996年第3期。

又与美国经济自身的发展状况密切相关。当美国经济健康运行时，移民通常起积极的推动作用；当美国经济处于衰退、萧条时期，移民的负面影响也相应较为明显。但是，无论是在经济的健康运行期还是萧条期，移民在多大程度上影响美国经济，很难予以确切考察。纵观美国近几十年关于此课题的研究，参与者多来自经济学、社会学、人口学等领域，经济学家更是当前研究的生力军。他们通常依据不同的假设条件，借助于不同的经济模型进行推理运算，然后得出一个个具体的数字化结论。这些结论固然具有重要的理论指导意义，但绝对不是完全可靠的，因为对社会问题的阐释毕竟不同于简单的逻辑运算。目前，美国史学界对该论题还未显露出明显兴趣，参与程度比较有限。因此，笔者选取1965年以来美国的新移民为研究对象，对新移民的劳动力市场与经济影响问题作一个历史的审视，期望得出一个客观的结论。

采用历史的视角来加强研究美国新移民对劳动力市场与经济的影响，无疑具有学术层面与现实层面的双重意义。从学术层面来看，与本课题相关的现有研究，主要出自于经济学领域。但是，通过经济学的函数与逻辑运算方法得出的数字，显然不能完全解释与说明现实生活中复杂的社会现象。因此，选择历史的视角，应是探究这一问题的有效路径，有助于得出一个相对公允、合理的评判。从现实层面来看，当代美国的外来移民对中国也有着一定的借鉴意义。对于美国而言，外来移民在进入美国后，其在不同地区内迁移所形成的人口流动，与美国土生人口的流动并无二致，区别仅在于他们的出生国籍不同。但是，从经济意义上讲，无论是移民还是土生人口，其在市场经济体制之下的流动，对社会经济生活的影响应该是一致的。从这个角度进行横向比较的话，美国的移民问题与中国当前的乡村人口向城市转移的社会现象，有着很大的相似之处。通过分析美国移民对劳动力市场与经济的影响，有益于客观分析当前国内经历的大规模人口流动的经济影响，以及其他相应产生的现实问题。

作为实施迁移行为的主体的"移民"，其英文单词为 Immigrant。在美国移民法律文件中，Immigrant 是指那些获得了美国永久居留权的外籍人，即"合法的永久定居者"（Legal Permanent Resident）或"绿卡持有者"（Green Card Holder），也就是普遍意义上的"合法移民"（Legal Immigrant）。显然，这是狭义上的移民概念，并不包括美国移民法律中的"非法移民"[1]、"难民"（Refugee）、"避难者"（Asylee）以及其他"非移民"（Nonimmigrant）。它们之间是一种并列关系，而非包含关系。

在美国的移民法中，"合法移民"是相对于"非法移民"而言的，指的是那些通过正当的、合法的途径进入美国并获得永久居留权的外籍人，或者是已经在美国、但通过身份转化后获得永久居留资格的外籍人。"非法移民"指的是所有非法逾境或通过合法方式入境后但滞留不归的外籍人。毫无疑问，非法移民缺乏在美国合法居留的资格。"非移民"是指那些合法进入美国但并非企图成为永久居民者的外籍人，包括旅游者、外国留学生及外交官员、国际组织机构的人员等。当然，"非移民"也有可能实现身份转变，成为非法移民或合法移民。"难民"是指在美国之外向移民归化局申请入境的因政治、宗教等原因逃离其本土的外籍人，"避难者"是指在美国国土之内或入境港口寻求保护的外籍人，他们可以通过身份转化，最终变成合法移民。

然而，在实际运用中，"移民"的含义总是超出其法律层面的狭

---

〔1〕关于"非法移民"一词，英文有多种不同的表述，例如"Illegal Immigrant"、"Irregular Immigrant"、"Undocumented Immigrant"、"Unauthorized Immigrant"、"Clandestine Immigrant"等。

义界定，而指所有来到美国的、并以定居为目的的他国人口。因此，广义的移民概念既包括"合法移民"，也包括"非法移民"、"难民"以及"避难者"，甚至还包括部分的"非移民"。虽然那些以旅游、经商、探亲或留学签证等形式入境的"非移民"，在最初并不能算作移民，但他们中的许多人在美国居住一段时间后，通过各种途径实现了身份转化，最终长期居留于美国而成为事实上的移民。可见，广义概念的"移民"包括了入境美国的以长期居留为目的的各类外来群体，并不存在入境方式以及是否符合法律程序的差别。本研究在行文过程中，除某些地方对"合法移民"、"非法移民"、"难民"、"避难者"等特别强调之外，使用的多为广义上的移民概念。

另一个与"移民"紧密相关的概念是"外国出生人口"。美国商业部人口普查局进行的人口统计，通常将美国人口分为"本土出生人口"（Native-Born Population）与"外国出生人口"（Foreign-Born Population）两类。"本土出生人口"是指那些出生于美国大陆以及波多黎各、关岛等外围地区，或者出生于国外但至少父母之一为美国公民的人；"外国出生人口"是指定居于美国、但出生时并不是美国公民的人。与法律层面的"移民"概念不同，"外国出生人口"范围更广，既包括移民法中的"合法移民"、"非法移民"、"难民"、"避难者"，也包括留学生以及持工作签证的各类临时定居身份的"非移民"。在美国许多研究机构以及学者所做的研究中，"外国出生人口"基本等同于广义的移民。同样，本书中屡次提及的"外国出生人口"概念，也可以与广义的移民概念互换。

在资料方面，本研究利用了大量的原始文献、美国各研究机构和研究组织的调查报告、美国学者的相关研究著述以及部分国内学者的研究成果。原始文献包括美国司法部移民归化局（INS）与美国国土安全部公民与移民服务局（USCIS）发布的各个年份的《移民归化局统计年鉴》与《移民统计年鉴》[1]、美国商务部的美国人口统计、外国出生人口统计等；各类研究报告包括经济顾问委员会历年的《总统经济报告》、劳工统计局的《每月劳工评论》等。此外，诸如移民研究中心（Center for Immigration Studies）、皮优西裔中心（Pew Hispanic Center）、城市研究院（Urban Institute）、布鲁金斯研究会、国家经济研究局（National Bureau of Economic Research）等各类组织、机构，也发布了大量相关的移民研究报告。学者的研究著述包括大量的移民研究著作与论文，等等。

本书主要采用历史学的研究方法，综合借鉴经济学、社会学、人口学等学科的研究手段，对美国当代外来移民的劳动力市场和经济影响进行实证分析。研究过程中，不可避免地涉及大量经济理论以及计量模型，但由于笔者在这些领域的涉猎相对欠缺，因此很难进行深入细致的探讨。此外，本研究选取的研究对象是1965—2005年入境美国的新移民，视角相对宏观，虽然书中也有一些微观领域的阐述，但并未铺陈展开，未能就不同移民群体、具体区域范围内的劳动力市场、某一特定移民群体等进行深入论述和个案分析。限于笔者研究水平有限，书中存在的不足甚至谬误之处，敬请诸位专家学者指正。

---

[1] 移民归化局隶属于美国司法部，是移民法的核心执行机构，专门负责处理与移民相关的各类事务。2003年3月1日，移民归化局被纳入国土安全部，更名为美国公民及移民服务局（U.S. Citizenship and Immigration Services），但其职责与移民归化局相同。此前每年发行的上一年度的《移民归化局统计年鉴》（*Statistical Yearbook of the Immigration and Naturalization*），自2003年起也相应易名为《移民统计年鉴》（*Yearbook of Immigration Statistics*）。

第一章 美国 1965 年移民法与新移民潮

自殖民地时代起，外来移民就源源不断地来到美国。"从未有任何国家像美国一样，汇聚并融合了如此众多特征各异的族裔群体。"[1]但是，涌向美国的移民潮并不是一成不变的。在不同的历史时期，美国的移民潮呈现出不同的阶段性特征。自20世纪60年代起，随着1965年《外来移民与国籍法修正案》的颁布，美国再次迎来了一个新的移民高峰期。新移民潮不仅规模庞大，而且在地理来源、群体类别、教育技能、居住分布等方面呈现新的特征和新的趋势。虽然1965年移民法为拉美和亚洲新移民打开了方便之门，但是，新移民潮的形成，也是美国与其他移民输出国的政治、经济、社会与文化等方面因素综合作用的结果。

第一节 1965年移民法的出台与影响

一 1965年移民法的出台背景

1965年10月3日，美国总统林登·约翰逊在纽约港自由女神像的见证之下，庄严地签署了一部新的移民法——《外来移民与国籍法修正案》。在现场发表演说时，约翰逊并未掩饰他签署这部法案的

---

[1] Leonard Dinnerstein, David M. Reimers, *Ethnic Americans: A History of Immigration and Assimilation*, New York: Harper & Row Publishers, 1975, p.xi.

自豪感：

> 今天，我们将签署的不是一项具有变革性的法案。它不会影响无数人的生活，不会改变我们日常生活结构，也不会极大增加我们的财富或权力。然而，它仍然是本届国会和本届政府最重要的法案之一，因为它纠正了美国历史上一个残酷和持久的错误。[1]

诚如约翰逊所言，签署 1965 年移民法的目的之一，就是为了修正美国移民政策体系中备受指责的问题，即具有种族歧视色彩的民族来源体制[2]。新移民法实施后，种族不平等的条款从字面上得以废除，全球各国开始拥有等额的移民配额，各国公民可在相对公平的基础上入境。然而，出乎约翰逊等人意料的是，1965 年移民法的"变革性"是毋庸置疑的，因为在其后的数十年内，美国的社会经济生活发生了前所未有的转变。美国学者丹尼尔斯称它"事实上改变了美国移民史的全部进程"[3]。那么，这部具有变革性意义的移民法，是在怎样的历史背景下出台的呢？

首先，从美国的移民立法进程来看，战后以来美国政府相继实施的多项移民政策，特别是出台的一系列难民政策，极大地动摇了原有的移民民族来源体制，为 60 年代新移民法的实施奠定了坚

---

[1] Roger Daniels, "The Immigration Act of 1965: Intended and Unintended Consequences", *Historians on America,* http://photos.state.gov/libraries/amgov/30145/publications-english/historians-on-america.pdf.（2013 年 5 月 18 日下载）

[2] 美国国会于 1921 年、1924 年和 1929 年先后三次通过了法案和决议，逐步确立了排斥亚洲移民、限制东南欧移民和偏袒西北欧移民的移民限额制度，也首次确立了限制入境移民人数和选择民族来源的原则。在该体制下，英国及其他西北欧移民占总限额的 85% 以上。详见梁茂信：《美国移民政策研究》，第 228—262 页。

[3] Roger Daniels, *Coming to America: A History of Immigration and Ethnicity in American Life*, New Jersey: Harper Collins Publishers,1990, p.341.

实的基础。

"二战"期间，深受战火摧残的人们流离失所，被迫背井离乡。战争的硝烟尚未散尽，两大阵营之间的冷战又再次开启。对于美国及其他西方"民主"国家而言，战争难民是摆在他们面前的一个极为重要且急需解决的问题。出于对冷战时期国际政治局势的考虑，以及所谓"自由民主"原则的指引，战后上台的美国几任总统，都先后制定了一系列的难民法，并试图对移民法中的民族来源体制进行修订。1947年1月，杜鲁门在致国会的国情咨文中，极力敦促国会让美国"履行对那些无家可归的、遭受苦难且拥有不同信仰的难民的责任"。这也是美国总统第一次关于美国对外国难民应承担责任的陈述。[1] 此后直至肯尼迪总统时期，美国又先后出台了多项难民法。仅在1953年至1962年期间，美国颁布的难民法，大大小小多达二十余项。[2]

众多难民法的设立，直接促使大量难民进入美国，导致每年入境的移民数量迅速增加，因而远超过1952年移民法规定的数额限制。例如，1951—1960年，来到美国的移民共251.5万，平均每年为25万左右；在60年代上半期，入境移民总量为145万，平均每年为29万[3]，都远超1952年移民法规定的15.6万的限额。不仅如此，由于战后来自西北欧的移民数量锐减，美国或是利用西北欧国家剩余的移民限额，或是以直接授予非限额移民的身份，接纳了许多来自东南欧国家的难民。1951—1960年，美国接纳的欧洲难民高达45.6万。其中，来自东南欧国家的难民占绝大多数，像来自波兰、

---

[1] Roger Daniels and Otis L. Graham, *Debating American Immigration, 1882-Present,* Mayland: Rowman and Littlefield Publishers, Inc., 2001, p.34.

[2] 梁茂信：《美国移民政策研究》，第326页。

[3] U.S. Department of Justice, Immigration and Naturalization Service, *2000 Statistical Yearbook of the Immigration and Naturalization Service,* http://www.dhs.gov/xlibrary/assets/statistics/yearbook/2000/Yearbook2000.pdf.（2008年4月30日下载）笔者根据第18页表格数字计算。

意大利、匈牙利的难民均在 5 万以上，来自南斯拉夫、苏联、希腊的难民为 2 万—5 万，来自奥地利、捷克斯洛伐克、拉脱维亚、罗马尼亚等国的难民，也均在万人以上。[1] 毫无疑问，东南欧难民的纷至沓来，对原有移民法中支持西北欧移民的民族来源体制产生了前所未有的冲击。此外，对于 1952 年移民法中的限额优先条款，新的难民法也进行了调整和补充，拓展了限额优先原则的适用范围，并突出强调家庭团聚的原则，这在一定程度上为亚洲和东南欧移民的入境提供了便利条件。这种强调家庭团聚优先权的调整，在随后的 1965 年移民法中体现得尤为明显。因此，正如有学者指出的那样：纵观美国在 20 世纪 50—60 年代制定的难民法，几乎在每一项立法中，至少有一项或一项以上的条款修正或补充了 1952 年《外来移民与国籍法》……许多条款打破或推翻了 1952 年移民法中的限制，削弱了该项移民法的作用。[2]

其次，从当时国内社会背景来看，美国战后的经济、政治、文化环境与社会氛围，都为移民法的改革创造了有利条件。

在经济方面，"二战"结束之后，随着以电子、空间技术和原子能为主要标志的第三次科技革命的蓬勃兴起，美国经济获得了空前繁荣。在"二战"前的四分之一世纪里，美国每人每小时产值平均每十年的增长率为 22%，而"二战"后到 1959 年为 35%—40%；美国加工业的年平均增长速度，从 1929—1949 年的 1.4%，增长到 1949—1957 年的 2.4% 和 1957—1961 年的 3%。美国国民生产总值在 1950 年为 3181 亿美元，1960 年上升到 4392 亿美元，增长了 38%。[3] 显然，在这样的"丰裕社会"里，无论是经济发展速度，还是就业率，

〔1〕 U.S. Department of Justice, Immigration and Naturalization Service, *2000 Statistical Yearbook of the Immigration and Naturalization Service.* 笔者根据第 109 页表格数字计算。

〔2〕 梁茂信：《美国移民政策研究》，第 333 页。

〔3〕 刘绪贻：《战后美国史：1945—2000》，北京：人民出版社，第 135 页。

美国都登上了一个新台阶。经济的繁荣与高速发展，极大地增强了美国人的自信心。在他们看来，美国完全有能力吸收那些外来移民，因而对外来移民的态度也较为宽容。这一时期，长期存在的有关移民会抢夺本土工人饭碗的质疑之声，在美国社会并不流行。美国人相信，颁布新移民法不会对美国人的就业和生活水平造成不利影响。因此，战后经济的蓬勃发展，为1965年移民法的顺利出台奠定了有利的经济基础。

在政治方面，虽然战后美国经济进入飞速发展时期，但长期遭受压迫的黑人的社会经济地位却没有获得相应改善。在席卷战后世界的民主化进程中，随着自身素质与觉悟的提高，随着种族意识逐渐觉醒，美国黑人在60年代掀起了一场轰轰烈烈的民权运动，向针对黑人等有色人种而设立的种族隔离与歧视制度，发动了前所未有的攻击。攻击的对象还扩展到移民政策领域，如移民法中有关民族来源、性别和宗教信仰等方面的不平等和歧视条款。自20世纪20年代确立起来的民族来源限制条款，的确存在着歧视东南欧和亚洲移民的问题。在民权运动的冲击下，它受到越来越多的诟病和指责，逐渐成为众矢之的，理所当然成为改革的目标之一。[1]

在文化方面，随着五六十年代民权运动的蓬勃兴起，美国的多元文化主义也开始盛行。长期以来，为了实现美利坚民族同质化的目的，美国的排外主义者企图通过诸如"百分百美国化运动"之类的强制同化措施，或是通过确立民族来源体制，限制和减少非盎格鲁—撒克逊移民。然而，与排外主义者的初衷大相径庭的是，自民族来源体制实施以来，一个种族、同一文化的同质格局并没有形成，不同民族群体仍然保留和延续了自己的独特文化。在民权运动的催化之下，多元文化之花竞相绽放。多元文化主义要求美国社会摒弃

---

[1] Vernon M. Briggs, Jr. and Stephen Moore, *Still an Open Door ? U.S. Immigration Policy and the American Economy*, p.16.

对少数族裔的成见，尊重不同种族或族裔的文化和传统。在这种文化环境中，美国社会对包括移民在内的少数族裔日趋宽容，这无疑会减少改革具有明显歧视倾向的移民法的阻力。

再次，从国际背景来看，对现行移民法令进行改革，废除其限制性的种族因素条款，也是美国出于冷战安全战略考虑的需要。"二战"结束以后，美国打着"民主"与"自由"的旗号，自诩为"自由世界的领导者"，迅速卷入了一场没有硝烟的全球冷战之中，与以苏联为首的社会主义阵营展开了全面对抗。然而，美国移民法中歧视东南欧和亚洲移民的民族来源限额体制，却对其试图打造的形象产生了无形的消极影响。它既有损"自由"、"民主"的形象，也可能会削弱资本主义阵营盟友的队伍。在这一限额体系下，亚洲和东南欧许多地区因政见不同以及其他原因意欲移民美国的人无法成行。在此背景下，美国移民法中仍然限制亚洲移民的做法遭到愈来愈多的质疑："在'孤立'获得普遍支持的时代，一个拒绝世界上大量人口的政策似乎是适当的，但在美国渴望成为'自由世界的领导者'的冷战时期，如此赤裸裸地拒绝亚洲人的政策，显然是不适当的。"[1]因此，为了获得更多的力量与舆论支持，美国便高举"人道主义"的旗帜，在战后先后出台了许多难民法令，并对之前的移民法进行修订。

二 1965年移民法的内容、特点与评价

1963年7月，众议院司法委员会主席伊曼纽尔·塞勒（Emmanuel Celler）向众议院递交了一份改革移民法的议案。随后，民主党参议员菲利普·哈特（Philip Hart）联合另外二十余名参议员，也分别向

---

[1] Roger Daniels and Otis L. Graham, *Debating American Immigration, 1882-Present*, pp.35-36.

众议院递交了关于移民法的议案，纷纷要求修订现行的移民政策。到 1965 年 1 月，塞勒与哈特以及另外一些国会议员，再次递交了相关的议案和建议。经过国会长达数月的辩论、争吵[1]，两院最终以压倒性优势通过了《外来移民与国籍法修正案》，也被称为《哈特—塞勒法案》，人们常称 1965 年移民法。10 月，经约翰逊总统签署后，新法开始正式生效。1965 年移民法主要包括如下几个方面的内容：

（1）废除了此前移民法中的民族来源限额体制。1965 年移民法规定：自 1968 年 7 月 1 日起，在全球范围内实施移民限额制度，每年允许 29 万移民入境。其中，东半球每年 17 万，移民根据国籍申请签证，各国每年移民不得超过 2 万限额；西半球每年 12 万，移民不分国籍，以"先来后到"原则入境。[2] 1965 年移民法的实施，标志着自 20 世纪 20 年代确立的民族来源限额体制寿终正寝，它从法律层面废除了移民法中的种族歧视，使美国的移民政策朝向相对民主、平等的方向发展。

（2）移民仍分为非限额移民和限额移民两大类。其中，美国公民的直系亲属，如配偶、未成年的未婚子女及父母，以及某些特殊移民，包括牧师、美国政府的前海外雇员、某些因婚姻或在驻外军队中服役而失去公民身份的人，以及某些外国医学毕业生等，属于非限额移民，在入境美国时不限数量。限额移民则要受数量限制。美国为实现家庭团聚和满足国家发展的需要，确立了七类限额优先移民。不仅如此，1965 年移民法还第一次将难民纳入移民法律体系，每年分配 6% 的限额。

---

〔1〕关于 1965 年移民法的出台经过，详见梁茂信：《美国移民政策研究》；戴超武：《美国移民政策与亚洲移民》，北京：中国社会科学出版社，1999 年。

〔2〕1965 年移民法生效后，墨西哥移民人数急剧增加，导致西半球移民的民族来源结构严重失衡。美国国会遂于 1976 年颁布了《西半球移民法》，规定各国每年移民不能超过 2 万限额的原则同样适用于西半球。至此，以国籍为基础的全球移民限额制度最终确立。

（3）实施劳工就业许可证制度。1965 年移民法规定，凡是以就业身份寻求入境的外国人，只有在不会替换美国本土劳工，也不会严重影响同类就业人员工资水平与工作条件的情况下，在获得劳工部长颁发的就业许可证后，方可入境。

总体看来，与此前的移民法相比，1965 年移民法具有如下特点：

（1）强调家庭团聚。与 1952 年移民法相比，尽管 1965 年移民法同样将移民分为非限额与限额两类，但它对二者的界定却与 1952 年移民法有很大区别，体现出了家庭团聚原则的重要性。在非限额移民类别当中，1952 年移民法规定，美国公民的配偶及未成年的未婚子女不受数量限制；而在 1965 年移民法中，除了配偶及未成年的未婚子女之外，父母也为非限额移民，可免受数量限制。关于限额移民，在 1952 年移民法中，第一优先权给予那些美国急需的技术人才及其亲属，第二、第三优先权才用于家庭团聚类移民。其中，21 岁以上的美国公民的父母以及美国公民的已成年但尚未婚配的子女，占优先限额的 30%，已获永久居留权的外侨的配偶及未成年子女，占优先限额的 20%。这两项共占全部优先限额的 50%。相比之下，在 1965 年移民法关于限额优先的规定中，其维护家庭团聚的意图更为明显。其中，第一优先权给予美国公民的成年未婚子女，占总限额的 20%；第二优先权给予永久定居的外侨的配偶及成年未婚子女，占总限额的 20%；第四优先权给予美国公民的已婚子女，占总限额的 10%；第五优先权给予 21 岁以上美国公民的兄弟、姐妹，比例更是高达 24%。在设置的七类优先类别中，四类是出于维护家庭团聚之目的，而且其比例共计 74%，远高于 1952 年移民法中的 50%（见表 1—1）。

表1—1 1952年移民法与1965年移民法的限额优先制度比较

1952 年移民法			1965 年移民法		
序	限额优先的对象	百分比	序	限额优先的对象	百分比
1	美国急需的高技能移民及其配偶和子女	50%	1	美国公民的未婚成年子女	20%
2	21 岁以上美国公民的父母以及美国公民的已成年未婚子女	30%	2	永久定居的外侨的配偶及未婚成年子女	20%
3	永久定居的外侨的配偶及未婚成年子女	20%	3	专业人员和具有过人才能的科学家和艺术家 *	10%
4	以上三项所剩余的限额，按如下两种方式分配：A) 美国公民的兄弟姐妹和已婚子女以及随行的配偶及子女；B) 非限额优先类别	50%；以上各项之剩余	4	美国公民的已婚子女	10%
			5	21 岁以上的美国公民的兄弟和姐妹	24%
			6	从事美国存在劳动力短缺的职业的熟练和非熟练工人 **	10%
			7	来自信仰共产主义或受共产主义思想影响的国家的移民，以及中东地区的难民	6%
			8	非限额优先类	以上各项之剩余

* 要求在美国劳工部办理就业许可证；
** 由于每年申请优先入境的移民数量远超过上述数额限制，此项条款从未被应用。
资料来源：Roger Daniels and Otis L.Graham, *Debating American Immigration, 1882-Present*, p.42.

（2）注重吸引外来人才和美国急需之劳力。尽管 1965 年移民法将家庭团聚视作第一目标，但它也没有忽视吸纳专业技术人才以及美国短缺的各类熟练或非熟练劳工。在 1952 年移民法中，第一优先权给予了美国急需的技术移民及其亲属，比例高达 50%，而 1965 年移民法的第三、第六优先权，分别给予专业人员、科学家和艺术家以及美国急需的熟练或非熟练工人，两种共计全部限额的 20%。在最初的立法议案中，约翰逊政府倾向于满足美国劳动力市场的需求，主张以吸收技术移民为主。约翰逊曾在 1964 年的一份国情咨文中呼吁道："一个建立在来自世界各地移民的基础之上的国家，可以这样询问那些寻求入境的人：'你能为这个国家做些什么？'"[1] 然而，由于反对者的坚持，1965 年移民法最终强调的是移民的家庭团聚，而职业优先种类的限额比例有所降低。不过，由于 1965 年移民法在移民总限额方面几乎增加了一倍，因此技术类移民的实际限额并未明显减少。

（3）将难民纳入了移民法中。如前所述，在战后以来，难民逐渐成为国际社会日趋关注的一个焦点问题。但是，美国 1952 年颁布的移民法中对此却丝毫没有涉及。在五六十年代，美国政府相继出台了一系列难民法，绕过了 1952 年移民法的限制，接收了大量难民，从而对它产生了巨大冲击。1965 年移民法的制定者则顺应了时代发展的需求，将难民问题纳入移民政策决策范围，在第七类优先项中给予了难民 6% 的限额，即每年允许 17400 名难民入境。需要注意的是，在对难民的限定中，它着重强调的是来自社会主义国家及其盟友的移民，由此可见，强烈的反共色彩和冷战思维，是 1965 年移民法的一个显著特征。

1965 年移民法的确立，废除了支配美国移民立法四十余年的民族来源制度，以法律的形式，禁止了移民政策中基于种族、血统等的歧视，改变了过去长期遵循的"放任西半球、偏爱西北欧、限制东南欧和亚洲移民"的传统，取而代之的是在国籍的基础上，分配

---

[1] Edward M. Kennedy, "The Immigration Act of 1965", *Annals of the American Academy of Political and Social Science*, Vol. 367, pp.137-149, http://www.jstor.org/stable/1034851.（2008 年 10 月 18 日下载）

给各个国家以一致的移民配额，从而使全球各国获得了平等的移民入境权利。此后，无论是来自东南欧的移民，还是来自亚洲或拉美、加勒比地区的移民，都可以在同等的配额基础上公平入境。因此，1965年移民法无疑是美国移民政策史上的一个重大进步。

1965年移民法的实施，特别是其强调家庭团聚的特点，对美国此后的移民潮产生了深远的影响，成为改变美国移民史进程的一个重要因素。它确立的以国籍为基础、以家庭团聚为核心目标的移民入境原则，为亚洲、拉美移民的亲属打开了方便之门。此后，来自亚洲与拉美地区的"链条移民"呈滚雪球之势，不断涌入美国，成为美国当代外来移民的主体，改变了美国移民的地区来源。因此，从这个角度而言，1965年移民法可以说是"美国移民史的分水岭"[1]。

然而，在探讨1965年移民法的历史影响时，许多研究也容易走进另一个误区，即过分强调该法改变当代美国移民潮进程的作用，而忽视其他因素的存在。例如，有学者认为，正是1965年移民法的实施，直接导致了外来移民地区来源的变化，因而该法是扭转美国移民民族来源的根源。[2]

的确，1965年移民法实施后，美国外来移民的地区来源发生了巨大转变，这是一个不争的事实。仅以亚洲移民为例，在1901—1930年，亚洲移民只占美国全部移民的3.7%，此比例在1931—1970

---

〔1〕 Arun Peter Lobo and Joseph J. Salvo, "Changing U.S. Immigration Law and the Occupational Selectivity of Asian Immigrants", *International Migration Review,* Vol. 32, No. 3 (Autumn, 1998), pp. 737-760.

〔2〕 Charles B. Keely, "Effects of the Immigration Act of 1965 on Selected Population Charcteristics of Immigrants to the United States", *Demograph,* Volume 8, Number 2, May 1971; Mary Jane Lopez, *High-Skill Immigrants in the U.S.Economy: Do High-Skill Immigrants Substitute or Complement Native-Born Workers?*, the University of Nortre Dame, 2003. 下载自 ProQuest Digital Dissertations（PQDD）学位论文数据库。

年升至 8.6%，此后迅速攀升，在 1971—1993 年增至 34.5%。[1] 但必须明确的是，1965 年移民法只是促成移民民族来源转变的一个前提条件，而绝不是根本原因。因为无论在任何时期、任何地区，移民潮的产生都是一个双向互动的结果，既涉及移民输入地的因素，也涉及移民输出地的因素。在美国实施了 1965 年移民法之后，世界各国在拥有向美国输送移民的数额方面，只是处在了同一起跑线，亚洲和拉美国家并没有比欧洲国家获得更多的特权。然而，自战后起，亚洲、拉美国家和欧洲国家的经济与社会发展，呈现出较明显的差异。在亚洲和拉美地区，由于经济相对落后和社会长期动荡，加之人口爆炸性增长，大量移民流向美国。而在欧洲地区，由于西北欧国家自战后以来迅速实现了经济繁荣，不仅消除了本国人口外迁的动机，甚至还吸引了大量移民的到来；而广大东欧地区当时属于社会主义阵营，在意识形态对立的背景下，除部分逃离的"难民"之外，鲜有移民前往美国。

外来移民群体中民族来源的变迁，并非是战后美国所独有的现象，也普遍存于欧美移民接收国。战后以来，国际移民潮的一个显著特点，就是移民从落后地区流向发达地区，现代迁徙流动大军中的主角，由欧洲移民转变为亚洲、拉美移民。例如，同为世界上主要移民接收国的加拿大与澳大利亚，在战后国际形势发生剧变的背景下，先后调整了移民政策，其移民民族来源也发生了显著变化。长期以来，加拿大的移民政策一直强调优先照顾拥有西欧血统的移民。1962 年，加拿大在颁布的移民法中废除了国家来源与种族方面的限制，转而实施以个人技能为基础的"分数制"。1976 年，加拿大又重新修订了移民法，将家庭团聚作为一个重要的政策目标。在澳

---

[1] Douglas S. Massey, "The New Immigration and Ethnicity in the United States", *Population and Development Review*, Vol.21, No.3 (Sep.,1995), pp.631-652.

大利亚，其长期实施的"白澳大利亚政策"，目的在于限制非英国血统以及其他非北欧血统的移民。"二战"促使澳大利亚开始考虑调整移民政策。部分澳大利亚官员担忧，数量较少的澳大利亚人难以承担保卫偌大一个国家的责任，而这种目标不能仅通过引进英国移民而实现。因此，澳大利亚着手接纳来自其他地区的移民。随后，澳大利亚与德国、荷兰、马耳他、意大利、希腊等国家签署协议，招募和资助其移民入境。1972年，澳大利亚废除"白澳大利亚政策"，同时也确立了类似加拿大的以"分数制"为基础的移民政策。到80年代初，家庭团聚因素也被纳入移民政策体系。

加拿大与澳大利亚移民政策的调整，导致两国移民的民族来源发生显著变化。在六七十年代，无论加拿大还是澳大利亚，其欧洲移民比例都急剧下降。在60年代，加拿大的英国移民比例为23.5%，来自其他欧洲国家的移民占46%，到70年代，这两个比例分别下降至15.2%和21.7%；亚洲移民的比例在60年代仅为8.4%，到70年代则上升至29.1%。在澳大利亚，英国移民在60年代几乎占全部移民的一半，但到70年代仅占1/3，而来自其他欧洲国家移民的比例也同样迅速下降，由60年代的40.8%降至70年代的22.4%；亚洲移民却由5.3%迅速上升为21.1%。[1] 由此可见，战后美国外来移民民族来源的变迁，并不是一个孤立的历史现象。它显然不单是美国1965年移民法直接促成的，它还有着更深刻的时代背景和复杂的社会因素。

其实，美国外来移民民族来源的转变，也并非1965年移民法创制者们的初衷。1965年移民法的制定者们的本意，只是消除移民法中的种族歧视因素，为各国移民的入境提供一个同等的平台，并没有对来自拉美和亚洲地区的移民予以任何照顾。相反，若仔细斟酌1965年移民法，还不难发现其中依然隐含着根深蒂固的种族歧视。

---

〔1〕 George J. Borjas, *Heaven's Door: Immigration Policy and the American Economy*, New Jersey: Princeton University Press, 1999, pp.51-54.

此前美国的移民主要来自西北欧国家，来自亚洲、拉美等地区的移民相对有限，而1965年移民法强调家庭亲属优先入境，那么能够按照此优先条款最大限度入境的，必然是西北欧移民。当时的众议院司法委员会主席和1965年移民法的提案人之一伊曼纽尔·塞勒曾判断："将不会有很多亚洲人或非洲人进入美国，由于亚洲或非洲人在这儿的亲属很少，相对而言，很少有人能来自那些国家，因为他们和美国没有家庭联系。"[1] 同样，参议员爱德华·肯尼迪在解释该提案的影响时也说道：

> 首先，我们的城市将不再会每年涌入100万的移民。在这个推荐的提案之下，当前移民的水平将基本保持不变……其次，美国的族裔构成将不会改变……与来自某些地区的指控相反的是，该议案将不会导致美国被来自某一个国家或地区，或者是人口最多和最为贫穷的非洲和亚洲国家的移民所淹没。最后，在此提案的措施之下，移民的族裔模式也不会像某些批评者所认为的那样将发生急剧的改变。[2]

第二节　新移民潮的来源及构成

在20世纪90年代的一份研究中，美国著名移民史学家道格拉斯·S. 梅西(Douglas S. Massey)将20世纪美国移民史划分为三个阶段：(1) 1901—1930年以大规模欧洲移民为主的传统时期；(2) 1931—1970年有限迁移的长期中断时期；(3) 1970年以来大规模非欧洲移

---

〔1〕 Vernon M. Briggs, Jr. and Stephen Moore, *Still an Open Door? U.S. Immigration Policy and the American Economy*, p.17.

〔2〕 Peter Duignan and L. H. Gann, eds., *The Debate in the United States Over Immigration,* California: Hoover Institute Press, 1997, p.14.

民持续入境的新时期。[1]道格拉斯之所以将1970年作为20世纪移民史新时期的起点，是因为1965年移民法在1968年正式实施后，美国的外来移民潮在入境规模、地区来源以及技术水平等方面，均出现了前所未有的变化。以入境身份划分，1965年以来的外来移民主要包括合法移民、非法移民以及难民。

一　合法移民

根据美国移民统计办公室[2]的数据，在1966—1999年，美国接收的合法移民共计2176.6万。进入21世纪以来，虽然美国经历了2000—2002年的经济衰退，同时也因2001年"9·11"恐怖袭击事件而加强了边境控制，但外来移民前往美国的热情不减。从2000年至2005年，合法移民数量又高达574.31万。因此，在1966—2005这40年里，合法移民共计2750.91万。[3]总的看来，1965年后入境的合法移民，呈现出如下几个特点。

（1）入境数量多，增长速度快。从20世纪60年代起，美国接收的合法移民数量呈直线上升，1961—1970年为332.17万，1971—1980年为449.33万，1981—1990年为733.81万，1991—2000年为

---

〔1〕Douglas S. Massey, "The New Immigration and Ethnicity in the United States", *Population and Development Review*, Vol.21, No.3 (Sep.,1995), pp.631–652.

〔2〕2001年之前美国每年移民统计工作主要由移民归化局负责，自2003年起，即2002年以来每年的移民统计工作开始由美国公民及移民服务局所属的移民统计办公室（Office of Immigration Statistics）负责。

〔3〕U.S. Department of Homeland Security, Office of Immigration Statistics, *2006 Yearbook of Immigration Statistics*, http://www.dhs.gov/xlibrary/assets/statistics/yearbook/2006/OIS_ 2006 _Yearbook. pdf.（2008年3月2日下载）根据Table 1 "Persons Obtaining Legal Permanent Resident Status: Fiscal Years 1820 to 2006"计算所得。

909.54 万。[1] 其中，90 年代入境的合法移民数量，几乎是 60 年代的三倍，这表明移民数量的增长十分迅速。

1965 年以来入境的新移民潮，在数量上打破了美国此前的历史纪录。如果以十年为单位，则 1990—1999 年的移民数量为历史最高水平，这一时期美国承认的合法移民达 977.54 万，超过 1900—1909 年的 820.24 万；若从单个年份来看，则以 1991 年为历史之最，达 182.66 万，也远高于此前最高年份 1907 年的 128.53 万。[2]

（2）移民民族来源发生变化，拉美与亚洲移民成为当代外来移民的主体。在 20 世纪 60 年代以前，美国移民主要来自欧洲和加拿大地区，来自其他地区的较少。在 1820—1959 年，美国共接收外来移民 4157.56 万，其中，欧洲移民为 3399.89 万，占比为 81.78%，加拿大移民为 234.48 万，占比为 5.64%，二者合占近 88%。同一时期，来自亚洲的移民共计 124.32 万，仅占全部移民的 2.99%；来自拉美的移民为 328.89 万，占 7.91%。[3]

1965 年移民法实施后，来自亚洲、拉美等地区的移民明显增多，而来自欧洲和加拿大的移民却急剧减少，移民的来源地发生转变。在 1960—2006 年，进入美国的合法移民为 3049.11 万，来自欧洲及加拿大的移民为 618.49 万，仅占 20.38%；而来自拉美的移民为 1331.41 万，占 43.67%；来自亚洲的移民为 928.21 万，占 30.44%。[4] 亚洲移

〔1〕 U.S. Department of Homeland Security, Office of Immigration Statistics, *2002 Yearbook of Immigration Statistics*, p.18, http://www.dhs.gov/xlibrary/assets /statistics/yearbook/2002/ Yearbook2002.pdf.（2008 年 3 月 12 日下载）

〔2〕 U.S. Department of Homeland Security, Office of Immigration Statistics, *2006 Yearbook of Immigration Statistics*. 数字见 Table 1 "Persons Obtaining Legal Permanent Resident Status: Fiscal Years 1820 to 2006"。

〔3〕 U.S. Department of Homeland Security, Office of Immigration Statistics, *2006 Yearbook of Immigration Statistics*. 根据 Table 2 "Persons Obtaining Legal Permanent Resident Status by Region and Selected Country of Last Residence: Fiscal Years 1820–2006" 计算所得。

〔4〕 U.S. Department of Homeland Security, Office of Immigration Statistics, *2006 Yearbook of Immigration Statistics*. 根据 Table 2 "Persons Obtaining Legal Permanent Resident Status by Region and Selected Country of Last Residence: Fiscal Years 1820–2006" 计算所得。

民中以来自菲律宾、中国、印度、韩国和越南等国的移民为主；拉美移民中，墨西哥移民占据绝大多数，多米尼加、古巴、牙买加以及萨尔瓦多等地的移民也占有一定比例。

在 20 世纪 50 年代，向美国输送移民最多的前五个国家中有三个为欧洲国家，即德国、英国和意大利，另外两个是加拿大和墨西哥。而到 90 年代，在输送移民最多的前十个国家中，欧洲国家仅有波兰和爱尔兰，墨西哥升至首位，其次是菲律宾、越南、多米尼加共和国和中国。[1] 再到 2000 年，在前十个主要移民来源国中，欧洲国家的份额更少，仅有德国，位于第十，而加拿大仅为第八，其余全部为亚洲和拉美国家（见表1—2）。

表1—2　在美国外国出生人口最多的前十个国家（2000年）

出生国	数量（万）	占全部外国出生人口的百分比
墨西哥	920	29.5%
中　国 *	150	4.9%
菲律宾	140	4.4%
印　度	100	3.3%
越　南	100	3.2%
古　巴	90	2.8%
朝　鲜 **	90	2.8%
加拿大	80	2.6%
萨尔瓦多	80	2.6%
德　国	70	2.3%
共　计	1820	58.4%

* 含港台地区在内。

** 朝鲜与韩国均计入内。

资料来源：Congressional Budget Office, *A Description of the Immigrant Population*, p.8, http://www. cbo.gov/ftpdocs 60xx /doc6019/11-23-Immigrant.pdf.（2007 年 4 月 10 日下载）

---

〔1〕 James P. Smith and Barry Edmonston, eds., *The New Americans: Economic, Demographic, and Fiscal Effects of Immigration*, p.28.

（3）"家庭团聚类"亲属移民占主体。1965年移民法的一个显著特点，就是着重强调家庭团聚的原则，此后允许入境的移民也印证了这一点。在当代美国的外来移民中，家庭团聚类移民占据绝对主体。仅以1997—2006年入境的合法移民为例，在此期间，美国接纳的合法移民总数为910.52万，其中，优先入境的家庭团聚类亲属移民为208.34万，比例为22.88%，此外，不受移民限额限制的美国公民的直系亲属类移民达389.69万，占比为42.8%。由此可见，亲属类移民的比例占了全部移民的2/3左右。同期，就业移民为132.67万，占14.57%，难民为76.13万，占8.36%，余者为其他类别移民。[1]

二　非法移民

在美国，非法移民一直长期存在，也是当代外来移民潮的一个重要组成部分。然而，总体看来，在20世纪60年代之前，美国境内滞留的非法移民还相对有限，其中绝大多数来自南部的墨西哥。尽管美国政府在不同时期也采取了一些驱逐非法移民的相应举措，但该问题并未引起社会各界足够的关注。

自60年代末以来，随着进入美国的合法移民急剧增加，非法移民的数量也同样水涨船高。除了墨西哥非法移民之外，来自其他地区的非法移民也开始迅速增长。移民非法入境的途径和方式也开始多样化。在选择的越境场所方面，除了从陆路边境非法入境之外，经由航空、海港等口岸非法入境的现象也日益增多；在入境策略方面，除了传统的偷越边境之外，还包括利用虚假证件蒙混过关、人口走私，以及通过合法途径入境但逾期不归，等等。当然，非法偷越边境是偷渡者最常用的方式，也最受美国政府关注。

---

[1] U.S. Department of Homeland Security, Office of Immigration Statistics, *2006 Yearbook of Immigration Statistics*. 部分数据是根据第18页表格计算而得。

到七八十年代，非法移民已成为美国一个严重的社会问题。在南部美墨边境，成千上万的偷渡客潜伏于边境之侧，伺机而动，给美国带来了巨大压力。移民局因此焦头烂额，其下设的边境检查站为防止偷渡和逮捕非法移民，常常疲于奔命。每年边境检查站拘捕的人数均达数十万，在有的年份则超过百万。例如在 1965 年，被边境检查站扣押的非法移民有 11 万，十年后增到 75.6 万，1986 年增至 167 万，仅 1977—1986 年就有 1152 万，平均每年 115.2 万。[1] 美国政府在 1986 年颁布《移民改革与控制法》之后，移民非法入境的现象暂时有所缓解，但从 90 年代初期又迅速恢复，并持续至今。根据移民局的统计，在 2005 年，边境巡逻队（Border Patrol）所逮捕的非法移民为 130 万。在 1996—2005 年，每年逮捕的人数均在 100 万以上，其中 2000 年时逮捕的人数最多，达 180 万，人数最少的 2003 年也达到了 100 万。[2] 但是，被逮捕的非法移民只是偷渡大军中的一部分，总有一些幸运儿得以成功入境，更多的企图入境者则依然埋伏在边境线，等候着逾境良机。

美国境内非法移民的数量缺乏官方权威的确切统计，但各政府部门和研究机构以及学者等，纷纷依据不同的调查数据和研究手段，得出了各种各样的预测数字，相互之间也不尽一致。移民归化局认为，美国的非法移民在 1990 年为 350 万，到 2000 年 1 月上升至 700 万；人口普查局认为，2000 年时非法移民达到 870 万；城市研究院则认为，到 2002 年 3 月，非法移民为 930 万。[3] 在另一份关于美国非法移民的研究当中，学者杰弗里·S. 帕赛尔（Jeffrey S. Passel）认

---

〔1〕 转引自梁茂信：《美国移民政策研究》，第 351—352 页。

〔2〕 U.S. Department of Homeland Security ,Office of Immigration Statistics，*Border Apprehensions: 2005*，http://www.dhs.gov/xlibrary/assets/statistics/publications/ois_apprehensions_fs_2004.pdf.（2009 年 4 月 22 日下载）

〔3〕 Congressional Budget Office, *A Description of the Immigrant Population*,pp.10—11.

为，在 2004 年美国的非法移民为 1030 万。[1] 此外，关于每年入境的非法移民数量，国家研究委员会认为在 20 万—30 万 [2]；移民归化局估计，在 1988—1992 年，平均每年入境的非法移民为 28.1 万，而在 1992—1996 年，平均每年入境的非法移民为 27.5 万。[3] 总的说来，尽管对于美国非法移民的数量没有定论，但这些居高不下的预测数据足以表明，非法移民的确是一个不可忽视的问题。

需要说明的是，上述关于美国国内非法移民数量的各种预测，大多是以美国每年所逮捕的非法移民数量为依据的。显然，这种方法存在着一些问题。首先，每年逮捕的非法移民的统计数字中可能存在重复计算的问题，因为许多非法移民在被逮捕并驱逐出境后，又会一再地寻求非法入境，因此存在着一人多次被拘捕却被算作多人非法入境的现象。其次，逮捕的非法移民数量与边境巡逻队的开支有密切联系，当增加更多的巡逻官员、直升机以及实施更严厉的边境控制时，逮捕的非法移民的数量就会相应增加，反之则会减少。例如，在 1967—1986 年，用于边境巡逻队的财政支出，在调整通货膨胀因素后增长了 240%，而在此期间边境逮捕的非法入境人数也翻了一番，因此，逮捕人数的增加并不必然反映非法入境人数的增加。最后，根据逮捕人数来推测非法移民数量，也忽视了这样一个事实，即许多非法移民到达美国后并不是永久定居的，而是临时性的，例如，当美国的农业收获季结束之后或市场状况不景气时，很多非法移民可能会返回母国。[4]

〔1〕 Congressional Budget Office, *The Role of Immigrants in the U.S. Labor Market*, November 2005, pp.4-5, http://www.cbo.gov/ftpdocs/68xx/doc6853/11-10-Immigration.pdf.（2005 年 12 月 21 日下载）

〔2〕 James P. Smith and Barry Edmonston, eds., *The New Americans: Economic, Demographic, and Fiscal Effects of Immigration*, p.51.

〔3〕 U.S. Citizenship and Immigration Services，*The Triennial Comprehensive Report on Immigration*, http://www.uscis.gov/files/article/2ndfullTriReport.pdf.（2007 年 4 月 21 日下载）

〔4〕 George J. Borjas, *Friends or Strangers: The Impact of Immigrants on the U.S. Economy*, New York: Basic Books, Inc., 1990, p.62.

从来源地方面看，当代非法移民的来源十分广泛，但又高度集中于少数几个国家。当前，几乎所有向美国输出过合法移民的国家也输出了非法移民。例如，在 1986 年，移民归化局宣称，其逮捕的非法移民来自 93 个不同国家。[1] 然而，非法移民的来源仍较集中。根据移民统计办公室的统计数据，在 1990 年时，墨西哥、萨尔瓦多和危地马拉是输送非法移民最多的三个国家，其非法移民占美国全部非法移民的 70.17%，而输送非法移民最多的前 15 个国家，其非法移民才占美国全部非法移民的 84.66%。到 2000 年时，墨西哥、萨尔瓦多和危地马拉仍是输送非法移民最多的三个国家，其非法移民占美国全部非法移民的 73.44%，而输送非法移民最多的前 15 个国家，其非法移民占比为 88.64%（见表 1—3）。

表1—3 1990年与2000年向美国输送非法移民最多的前15个来源国及其数量预测
（单位：千）

来源国	数量	
	2000	1990
所有国家	7000	3500
墨西哥	4808	2040
萨尔瓦多	189	298
危地马拉	144	118
哥伦比亚	141	51
洪都拉斯*	138	42
中国	115	70
厄瓜多尔	108	37
多米尼加共和国	91	46
菲律宾	85	70
巴西	77	20
海地	76	67
印度	70	28

---

[1] Roger Daniels, *Coming to America: A History of Immigration and Ethnicity in American Life*, p.311.

来源国	数量	
	2000	1990
秘鲁	61	27
韩国	55	24
加拿大	47	25
其他国家	795	537

* 洪都拉斯 2000 年的预测数字包括了在 1998 年 12 月被授予临时保护地位的 10.5 万名洪都拉斯人。

资料来源：Office of Immigration Statistics, *2002 Yearbook of Immigration Statistics*, p.214, http://www.dhs. gov/xlibrary/assets/statistics/yearbook/2002/Yearbook2002.pdf.（2008 年 3 月 12 日下载）

在输出非法移民较多的国家中，墨西哥是一个尤为值得关注的国家。它不仅是美国重要的合法移民输出国，更是其最主要的非法移民输出地。自 1924 年美国边境巡逻队成立以来，在每年所拘捕的非法移民当中，绝大多数是企图从美墨边境偷渡的墨西哥人。从 60 年代末期起，在边境被逮捕的墨西哥非法移民的数量迅速增长。在 1967 年，仅有 10 万人在企图跨越边境时被逮捕，到 1986 年，逮捕人数近 170 万，几乎增长了 17 倍。其中，在 1970—1979 年，大约有 750 万墨西哥非法移民被逮捕，平均每年 75 万；而在 1980—1986 年，被逮捕的人数达到 620 万，几乎每年近 100 万。[1] 此后，尽管美国政府颁布新的移民政策，加强对非法移民的控制，但墨西哥人非法入境的现象依然如故。据学者研究，仅在 1998 年，边境巡逻队在美墨边境就逮捕了 150 万非法移民。在 1988—1998 年边境巡逻队所逮捕的非法移民中，95% 以上来自墨西哥。[2] 至于每年成功入境的墨西哥非法移民的数量，有学者估计在 1982—1988 年平均每年为

[1] John M. Abowd and Richard B. Freeman,eds., *Immigration, Trade, and the Labor Market*, Chicago: University of Chicago Press, 1991, p.84.

[2] Gordon H. Hanson, Kenneth F. Scheve, Matthew J. Slaughter, Antonio Spilimbergo, *Immigration and the U.S. Economy: Labor-Market Impacts, Illegal Entry, and Policy Choices*, pp.8,31.

16.5万，而移民归化局认为，在1988—1996年年均为15万。[1]关于在美国生活的墨西哥非法移民总数，同样由于缺乏确切的统计，因而各研究机构和学者也无法给出一致的结论。但是，据移民统计办公室预测，在1990年时，墨西哥非法移民为204万，占全部非法移民的58.28%；2000年时为480.8万，占全部非法移民的68.68%。仅十年间，来自墨西哥的非法移民就增长了近280万，占此期间增加的350万非法移民的80%（见表1—3）。到2003年，非法移居美国的墨西哥人比人数居第二位的萨尔瓦多人多25倍，因此，塞缪尔·亨廷顿称："非法移民基本上是非法入境的墨西哥人造成的问题。"[2]

为什么美国存在如此众多的墨西哥非法移民？最直接的一个原因是因为墨西哥人有着得天独厚的地理优势。美国和墨西哥两国在历史上形成的绵延数千英里的边境线，为墨西哥人非法入境提供了便利条件，他们可以随时从边境的任一地点偷偷潜入美国，即使行动失败，他们可以选择返回原地，也可以选择再次冒险，而不用付出太多的精力与财力代价。当然，非法移民也是国际移民潮的一个衍生分支，他们只不过是因为无法满足移民接收国的入境要求而被迫采取非常规入境方式的一支移民。因此，其产生的原因基本上与合法移民相似。也就是说，非法移民的形成，也同样与移民输出国和接收国的经济、政治等因素形成的推拉力、移民关系网络以及移民文化等因素密切相关。至于对这些原因的分析，后文将会有集中的阐述。

---

[1] Gordon H. Hanson, Kenneth F. Scheve, Matthew J. Slaughter, Antonio Spilimbergo, *Immigration and the U.S. Economy: Labor-Market Impacts, Illegal Entry, and Policy Choices*, p.34.

[2] 塞缪尔·亨廷顿著：《我们是谁？——美国国家特性面临的挑战》，程克雄译，北京：新华出版社，2005年，第187页。

50 | 美国外来移民的劳动力市场与经济影响（1965—2005）

三 难民

从本质上而言，难民是一种特殊类型的移民。从殖民地时代的英国清教徒，到 19 世纪欧洲革命的政治失意者，到 20 世纪因战争而流离失所者以及担心受迫害者，再到当前因灾荒、内乱而出现的非洲灾民等，无不是美国接纳的难民。自 60 年代以来，随着世界形势的急剧变化，前往美国的难民数量也持续增加。1965 年移民法中的限额，远远无法满足难民入境的需求。就在约翰逊总统签署 1965 年移民法的当天，他又行使假释权（parole authority），允许接纳对卡斯特罗政权心怀不满的古巴人。此后 15 年间，约 40 万古巴人得以入境。越南战争结束后，在 1975—1979 年，美国政府又通过假释条款，接纳了 40 万越南及其他东南亚难民。在"二战"结束到 1980 年难民法颁布的 35 年间，共计 225 万余人以难民身份进入美国。[1]

1980 年，美国政府制定了一部新的难民法，即《1980 年难民法》，企图一劳永逸地解决难民入境的问题。该法在难民定义、入境审查以及归化等方面做了详细的规定。其中，难民的定义被修订为"那些在美国之外的、因为迫害或有充分证据担心遭受迫害而不能或不愿意返回他（她）的国家的外侨"[2]。该难民法确立后，其各项条款沿用至今。从 1980 年至 2007 年，美国共计接纳了 234.7 万难民，其中接纳难民最多的年份达到 20 余万，而最少的年份则不足 3 万（见表 1—4）。

---

〔1〕 Roger Daniels, *Coming to America: A History of Immigration and Ethnicity in American Life*, pp.345,337.

〔2〕 U.S. Department of Justice, Immigration and Naturalization Service, *2000 Statistical Yearbook of the Immigration and Naturalization Service*, p.80.

表1—4 1980—2007年每年入境美国的难民数量（单位：人）

年份	数量	年份	数量	年份	数量	年份	数量
1980	207116	1987	64528	1994	111680	2001	68925
1981	159252	1988	76483	1995	98973	2002	26773
1982	98096	1989	107070	1996	74791	2003	28304
1983	61218	1990	122066	1997	69276	2004	52837
1984	70393	1991	113389	1998	76181	2005	53738
1985	67704	1992	115548	1999	85076	2006	41150
1986	62146	1993	114181	2000	72143	2007	48217

资料来源：U.S. Department of Homeland Security, Office of Immigration Statistics, *2007 Yearbook of Immigration Statistics*, p.39, http://www.dhs.gov/xlibrary/assets/statistics/yearbook/2007/ois_2007_yearbook.pdf.（2009 年 4 月 22 日下载）

《1980 年难民法》新增设了"避难者"条款。"避难者"是一种独特的难民，其定义为"那些已在美国的、因为迫害或有充分证据担心遭受迫害而不能或不愿意返回他（她）的国家的外侨"[1]。无论是已在美国的合法移民、非法移民还是非移民，都可以申请"避难者"身份，申请资格与他们当初入境时的身份无关。"避难者"与难民之间既有联系又有区别。联系在于避难者必须满足作为难民所需的同样标准，而区别只在于申请人申请避难时的地点不同，在美国之外的地点申请避难的为难民，而已经在美国或者在入境港口申请入境避难的申请人为避难者。避难者条款实施之后，美国接收到的避难申请开始逐年增多，并于 1995 年达至高峰，该年大约有 15 万份避难申请。在 2003 财政年度，美国公民及移民服务局（USCIS）收到的申请避难案例达 46272 份，涉及的申请避难人数达 61660 人。[2] 下

---

〔1〕U.S. Department of Justice, Immigration and Naturalization Service, *2000 Statistical Yearbook of the Immigration and Naturalization Service*, p.85.

〔2〕U.S. Department of Homeland Security, Office of Immigration Statistics, *2003 Yearbook of Immigration Statistics*, p.46, http://www.dhs.gov/xlibrary/assets/statistics/yearbook/2003/2003Yearbook.pdf.（2008 年 5 月 19 日下载）

面详细列出 1990—2007 年每年接收的避难者的情况（见表 1—5）。

表1—5 1990—2007年美国批准的避难者的数量（单位：人）

年份	数量	年份	数量	年份	数量
1990	5672	1996	18594	2002	25854
1991	2908	1997	16263	2003	15320
1992	3959	1998	13144	2004	14230
1993	7344	1999	18067	2005	13414
1994	11644	2000	23118	2006	12855
1995	17374	2001	29025	2007	12463

资料来源：U.S. Department of Homeland Security, Office of Immigration Statistics, *2007 Yearbook of Immigration Statistics*, p.43.

需要强调的是，无论是难民还是避难者，从本质上讲，都属于移民。当他们被美国合法接纳并在美国住满一年之后，就可以提出成为合法永久居民的申请，即转变成合法移民。美国每年接纳的合法移民，不仅包括那些通过家庭团聚及就业签证等方式直接从海外入境的移民，也包括那些已经在美国的、实现了身份转变的移民，如曾经的难民、避难者、非法移民以及非移民。因此，美国每年接纳的难民和避难者，其中一部分包含在随后的合法移民之内。

最后，从入境难民的来源来看，尽管在冷战时期，难民政策具有浓重的意识形态色彩，但入境难民的来源也基本上符合了 60 年代以来移民来源地发生转变的趋势，即来自欧洲的人口数量丧失了支配地位，而来自欧洲以外地区的人口急剧增多。例如在 1981—1990 年的十年期间，美国接收的难民为 101.36 万，其中欧洲难民为 15.6 万，亚洲难民为 71.2 万，西半球难民为 12.1 万[1]，来自欧洲的难民仅占全部难民的 15.4%。再从 1998—2007 年入境难民的来源看，在此十年内，

---

[1] 转引自梁茂信：《美国移民政策研究》，第 342 页。

入境难民总数达 55.3 万，其中亚洲难民为 12.8 万，非洲难民为 15.5 万，西半球难民为 2.7 万，虽然欧洲难民数量有了明显增长，达到 24 万，占全部难民的 43.3%[1]，但仍未占据绝对地位。

第三节　新移民潮的促成因素

当前，学界已有许多移民理论，从不同的视角对全球性的国际移民进行全面的分析。[2] 尽管它们在解释各自的研究对象时都有一定的合理性，"每种理论模式至少都获得了一些实证的支持，表明各理论都含有真理的成分"[3]。但是，没有一种理论能够厘清千头万绪的国际移民问题，解释同样复杂多样的美国移民现象，因为"移民是极复杂的事情。……倘若给千差万别的情况提供一般性的答案，是件极难的事。……移民理论建设的天空还没到澄碧如洗的地步"[4]。

---

〔1〕 U.S. Department of Homeland Security, Office of Immigration Statistics, *2007 Yearbook of Immigration Statistics*, pp.40−41.

〔2〕 Douglas S. Massey, et al., "An Evaluation of International Migration Theory: The North American Case", *Population and Development Review*, Vol.20, No.4(Dec.,1994), pp.699−751; Hania Zlotnick, "Introduction: Measuring International Migration: Theory and Practice", *International Migration Review*, Vol.21, No.4 (Winter,1987), pp.v−xii; Alejandro Portes, "Immigration Theory for a New Century: Some Problems and Opportunities", *International Migration Review*, Vol.31, No.4(Winter,1997), pp.799−825; P. Neal Ritchey, "Explanations of Migration", *Annual Review of Sociology*, Vol.2(1976), pp.363−404; Douglas S. Massey, et al., "Theories of International Migration: A Review and Appraisal", *Population and Development Review*, Vol.19, No.3 (Sep.,1993),pp.431−466; Ralph Thomlinson, "A Model for Migration Analysis", *Journal of the American Statistical Association*, Vol.56, No.295 (Sep.,1961), pp.675−686. 傅义强：《当代西方国际移民理论述略》，载《世界民族》，2007 年第 3 期；斯蒂芬·卡斯尔斯：《二十一世纪初的国际移民：全球性的趋势和问题》，载《国际社会科学杂志》（中文版），2001 年第 3 期；张晓青：《国际人口迁移理论述评》，载《西北人口》，2001 年第 3 期；华金·阿郎戈：《移民研究的评析》，载《国际社会科学杂志》（中文版），2001 年 3 期；李明欢：《二十世纪西方国际移民理论》，载《厦门大学学报》，2000 年第 4 期；赵敏：《国际人口迁移理论评述》，载《上海社会科学院学术季刊》，1997 年第 4 期。

〔3〕 Douglas S. Massey, et.al., "An Evaluation of International Migration Theory: The North American Case".

〔4〕 华金·阿朗戈：《移民研究的评析》，载《国际社会科学杂志》（中文版），2001 年第 3 期。

在此，笔者仅以相对宏观的角度，从美国及各移民输出国的政治、经济、社会变革以及移民网络与文化等方面，对当前美国移民潮产生的原因进行逐一分析。

第一，战后美国新移民潮的形成，与美国政府制定的移民政策，特别是1965年《外来移民与国籍法修正案》密切相关。可以形象地说，移民政策是美国控制移民流量的阀门。当美国制定严格的政策即拧紧阀门后，移民数量就会减少；当制定相对宽松的政策即放松阀门时，移民必然大为增加。美国1965年移民法的实施，即好比美国政府放松了移民阀门，因此入境移民迅速飙升。1965年移民法的一个显著特点，就是在取消种族歧视的基础上，确立了以家庭团聚为核心的移民入境原则。在设置的七类优先限额中，四个优先项分配给寻求家庭团聚的移民，占全部限额的74%。此后，尽管美国也多次对移民法进行修订，但1965年移民法确立的家庭团聚原则却被坚持和延续下来。因此，许多先行到达的移民，纷纷利用家庭团聚条款，帮助其配偶、儿女及其他亲属入境。"美国公民可以替他们的兄弟姐妹申请入境，新入境的合法移民可以替他们的配偶和子女申请。最终，这些新来者随后又可以为符合条件的亲属们申请。"[1]如此不断循环，形成一股"滚雪球"之势的移民流，导致美国外来移民数量不断增长。

以60年代以来飞速增长的亚洲移民为例。由于从19世纪后期开始，美国相继颁布了禁止或限制亚洲移民入境的法令，入境的亚洲人的绝对数量及比例在很长时期内都非常有限。自20世纪40年代起，美国政府逐渐放松对亚洲移民的控制，亚洲移民开始有所增长，其占全部移民的比例由40年代的3%上升至50年代的6%。[2]当1965年移民法实施后，亚洲移民开始充分利用家庭团聚条款，入

---

〔1〕 Hiroshi Motomura, *Americans in Waiting: The Lost Story of Immigration and Citizenship in the United States*, New York: Oxford University Press, 2006, p.133.

〔2〕 Roger Daniels, *Coming to America: A History of Immigration and Ethnicity in American Life*, p.334.

境数量逐年增多。例如，在 1965 年移民法实施后的十年内，亚洲移民总体增长了 663%，其中，印度移民增长了 3000%，韩国移民增长了 1328%，巴基斯坦移民增长了 1600%，菲律宾移民增长了 1200%，泰国移民增长了 1700% 以上，越南移民增长了 1900%。[1] 从绝对数量上看，进入美国的亚洲移民在 50 年代仅为 15.3 万，60 年代为 42.8 万，70 年代迅速增至 158.8 万，80 年代为 273.8 万，90 年代为 279.6 万。亚洲移民占美国全部移民的比例，也由 60 年代的 12.9%，迅速增至 70 年代的 35.3%，此后，其比例一直居高不下，到 80 年代为 37.3%，90 年代虽略有下降，但依然高达 30.7%。[2] 对此，美国学者丹尼尔斯明确指出：1965 年移民法便利了家庭链条移民的入境。亚裔移民的增长，主要来自接收的移民及其子女。[3] 急剧增加的亚洲移民与同样迅速增多的拉美移民，共同构成了新移民潮的主体。

需要指出的是，强调家庭团聚的 1965 年移民法，虽然导致亚洲移民急剧增长，但对欧洲移民却没有产生同样的效果。"二战"结束后，西北欧国家很快走出战争阴影，经济开始高速发展。它们的生活水平迅速接近或超过美国，社会福利制度甚至比美国更优越，人们获得教育的机会更广泛。经济与社会的繁荣发展，相应减弱了人们移居美国的动机。不仅如此，这些国家本身也存在巨大的劳动力需求，像德国招募了大量的土耳其劳工，法国接纳了大量阿尔及利亚人等。另外，在战后两大阵营对峙的背景下，东欧地区的社会主义国家都限制本国人口外流。在这一时期，除前文述及的难民之外，前往美国的移民寥寥无几。因此，美国在 1965 年移民法实施后，欧

〔1〕 Michael C. LeMay, *Guarding the Gates: Immigration and National Security*, Westport, Connecticut: Praeger Publishers Inc., 2006, p.157.

〔2〕 U.S. Immigration and Naturalization Service, *Statistical Yearbook of the Immigration and Naturalization Service, 2000.* 数据依据 Table 2 "Immigration by Region and Selected Country of Last Residence: Fiscal Years 1820–2000" 计算所得。

〔3〕 Roger Daniels and Otis L. Graham, *Debating American Immigration,1882-Present*, p.43.

洲移民非但没有增加，反而日趋减少。例如，在 1965 年移民法实施后的十年内，欧洲移民在整体上减少了 38%，除希腊和葡萄牙移民有明显增长之外，奥地利移民减少了 76%，爱尔兰移民减少了 77%，挪威移民减少了 85%，英国移民减少了 120%。[1] 从绝对数量上看，进入美国的欧洲移民，在 50 年代为 132.5 万，60 年代为 112.3 万，70 年代减至 80 万，80 年代降至战后以来最低点，仅为 76.2 万。此后随着苏东剧变，来自苏联和波兰等国的移民开始直线上升。在 90 年代，欧洲移民数量才恢复到 50 年代的水平，达到 136 万。[2]

第二，经济因素仍是美国新移民潮得以产生的一个重要原因。从"推一拉"理论的角度来看，新移民潮的出现，既有美国发达经济的吸引所产生的"拉力"，同样也有各移民输出地落后经济状况而产生的"推力"。当然，作为战后世界上最强大的国家，美国的经济"拉力"自是毋庸置疑的。随着战后美国进入后工业化时代，其产业与经济结构也发生了深层次的调整，进一步刺激了劳动力市场对外来移民的需求。一方面，高科技产业日趋繁荣，加剧了对计算机、数学、工程与机械、医药等领域的技术人才的需求。顺应形势需要，美国在 1990 年移民法中将每年引进的技术移民增至 14 万，从而为经济和科技的发展补充新鲜的血液和动力。另一方面，在经济结构转型过程中，本土工人因教育技能水平不断提高，纷纷实现了职业的升迁，遗留下大量无技术含量或以体力劳动为主的岗位空缺。正因为此，美国在每年有大量移民入境的情况下，仍然持续引进一些低技能的临时劳工。在 1998 年，移民归化局颁发的引进低技能劳工的工作签证中，有 27000 个名额分配给农业工人，另有 25000 个分配给非农业

---

〔1〕 Michael C. LeMay, *Guarding the Gates: Immigration and National Security*, pp.157, 160.

〔2〕 U.S. Immigration and Naturalization Service, *Statistical Yearbook of the Immigration and Naturalization Service, 2000*, Table 2 "Immigration by Region and Selected Country of Last Residence: Fiscal Years 1820-2000", pp.19-22.

工人。[1] 不仅如此，与其他欠发达国家相比，美国的高工资也具有不菲的诱惑力，因而吸引着众多合法与非法移民纷至沓来。在 2000 年，18—22 岁、有 5—8 年教育程度的墨西哥男性，在美国平均每小时工资为 7.6 美元，而在墨西哥只能挣得 1.56 美元。另一项研究发现，以从事同样工作性质的快餐店工人为例，美国的工资远高出其他不发达国家。[2]

移民输出国家种种不利经济因素的"推力"，推动着当地人口向美国迁移。战后以来，亚、非、拉的许多发展中国家，人口呈爆炸式增长，迅速扩充的劳动力大军，对国内劳动力市场施加了前所未有的就业压力。与此同时，工业化浪潮的兴起、经济结构的转型与调整以及日益加快的城市化，导致这些国家劳动力市场的构成、劳动力的区域流向与产业分布等，出现了前所未有的变化。就业与失业并存，成为一个显著特征。经济发展的落后、就业机会的匮乏以及高失业率等，使得这些国家的大量失业人口以及期望寻求更好就业机会的人们纷纷前往美国，寻找梦想中的"人间天堂"。

以拉美地区为例，从战后起至 80 年代初，拉美地区普遍实行进口替代工业化的发展模式，尽管取得了令人瞩目的经济成就，但也存在着严重问题。它无视市场机制在资源配置过程中的作用，忽视了丰富的劳动力资源优势，工业化发展未能吸纳足够多的劳动力，许多人处于公开失业或隐蔽性失业状态中。到 1980 年，拉美国家的城市失业率达 10%。不仅如此，从 60 年代初到 80 年代初，拉美国家的实际工资几乎未见明显增长或增长幅度很小。[3] 随后，拉美地区又发生了严重的经济危机，生产持续萎缩，居民生活条件恶化。

〔1〕 Gordon H. Hanson, Kenneth F. Scheve, Matthew J. Slaughter, Antonio Spilimbergo, *Immigration and the U.S. Economy: Labor-Market Impacts, Illegal Entry, and Policy Choices*, p.41.

〔2〕 *Economic Report of the President, 2007*, Washington D.C.: United States Government Printing Office, p.191.

〔3〕 江时学：《对拉美进口替代工业化发展模式的初步总结》，《拉丁美洲研究》，1995 年第 6 期。

在这种情况下，许多人被迫移民美国。在 1980—1994 年，仅墨西哥、哥伦比亚、危地马拉、多米尼加和萨尔瓦多五国，向美国移民的人数就从 250 万增加到 800 万。其中，多米尼加共和国在 90 年代实行经济结构调整以来，很多穷人为改变贫困处境，纷纷乘坐一种叫"约拉"的小船前往美国，形成一个"新约拉现象"。[1] 在墨西哥，由于比索的周期性贬值导致持续的通货膨胀，实际工资急剧缩水，非法移民明显增加。有学者研究表明，墨西哥人工资每降低 10%，其非法移民将增长 6%—8%。[2]

作为美国最大的移民输出国，墨西哥相对落后的经济状况，也引起了美国的密切关注。1994 年，在美国同加拿大、墨西哥签订的北美自由贸易协定（NAFTA）正式生效之后，美国遂加大了对与其毗邻的墨西哥北部边境地区的投资，目的就是希望推动墨西哥经济发展，刺激就业，以减少其输入美国的移民数量，特别是急剧增长的非法移民。然而，这种措施至少从短期内看，并未取得如期的效果。在北美自由贸易协定签订之后，墨西哥的贸易出口额有了极大增长，由 1993 年 12 亿美元的贸易赤字，发展至 2005 年 496 亿美元的贸易盈余。但在此期间，墨西哥的农业领域却失去了 280 万个就业岗位，其出口制造业方面的就业岗位仅增长了 70 万。[3] 与此同时，墨西哥北部地区经济的快速发展，吸引着其他地区大量人口前来寻找就业机会，这又导致该地区劳动力严重囤积，失业率同样居高不下。在此情况下，许多人又将目光转向美国，因而非法跨越美墨边境的现象仍是有增无减。仅在 1998 年，美国边境检查站在美墨边境就逮捕了

〔1〕 白凤森：《美拉关系中的移民问题》，《拉丁美洲研究》，1998 年第 3 期。

〔2〕 Gordon H. Hanson, Kenneth F. Scheve, Matthew J. Slaughter, Antonio Spilimbergo, *Immigration and the U.S. Economy: Labor-Market Impacts, Illegal Entry, and Policy Choices*, p.44.

〔3〕 Paul Spickard, *Almost All Aliens: Immigration, Race, and Colonialism in American History and Identity*, New York: Taylor & Francis Group, LLC., 2007, p.370.

150万非法移民。[1] 总之，只要美国与其他国家在经济发展水平与就业机会等方面存在着沟壑，那么，外来移民潮水般涌入美国就势必在所难免。

第三，移民输出地的战乱与政局动荡等不安定因素，也直接促成大量移民涌进美国。"二战"结束以来，尽管并没有再次发生世界性的战争浩劫，但局部地区的战争和流血冲突却持续不断，因此产生大量的战争难民。例如在亚洲，从50年代的朝鲜战争，到70年代才结束的越南战争，到80年代的阿富汗战争，以及中东地区的两伊战争和90年代的海湾战争等，历次战乱均造成了大量人口居无定所、颠沛流离，因而也引发了一次次移民美国的浪潮。以越南战争为例，到1975年春天，随着南越的失败不可避免，南越总统阮文绍及政府高层人员纷纷逃离越南，美国也开始动用直升机，将南越的美国公民及其子女，以及部分越南人直接运载至美国。[2] 此外，其他大批亲美分子也纷纷逃往美国，主要包括南越的政府成员、为美国军队服务的人员、大发战争财的商人以及美国人的朋友和亲属等。仅1975年4月至12月末，逃往美国的越南难民多达13万。[3]

在局部战火持续不断的同时，许多国家的政权更迭与内乱，同样引起大批政治失意者或其他受难者逃离故土。例如，卡斯特罗推翻了巴蒂斯塔独裁政权后，随即开始在国内采取镇压反革命、实施土地改革和没收国外资本与大企业等重大措施，导致古巴社会中的中上阶层，如巴蒂斯塔政府的官员、工商业人士以及专业技术人员，

〔1〕 Gordon H. Hanson, Kenneth F. Scheve, Matthew J. Slaughter, Antonio Spilimbergo, *Immigration and the U.S. Economy: Labor-Market Impacts, Illegal Entry, and Policy Choices*, p.8.

〔2〕 Paul Spickard, *Almost All Aliens: Immigration, Race, and Colonialism in American History and Identity*, p.349.

〔3〕 梁茂信：《美国移民政策研究》，第337页。

还有大批企业主和土地主等，纷纷逃往美国。从 1959 年 1 月至 1962 年 10 月，共有 24.8 万古巴难民进入美国。[1] 此后，古巴的移民潮一直未曾停息。在中美洲的海地，由于它本来就是西半球最贫穷的国家之一，再加上频繁的政权变动与更迭[2]，民心不稳，大量人口纷纷逃亡美国。从 70 年代起，前往美国的海地移民开始增多，数量由 70 年代的 5.5 万，上升至 80 年代的 12.1 万，再到 90 年代的 17.7 万。另外在 2000—2005 年，每年移民数量也在万人以上。[3] 在苏联和东欧地区，80 年代末 90 年代初期的政治剧变同样引发大批移民外流。以苏联为例，70 年代和 80 年代进入美国的移民，分别不过 2.8 万、3.3 万，但到 90 年代迅速暴增至 43.3 万。在 2000—2006 年，每年入境数量也将近 5 万。[4] 此外，20 世纪 80 年代初萨尔瓦多的内战，促使成千上万的难民逃往美国的西海岸；90 年代南斯拉夫的内战，也造就了大批难民，类似情况不一而足。

第四，移民网络以及移民文化的存在，是维系移民潮长期持续不断的重要原因。移民网络是社会资本的一种，是一系列人际关系的组合，它通过血缘、友谊或地缘等关系，将输出地的新移民、早期移民和目的地的非移民紧密联系在一起。它降低了移民迁移的费用和风险，并能够增加移民后的净期望值，因此，移民网络助长了

---

〔1〕 Maria Cristina Garcia, *Havana USA: Cuban Exiles and Cuban Americans in South Florida, 1959-1994*, Los Angeles: University of California Press, 1996, p.13.

〔2〕 1986 年杜瓦利埃父子的专制独裁统治垮台后，其政局几经反复。1990 年，阿里斯蒂德在大选中获胜出任总统，但在 1991 年被一场军事政变所推翻。美国政府迫使海地军人政府交出政权，并扶持阿里斯蒂德于 1994 年重新当政。然而到 2004 年新年伊始，海地再次爆发武装冲突，阿里斯蒂德被迫宣布离职，匆忙逃亡国外。

〔3〕 U.S. Department of Homeland Security, Office of Immigration Statistics, *2005 Yearbook of Immigration Statistics*, November 2006, http://www.dhs.gov/xlibrary /assets/statistics/ yearbook/2005/OIS_2005_Yearbook.pdf（2008 年 3 月 22 日下载，数据来源于第 6—11 页表格）

〔4〕 U.S. Department of Homeland Security, Office of Immigration Statistics, *2006 Yearbook of Immigration Statistics.*（数字来源于第 6—11 页表格）

国际移民的可能性。[1] 移民网络是当前国际移民中非常普遍的现象，同样在美国体现得十分明显。许多移民进入美国后，仍然与故土保持密切联系。他们通过向母国的亲朋汇款、提供美国劳动力市场的各种信息等，为其他意欲移民者提供许多便利条件。同时，他们通过个人或机构组织等形式，为新移民提供从日常生活到就业等方面的物质与精神支持，帮助他们尽快适应美国社会。在许多移民输出地，尽管引发移民潮的主要促成因素已不复存在，但移民现象却长期持续，这正是移民网络发生作用的一个结果。例如，越南战争结束几十年后，从越南流向美国的移民仍络绎不绝，每年入境数量依然居高不下。在 1990—2005 年，来自越南的合法移民达 44.96 万[2]，越南成为目前美国最主要的移民来源国之一。

移民网络还表现为连接劳动力供给与需求的、已相沿成习的一种非制度性的内在机制，这在美、墨之间体现得尤为明显。美墨战争之后，尽管美国从墨西哥手中获得了上加利福尼亚、新墨西哥和得克萨斯等大片领土，但墨西哥人同这些地区的交流依然如故。他们频繁地进入这些地区寻找就业机会，而美国的农场主、企业主等，也对来自墨西哥的移民有着较强的依赖。因此，墨西哥移民与美国雇主之间逐渐形成了一条潜在的紧密衔接劳动力供给与需求的纽带。当墨西哥人在国内无法获得较好的经济机会时，移民美国便成为一种潜意识的选择。而美国雇主在缺乏劳动力时，招募墨西哥人也成了一种惯例。在这种潜在机制下，来自墨西哥的合法与非法移民络绎不绝地进入美国。特别是在美国终止了招募墨西哥劳工的"布拉

〔1〕 Douglas S. Massey, et.al., "Theories of International Migration: A Review and Appraisal", pp.431-466.

〔2〕 U.S. Department of Homeland Security, Office of Immigration Statistics, *2005 Yearbook of Immigration Statistics*.（数据来源于第 6—11 页表格）

塞洛"计划（bracero program）[1] 和加强对西半球移民的控制后，墨西哥移民非但没有减少，反之出现了合法与非法移民的同步增长。对此，有学者一针见血地指出："数代合法与不合法的墨西哥移民……已经在部分移民输出地、美国雇主以及移民之间形成了一种习俗化的期望，'布拉塞洛'计划的终结，只是阻止了满足那种期望的一条合法途径，但认为移民潮将会停止的想法，却是十分天真的。"[2]

不仅如此，在某些移民输出地，人们长期的迁移经历形成了一种固有的"移民文化"，这也推动着其人口外流。这种现象在西印度群岛移民中较为突出。西印度群岛地区以黑人为主，奴隶制度曾普遍盛行。在 19 世纪 30 年代奴隶制得以废除后，西印度群岛人开始了长期的自由迁徙和流动，向外移民就成为他们摆脱经济贫困、寻求美好生活的一种文化传统。正如学者托马斯·霍普（Thomas Hope）所指出："移民已成为西印度群岛人行为模式中一个根深蒂固的组成部分。"[3] 在这种"移民文化"的推动下，从 20 世纪 60 年代开始，随着该地区独立浪潮的兴起，来自前英属西印度群岛的移民，掀起了涌入美国的新浪潮。[4] 以牙买加移民为例，在 1966—1975 年，平均每年移民数量为 1.24 万；1976—1985 年间平均每年上升至 1.8 万。90 年代后，牙买加移民依旧保持强劲势头，1998 年进入美国的合法

---

[1] 在 20 世纪 40 年代，美国为解决国内劳动力匮乏问题，遂与墨西哥政府签署了引进墨西哥工人的"季节工人项目"，即"布拉塞洛"计划，旨在为美国西南部的农业地区提供廉价劳动力。该计划始于 1942 年，终于 1964 年，前后实施 22 年，期间共计有 500 万名墨西哥季节劳工进入美国农场与种植园。参见钱皓：《美国西裔移民研究——古巴、墨西哥移民历程及双重认同》，第 95—104 页。

[2] Hiroshi Motomura, *Americans in Waiting: The Lost Story of Immigration and Citizenship in the United States*, p.135.

[3] Lorna Chessum, *From Immigrants to Ethnic Minority: Making Black Community in Britain*, Aldershot, England: Ashgate Publishing Ltd, 2000, p.34.

[4] 关于英属西印度群岛人移民美国的详细历程，参见拙文：《二战后西印度群岛黑人移民在美国的同化问题探析》，《求是学刊》，2007 年第 1 期。

移民仍达 1.5 万。[1] 尽管与墨西哥等国家的移民相比，来自西印度群岛的移民数量并不突出，但考虑到这些蕞尔小国本身人口有限，因此其移民量相对而言还是很惊人的。例如在 80 年代，来到美国的牙买加移民多达 21.38 万，占其 250 万总人口的 9%；其他一些小岛如圣基茨、尼维斯、格林纳达等，平均每年也向美国输送了总人口的 1%—2%。[2]

　　总之，在美国移民史中，1965 年移民法可以说是一个至关重要的转折点。自 1965 年移民法实施之后，美国的入境移民潮开始呈现显著变化。外来移民的地区来源发生了前所未有的洲际转移，主要移民来源国由原来的欧美国家，转变成当前的拉美和亚洲国家。不仅如此，入境移民的数量也开始飞速增长，无论是合法移民，还是非法移民以及难民，都呈直线上升之势。此外，1965 年移民法确立的家庭团聚优先原则，便利了亲属移民的入境，寻求家庭团聚成为当代移民进入美国的最主要途径。同样，当代新移民潮的产生，仍是美国与其他移民输出国双方的各种"推—拉"力共同作用的结果，其中涉及政治、经济、社会与文化等许多方面的因素。随着移民民族来源的变迁以及亲属类移民逐渐占据主导地位，当代美国的外来移民在人口与家庭特征、空间地理分布、教育与技能构成、职业分布等方面，都呈现出新的特点与发展趋势。

〔1〕 Milton Vickerman, "Jamaicans: Balancing Race and Ethnicity", in Nancy Foner, ed., *New Immigrants in New York*, New York: Columbia University Press, 2001, p.203.

〔2〕 Mary C. Waters, *Black Identities: West Indian Immigrant Dreams and American Realities*, New York: Russell Sage Foundation, 1999, p.36.

第二章　当代移民的劳动力特征分析

随着移民民族与地区来源发生变化，新移民群体在年龄结构、性别结构、劳动力构成、教育技能水平等方面呈现新的特征。同时，新移民在产业与职业领域分布、定居分布与区域流向等方面，也出现了不同于以前移民群体的变化。分析这些方面的变化，有助于从学术层面认识外来移民对美国劳动力市场和社会经济发展产生的影响。

第一节　移民的人口特征

在各种社会生产活动之中，人口是参与其中的行为主体。人口所具有的特征，会对其在某一社会环境下的经济行为与经济后果产生特定的影响。同样，当外来移民进入美国后，他们自身的人口特征，包括移民群体的年龄、性别结构以及家庭婚姻状况等，直接影响着他们在美国的经济参与状况，决定着他们在美国劳动力市场中的融合程度以及最终所产生的经济影响。

一　菱形的年龄结构

总的看来，1965 年以来美国的新移民在年龄结构方面，呈现出"两头小，中间大"的菱形。也就是说，在移民群体当中，处于工作年龄阶段的青壮年是主体，而老年人口及儿童相应较少。例如，在

1973—1983 年，美国共接纳了 532.27 万合法移民，其中，15 岁以下的儿童及青少年占 23.37%，60 岁及以上的老年人口占 5.8%，15—59 岁者占 70.82%，而 20—44 岁处于最佳工作年龄的青壮年占 49.8%。[1] 此后，尽管移民数量在 90 年代再次急剧增加，但以青壮年为主体的年龄结构特征并未发生变化。

在 1990—2000 年间，美国共接收 1063.12 万合法移民，其中 15 岁以下者占 16.58%，60 岁及以上的老年人口仅占 6.44%，20—44 岁的移民占 56.33%。[2] 至于大量入境的非法移民，由于他们多数来自经济相对落后的第三世界地区，其根本目的是希望在美国寻找就业机会，进而改善自身的经济境遇，因此青壮年比例无疑更高。

新移民年龄结构的菱形特征，反映了全球范围内移民群体的一个共性，即能够做出迁移决定的多是青壮年人口。这是因为长期以来，跨境迁移不仅要以一定的物力、财力为基础，而且还需要个人拥有较强的异域适应能力。尽管当代日趋发达的交通、通信手段等使得远距离的迁移越来越容易，但是在陌生环境中生活所产生的情感孤独与文化隔阂等，通常会阻止那些相对安于现状的老年人做出背井离乡的迁移决定。至于儿童及青少年，由于受到心智发展的限制，他们从来不是迁移决定的直接拍板者。当然，在当代美国的外来移民中，一个新趋势就是年幼和年老的移民逐渐增多。这是因为在 1965 年移民法的家庭团聚原则下，更多儿童和老年人口以家庭成员的身份得以入境。这一转变，反映了"美国移民政策特别是'家庭团聚'原则走向中心舞台的变迁"[3]。尽管如此，青壮年作为入境

---

〔1〕 此数据是笔者依据美国国土安全部移民统计局 John Simanski 先生提供的材料 "Persons Obtaining Legal Permanent Resident Status by Age Group and Gender: Fiscal Years 1973—2010" 计算而得。

〔2〕 Immigration and Naturalization Service, *2000 Statistical Yearbook of the Immigration and Naturalization Service*, p.60. 相关数字依据此表计算而得。

〔3〕 James P. Smith and Barry Edmonston, eds., *The New Americans: Economic, Demographic, and Fiscal Effects of Immigration*, p.54.

移民主体的现实，至少在短期内不会改变。

从平均年龄来看，与美国土生人口相比，入境移民群体相对较为年轻。这是因为尽管移民儿童数量较少，然而移民群体中青壮年居多，并且老年人口相对有限。例如，据统计，1970—1980 年进入美国的移民，其在 1980 年时平均年龄为 26.8 岁，而当年所有美国土生人口的平均年龄为 30 岁。从年龄段分布上看，77% 的移民为 15—64 岁，而处于该年龄段的美国土生人口的比例为 66%。[1]

需要注意的是，一些以外国出生人口为研究对象的研究，通常会得出其平均年龄高于美国土生人口的结论。例如，美国人口普查局的当前人口报告（Current Population Reports）认为，在 2000 年时，外国出生人口的平均年龄为 38.1 岁，而美国土生人口的平均年龄为 34.5 岁。[2] 同样，美国国会预算局（Congressional Budget Office）的一份研究报告也指出，在 2003 年，外国出生人口的平均年龄为 38.4 岁，而土生人口的平均年龄为 35.1 岁。[3] 这些论断，似乎与上文强调的移民相对年轻的看法相左，但事实上却并无矛盾之处。这是因为美国的外国出生人口中既包括新入境的移民，也包括先前到达的移民。尽管所有移民群体在入境之时，其平均年龄比土生人口的低，但自从进入美国后，他们本身会随着居住时间的增加而逐渐变老，而他们在美国生育的子女却被划归为土生人口。例如，在 2003 年，仅有 9% 的外国出生人口小于 18 岁，而小于 18 岁的土生人口却高达 28%。[4] 因此，在所有的外国出生人口中，除小部分新到移民较为年轻之外，更多的却是那些不断变老的早期入境移民，这两部分群体

〔1〕 *Economic Report of the President, 1986,* Washington D.C.: United States Government Printing Office, p.220.

〔2〕 U.S. Census Bureau, Current Population Reports, *Profile of the Foreign-Born Population in the United States:2000,* p.26, http://www.census.gov/prod/2002pubs/p23-206.pdf.（2007 年 4 月 9 日下载）

〔3〕 Congressional Budget Office, *A Description of the Immigrant Population,* pp.13,17.

〔4〕 Congressional Budget Office, *A Description of the Immigrant Population,* p.13.

的平均年龄超过了土生人口的平均年龄。概言之，从入境移民群体的角度来看，他们的确比美国人年轻；但若从外国出生人口的角度来看，他们却又老于美国人。

二　女性移民增多

在美国当代的外来移民中，一个新趋势就是女性人口不断增多，其比例还超过了男性人口。从 20 世纪 60 年代开始，在美国的外国出生人口中，女性人口的比例就一直高于男性的比例。在 1960 年，外国出生人口中的女性比例达到了 51.1%，超过了男性的 48.9%；到 1970 年，女性比例达到最高水平，为 54.2%，而男性仅为 45.8%。此后女性人口的比例又稍有下降，但到 2000 年时，其比例为 50.2%，依然高于男性的 49.8%（见表 2—1）。

表2—1　1900—2000年外国出生人口的性别比例

	2000	1990	1980	1970	1960	1950	1940	1930	1920	1910	1900
男性占比（%）	49.8	48.9	46.7	45.8	48.9	50.8	52.8	53.8	55.1	56.7	54.4
女性占比（%）	50.2	51.1	53.3	54.2	51.1	49.2	47.2	46.2	44.9	43.3	45.6

资料来源：Campbell Gibson and Kay Jung, *Historical Census Statistics on the Foreign-Born Population of the United States:1850-2000*, Population Dicision, Working Paper No.81,2006, http://www.census.gov/population/www/documentation/twps0081/twps0081. pdf.（2009 年 5 月 5 日下载）依据 Table 7 "Age and Sex of the Foreign-Born Population:1870-2000" 中数据计算而得。

长期以来，在美国所接收的外来移民中，男性移民的比例明显高于女性移民。这是因为按传统分工，男性通常是各种社会、经济活动的最主要参与者，女性则处于一个相对弱势的从属地位。表现在向外移民这一活动中，男性通常是移民行为的策划与主动实施者，而女性移民多是作为男性移民的依附者，被动参与其中。因此，男性移民远比女性移民活跃。从美国的相关统计数据来看，在 20 世纪上半期，外国出生人口中男性的比重一直高于女性。其中，在 1910 年时男性比例最高，为 56.7%，女性比例则相应最低，为 43.3%；虽然此后男性的比例呈持续下降之势，但到 1950 年时，男性比例仍为 50.8%，高于女性的 49.2%。然而，自 20 世纪 60 年代起，女性移民的数量开始迅速增长，美国外来移民的性别构成出现了前所未有的局面，即女性移民超过了男性移民。尽管两者所占的具体比例在不同年份有所起伏，但这一趋势却一直持续至今。

女性移民数量的增长，在近年来入境的合法移民当中体现得最为明显。根据图 2—1，在过去的二十余年里，美国每年入境的女性合法移民占全部合法移民的比例均有增长。例如，1985 年时比例为 49.8%，2004 年上升至 54.5%。其中，自 1993 年起，女性移民都占合法移民的 50% 以上，近 53% 的移民签证都颁发给了女性。在 21 岁及以上的移民当中，女性的数量在 2003 年比男性多出 68000 人，在 2004 年则多出 85000 人。[1]

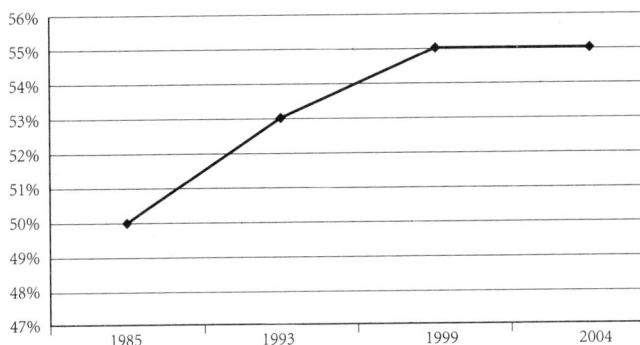

图2-1 1985—2004年入境的合法女性移民的比例

---

〔1〕 Suan C. Pearce, *Immigrant Women in the United States: A Demographic Portrait*, American Immigration Law Foundation, Immigration Policy Center, 2006, p.4, http://www.ailf.org/ipc/im_women_summer06.pdf.（2007 年 9 月 1 日下载）

60 年代以来，女性移民迅速增长的原因主要在于：其一，从全球范围来看，女性移民构成了当今世界移民人口中日益增长的一部分。在 1960 年，全世界所有生活于自己出生地之外的人口中，女性比例为 46.7%，然而到 2000 年，该比例上升至 48.6%。在某些地区，女性移民的增长则更快，例如在大洋洲由 44.4% 上升至 50.5%，在拉丁美洲和加勒比由 44.7% 上升至 50.2%，在非洲由 42.3% 上升至 46.7%。对此现象，学者凯瑟琳·多纳托（Katharine Donato）和伊夫林·帕特森（Evelyn Patterson）将其称之为"移民女性化"（feminization of migration）。[1] 因此，当前美国女性移民人口的增长，乃是全球"移民女性化"趋势的一个现实反映。其二，美国移民政策的改变为女性移民的到来打开了方便之门。特别是美国在 1965 年《外来移民与国籍法修正案》中确立了家庭团聚原则，在其设置的七类优先限额中，四个优先类别分配给寻求家庭团聚的移民，占全部限额的 74%[2]，从而便利了移民的妻子、母亲、女儿等女性亲属的入境。其三，女性独立与追求幸福的意识增强。在当代的女性移民中，越来越多的单身女性为追求自身事业而来到美国，部分已婚妇女为增加家庭收入，也纷纷加入移民大军之列，因而"越来越多的妇女以工人而非依附人口的身份进入美国，并展现出了较高的劳动力参与率"[3]。还有部分女性选择移民是出于自身幸福的考虑。正如有学者在分析墨西哥的女性移民时指出，"当她们的丈夫在美国工作时，年轻女性不愿重复其母辈所经历的孤独和不得不忍受的困苦"，因此"不愿继续留在城镇"，纷纷踏上前往美国的求亲

---

〔1〕 Susan C. Pearce, *Immigrant Women in the United States: A Demographic Portrait*, p.3.

〔2〕 Roger Daniels and Otis L. Graham, *Debating American Immigration, 1882-Present*, p.42.

〔3〕 Lucia Duncan, *The Role of Immigrant Labor in A Changing Economy*, p.5,http://www.nelp.org/docUploads/Duncan.pdf.（2005 年 12 月 21 日下载）

之路。[1] 其四，随着战后以来美国经济与产业结构的调整和重组，部分产业部门对女性劳动力的需求不断增长，因而吸引了大量女性移民的到来。例如，加州的一些较大城市为墨西哥女性移民提供了繁荣的就业市场，其中包括大量儿童看护、清扫房屋与办公室、熨洗衣服之类的就业机会。在圣迭戈，墨西哥女性移民可以挨家挨户从事一些房屋清理的工作，而在以前这些工作专属于男性。在加州的制衣厂、蔬菜园、水果罐头厂及包装企业等无须太多技能的生产领域，墨西哥女性移民仍是最受欢迎的劳动力。[2] 不仅如此，针对某些职业领域中女性劳动力不足，美国政府还制定政策直接从国外招募女性移民。例如，在"二战"后不久，美国政府就从菲律宾招募了大批护士，以补充该领域的劳力。在 1965 年后，有 13000 余名韩国医学专业人士进入美国，其中大多数是女性护士。[3] 其五，近些年来，某些新的商业途径也便利了女性移民，例如伴随着网络婚介的兴起而出现的"邮购新娘"（mail-order bride）业务。根据研究者的调查，仅在 2005 年，全球约有 59 万个从事"邮购新娘"业务的互联网网站，而美国每年大约有 4000—6000 桩跨国婚姻是通过"邮购新娘"业务而实现的。此外，人口贩卖等非法活动日益猖獗，也在某种程度上促进了女性移民的增长，加剧了当前移民的"女性化"趋势，因为妇女是最主要的受害者之一。美国国务院曾估计，每年大约有 14.5 万—17.5 万人口被贩卖至美国，其中主要是妇女和儿童。[4]

然而，自 20 世纪 70 年代起，女性移民的比例又开始有所下

---

〔1〕 Wayne A. Cornelius, "From Sojourners to Settlers: The Changing Profile of Mexican Immigration to the United States", in Jorge A. Bustamante, Clark W. Reynolds, and Raúl A. Hinojosa Ojeda,eds., *U.S.-Mexico Relations: Labor Market Interdependence*, pp.172−173.

〔2〕 Wayne A. Cornelius, "From Sojourners to Settlers: The Changing Profile of Mexican Immigration to the United States", pp.174−175.

〔3〕 Susan C. Pearce, *Immigrant Women in the United States: A Demographic Portrait*, p.6.

〔4〕 Susan C. Pearce, *Immigrant Women in the United States: A Demographic Portrait*, p.6.

降。如表 2—1 所示，外国出生人口中女性所占的比例，由 1970 年的 54.2%，逐步下降至 2000 年时的 50.2%。同样，在成年的外国出生人口当中，女性人口的比例也逐渐减少。例如，女性占成年外国出生人口的比例，由 1960 年的 50.6% 上升至 1970 年的 54.6%，然后下降至 1980 年的 53.9%，到 1990 年的 51.9%，再到 2000 年的 50.4%。[1] 之所以出现这种现象，主要原因在于 70 年代以来非法移民的迅速增加。尽管非法移民当中也存在许多女性人口，但男性毫无疑问是非法入境群体的主体。以人数最多的墨西哥非法移民为例，根据墨西哥移民计划（Mexican Migration Project）收集的数据，在来自墨西哥的非法移民中，女性的数量自 1986 年移民改革与控制法颁布后开始增长。在 13 岁及以上的墨西哥非法移民之中，女性的比例在 1980—1986 年估计仅占 25.7%，到 1987—1992 年其比例上升至 34.3%，到 1993—1998 年该比例又有所下降，为 32.5%。[2] 不难看出，男性始终占非法移民的 2/3 左右或更多。正是因为大量非法男性移民的到来，自 70 年代起女性移民占全部移民的比例相对减少了。

三 家庭与婚姻特征

作为社会生活中最基本的组织单位，家庭是一个集生产、消费与投资等活动于一体的综合性的经济主体，其日常行为与国家的经济发展状况有着密切联系。移民家庭有着不同于美国本土人家庭的诸多特征，对于美国的经济发展同样产生着重要影响。当前，新移民群体中青壮年占主体以及女性不断增加的事实，直接影响着移民群体的婚姻状况与家庭构成。与美国土生人口相比，当代移民在婚

〔1〕 Susan C. Pearce, *Immigrant Women in the United States: A Demographic Portrait*, p.5.
〔2〕 Susan C. Pearce, *Immigrant Women in the United States: A Demographic Portrait*, p.6.

姻与家庭方面呈现如下特点。

第一，在婚姻状况方面，与其他美国成年人口相比，外来移民群体中成年人口的结婚率相对较高，离婚率和分居率相对较低。在20世纪70年代入境的移民当中，15岁以上者的结婚率高于本土人口，但离婚率低于后者。[1]一份较权威的研究报告对1995年入境的移民群体和土生美国人的婚姻状况进行分析后发现，在25—34岁的移民与土生人口当中，男性移民的结婚率为63.9%，女性移民的结婚率为79.7%，而土生男性和女性的结婚率则为54%和60.8%；在离婚状况方面，男性移民的离婚率仅为1%，女性移民的仅为1.1%，而土生男性和女性的分别为7.3%和9.8%，后者远高于前者；在未婚状况方面，男性、女性移民的比例都稍低于土生男性与女性，前者分别为34.8%和18.8%，后者分别为36.1%和25%；在分居状况方面，男性、女性移民的比例也都低于土生人口，前者分别为0.2%、0.2%，后者分别为2.5%和3.8%；在寡居状况方面，男性、女性移民与土生人口的差别并不明显，前者分别为0.1%和0.2%，后者分别为0.2%和0.6%。此外，在35—44岁、45—54岁、55—64岁及65岁以上的移民群体当中，无论是男性还是女性，尽管其未婚和寡居的比例在不同年龄段有所变动，但相对于土生人口而言差别不是太大；而在结婚率方面，移民远高于土生人口，与此同时，其离婚率和分居率却又远低于土生人口。[2]由此可见，移民的婚姻状况相对稳定。

新移民的婚姻状况之所以相对稳定，其原因在于：其一，美国1965年移民法中的"家庭团聚"条款有利于移民的已婚亲属入境。例如，在教育与技能水平等同的情况下，如果一位绿卡获得者的妻

---

〔1〕 *Economic Report of the President, 1986*, p.220.

〔2〕 James P. Smith and Barry Edmonston, eds., *The New Americans: Economic, Demographic, and Fiscal Effects of Immigration*, p.57.

子与一位单身女性竞争一个移民限额，美国当前的移民政策显然会优先前者。因此，移民群体呈现出较高的结婚率是不足为奇的。[1]其二，相对于其他美国人而言，多数新移民群体的文化背景更强调家庭观念。像深受儒家文化熏染的东亚移民，尊崇家庭价值观，强调家庭的和谐，普遍将白头偕老作为婚姻的最高境界，而将独身、离婚等视为不孝、不义之举。同样，与美国其他的低收入者相比，墨西哥移民之中出现家庭破裂的也较少见。墨西哥妇女的离婚率比白人的低，且不到黑人和波多黎各妇女离婚率的一半。在墨西哥裔家庭里，妇女为户主的家庭比例仅有 12%，而黑人和波多黎各人家庭分别为 31% 和 34%。[2]其三，女性移民不断增多的现实，也对移民群体的婚姻状况产生了积极影响。尽管当前美国的种族融合日趋加强，但在各移民群体中族内通婚仍是主流。大量女性移民的到来，相应扭转了某些移民群体中长期存在的性别失衡现象，为其实现充分婚配创造了前提条件。[3]而且，由于婚配双方拥有共同的文化背景与价值观念，婚姻关系相对稳固。

第二，在家庭规模方面，移民家庭普遍大于本土人家庭，这一点现有的许多研究予以了有力的证明。例如，《1986 年美国总统经济报告》中指出，70 年代入境的移民普遍有着较大的家庭，平均而言，每个移民家庭为 3.8 人，而美国本土人家庭为 3.3 人。[4]随后，国家

---

〔1〕 James P. Smith and Barry Edmonston, eds., *The New Americans: Economic, Demographic, and Fiscal Effects of Immigration*, p.56.

〔2〕 托马斯·索威尔:《美国种族简史》，沈宗美译，南京：南京大学出版社，1992 年，第 337—338 页。

〔3〕 美国于 1882 年颁布了《排华法案》之后，不仅禁止接纳华人劳工，而且也拒绝在美华人的女眷入境，同时在种族通婚方面也实施了严厉限制，禁止华人与白人通婚，从而造成华人群体中男女比例严重失衡，许多男性华人无法组建家庭，因此出现了一个奇怪的"单身汉社会"现象。"二战"期间美国废除《排华法案》后，华人女性移民逐渐增多，华人群体畸形的婚姻状况才逐渐得以改变。

〔4〕 *Economic Report of the President, 1986*, p.220.

研究委员会的相关研究也指出，在 80 年代入境的移民，其规模也大于本土人家庭，移民家庭平均为 3.85 人，而本土人家庭平均为 3.16人。[1]

需要引起关注的是，尽管"household"和"family"所指代的家庭含义有所不同，但是，无论是从"household"意义的家庭（"H"家庭），还是"family"意义的家庭（"F"家庭）来讲，移民家庭的规模都大于本土人家庭。[2] 在此，笔者以 2000 年外国出生人口的统计材料为依据，来证实这一点。首先，从"H"家庭的角度来看，2000 年时美国共有 1.047 亿"H"家庭，其中，外国出生家庭为 1160 万，占全部家庭总数的 11.1%。平均而言，每个外国出生"H"家庭为 3.26人，而本土人"H"家庭为 2.54 人。其次，从"F"家庭的角度来看，2000 年时美国共有 7200 万"F"家庭，其中，外国出生家庭为 900 万，占全部家庭数量的 12.5%。每个外国出生"F"家庭的规模平均为 3.72人，相比之下，本土人"F"家庭仅为 3.1 人。[3]

另一个需要澄清的问题是，在美国的各类人口统计当中，外国出生人口占全部人口的比例，总是低于外国出生家庭占全部家庭的比例，这似乎与外国出生家庭的规模较大这一结论相悖。例如在

[1] James P. Smith and Barry Edmonston, eds., *The New Americans: Economic, Demographic, and Fiscal Effects of Immigration*, p.56.

[2] 在美国的相关统计中，关于"家庭"的表述，经常会涉及"household"和"family"两个容易混淆的词语。二者意义相近，但也有着明显区别。"household"是由拥有或租赁一套单元住宅的个人或群体构成的家庭。一个"household"可能只有一个人，也可能有多人，他们之间并不一定有亲缘或血缘关系。而一个"family"却是由两个或两个以上因出生、婚姻或收养关系而生活在一起的人组成，它强调的是成员之间的亲缘或血缘关系。无论是"household"还是"family"，不管其他家庭成员在何地出生，通常会基于户主的出生地而将之分为外国出生家庭和本土出生家庭。也就是说，户主为本地出生者的家庭是本土家庭，而户主为外国出生者的家庭即外国出生家庭。为行文方便，笔者在文中将"household"称之为"H"家庭，将"family"称之为"F"家庭。

[3] U.S. Department of Commerce, *Profile of the Foreign-Born Population in the United States: 2000*, pp.30,32.

2000 年，美国有 1160 万外国出生的"H"家庭，占全部 1.047 亿"H"家庭的 11.1%。然而，美国的外国出生人口为 2840 万，占全部总人口的 10.4%[1]。之所以出现这一奇怪现象，其原因在于外国出生家庭是依据户主的出生地而确定的。在这些家庭中，很多子女是在美国出生的，根据美国的相关规定，他们属于土生人口而非外国出生人口。在 2000 年时，每个外国出生家庭平均有 3.26 个成员，其中既包括 2.18 个外国出生成员，也包括 1.08 个土生成员。土生成员占外国出生家庭所有成员的 33.1%。从绝对数量上看，2000 年总计有 1260 万土生人口生活于外国出生家庭之中。[2] 因此，外国出生家庭的规模较大与外国出生人口占美国全部人口的比例偏低的事实是并不矛盾的。

第三，相对于本土家庭而言，移民家庭通常有较多的子女。移民家庭规模较大的原因除了亲属、好友喜欢生活在一起之外，另一个重要因素就在于移民女性的生育率较高，子女相对较多。以 1980—1990 年入境的女性移民为例，将她们与美国同龄女性人口相比较后发现，无论是在哪个生育年龄阶段（15—24 岁、25—34 岁、35—44 岁），移民女性的生育率均高于美国女性的生育率（见表 2—2）。当然，由于移民女性的生育率相对较高，移民家庭中子女的数量相应也多于本土家庭。例如在 2000 年，平均每一个外国出生"H"家庭中 18 岁以下子女数量为 0.99 个，而本土家庭中则为 0.65 个；平均每一个外国出生"F"家庭中 18 岁以下子女的数量为 1.25 人，而本土家庭中则为 0.94 人。[3]

〔1〕 U.S. Department of Commerce, *Profile of the Foreign-Born Population in the United States:2000*, p.30.

〔2〕 U.S. Department of Commerce, *Profile of the Foreign-Born Population in the United States:2000*, p.30.

〔3〕 U.S. Department of Commerce, *Profile of the Foreign-Born Population in the United States: 2000*, pp.30,32.

表2—2　每1000名移民女性与本土女性生育的子女数量对比

年龄阶段	1980—1990 年间入境的女性移民	美国女性
15—24	404	305
25—34	1361	1330
35—44	2200	1960

资料来源：James P. Smith and Barry Edmonston, eds., *The New Americans: Economic, Demographic, and Fiscal Effects of Immigration*, p.58.

移民家庭之所以有较多的子女，主要与移民来源地的生育观念有关。通常而言，一个地区的经济发展程度直接影响着当地生育率的高低。在经济发达地区，其较完备的社会福利体制、紧张的生活节奏、女性较强的独立意识以及抚养子女的高额费用等，都会促使人们选择养育较少的子女甚至不生育。与之相反，在经济落后地区，人们的传统生育观念受到现代文明与生活方式的冲击相对较小，因而依然维持着较高的生育率。在当代美国，来自相对落后的拉美和亚洲地区的移民，通常有着较高的生育率。例如2000 年时，在美国所有的外国出生的双亲家庭中，有一个或更多的 18 岁以下子女的家庭达 61.3%。其中，来自相对发达的欧洲地区的移民家庭中这一比例仅为 35%，而来自拉美地区的移民家庭中这一比例却为 73.4%。墨西哥移民家庭中这一比例更是高达 80.4%。同样，在这些外国出生家庭中，有三个或三个以上子女的家庭比例为 16.1%。其中来自欧洲的移民家庭中这一比例仅为 5.1%，来自拉美的移民家庭中这一比例为 24.4%，而墨西哥移民家庭中这一比例更是达到 31.9%。[1]当然，移民家庭的高生育率也并非是一成不变的，随着他们在美国的同化程度日渐加深，特别是发展到第二代或第三代的时候，其生

---

[1] U.S. Department of Commerce, *Profile of the Foreign-Born Population in the United States: 2000*, p.33.

育率基本与美国其他土生人口持平，家庭规模也开始不断缩小。

总之，自 20 世纪 60 年代中期以来，随着来自拉美和亚洲等地区的移民不断增加，不仅移民的种族构成发生了变化，而且移民群体在年龄与性别结构、婚姻与家庭方面，也都展现出新的特征。移民群体的这些新变化，在给美国社会带来诸多积极影响的同时，也不可避免地带来许多新的问题与挑战。例如，移民的种族构成变化及其对当前和未来美国人口的影响，已在文化和心理上引起美国人的强烈震撼，一些人士甚至惊呼美国白人即将变成少数族裔，另一些反移民主义者则担心新移民将造成未来美国"在语言和精神上的分裂"[1]。移民的年龄、性别、家庭与婚姻等方面的特征，又直接关系着移民人力资本的积累和形成，它既影响着移民群体如何实现自身在美国劳动力市场中的融合与社会经济同化，同样也影响着美国的经济发展。

第二节　移民的教育水平与职业分布

一　移民的教育水平

在人力资本所包括的诸多因素之中，教育程度无疑是最关键的衡量指标之一。自 20 世纪 60 年代以来，随着美国的移民来源地发生了由发达的欧洲、北美地区向落后的亚洲、拉美等地区的转变，外来移民的技能水平也相应呈现出许多不同的特征。一些学者纷纷指出，60 年代后来自第三世界的移民，是一支技能较低的群体，突出表现为教育程度明显下降。

一个必须承认的事实就是，相对于美国本土人口而言，外来移

---

[1] Peter Duignan and L. H. Gann, eds., *The Debate in the United States Over Immigration*, p.37.

民的教育程度在整体上的确较为落后。例如，根据美国商业部的当前人口报告，在 2000 年时，25 岁及以上的外国出生人口中，完成高中或以上学历者（学士学历以下）的比例为 67%，而本土人为 86.6%。尽管二者中的学士及以上学历者的比例同为 26.9%，但在那些不足高中学历者中，外国出生者占 33%，本土人仅为 13.4%。其中，接受不足 5 年、5—8 年、9—11 年教育的外国出生人口的比例，分别为 7.2%、15% 和 10.8%，而本土人的相应比例为 0.7%、4% 和 8.7%。[1] 国会预算局的相关研究也指出，在 2004 年时所有 25 岁及以上的劳动力当中，仅有 1% 的本土出生工人未完成九年教育，而外国出生工人的该比例却为 18%。在接受了 12 年高中教育却未获得文凭或通过同等学力（GED，General education development）测试的群体中，本土出生工人仅为 6%，而外国出生工人高达 29%；虽然移民仅占 25 岁及以上劳动力的 15%，却分别占未完成八年教育者和接受了 9—12 年教育但未获相应文凭者的 70% 和 25% 以上。[2] 由此可见，一些学者关于移民群体的教育程度落后的观点，是有事实根据的。

当代移民教育程度相对较低的特点，显然与移民来源地的变迁密切相关。在 60 年代以前，由于移民主要来源国德国、英国、法国等国家的教育质量基本与美国处于同一水平甚至更高，因此其前往美国的移民人口有着平均较高的教育程度。例如，学者波哈斯通过对比分析发现，在 20 世纪 40 年代直至 60 年代中后期，外来移民的教育程度还一直高于美国的平均水平。[3] 但是，从 60 年代中期开始，随着移民来源国由原来的发达国家逐渐转变成拉美和亚洲的发展中国家，像墨西哥、海地、越南等，其教育发展水平与美国相比严重

〔1〕 U.S. Department of Commerce, *Profile of the Foreign-Born Population in the United States: 2000*, p.36.

〔2〕 Congressional Budget Office, *The Role of Immigrants in the U.S. Labor Market*, pp.7–8.

〔3〕 George J. Borjas, *Friends or Strangers: The Impact of Immigrants on the U.S. Economy*, pp.49–50.

滞后，因此，来自这些地区的移民教育程度相对低下。然而，地区来源的改变导致移民教育程度低的这一结论，并不符合某些来源国的移民情况。例如在美国，印度移民的平均教育年限为 16 年，而在印度，成年人口的平均教育程度却不足高中水平。当然，印度移民之所以具有较高的教育程度，其原因在于入境者当中以技能为基础的就业移民有较高的比例。有研究指出，在 2003 年到达的印度移民中，40% 是就业优先类移民，相比之下，来自中美洲的该类移民的比例仅为 3%。[1]

当然，在过去的几十年中，外来移民的教育程度持续走低，也同样与大量存在的非法移民与难民有关。通常而言，合法移民的教育程度相对较高，而非法移民与难民的教育程度较低。城市研究院的学者菲克斯和帕赛尔在其研究中，将所有在 80 年代入境的移民分为三类。第一类是来自墨西哥、萨尔瓦多和危地马拉的移民。在来自这三个国家的 260 万移民当中，合法移民不到 30%。第二类是来自越南等 11 个主要难民输出国的移民。这 11 个国家为美国输送了 90% 的难民，而来自这些国家的合法移民当中，有 80% 是通过难民身份入境的。第三类即来自其他国家的移民，这些移民几乎占当前美国合法移民的 3/4。该研究发现，在不同入境身份的移民群体之间，教育程度的差异是非常明显的。以低于高中学历的比例来考察，第一类移民为 75% 以上，第二类移民为 46%，第三类移民仅为 26%。同时，合法移民中有大学学历者的比例较高，为 33%，不仅高于本土人，也高于其他类别群体。因此，该研究强调："关于最近移民的所谓的教育程度较低或者'质量'较差的说法，以及教育分布的'沙漏形'状态，应直接归功于非法移民以及难民，而不是合

---

[1] Congressional Budget Office, *The Role of Immigrants in the U.S. Labor Market*, p.3.

法移民。"[1]

但是，关于移民群体的教育程度，有两个变动的趋势需要引起注意。

第一，教育程度的绝对与相对的变动趋势。从绝对意义上讲，即从移民群体自身的历史演变来看，其教育程度在不断提高。根据学者朱利安·R.贝茨（Julian R. Bett）和马格努斯·洛夫斯特罗姆（Magnus Lofstrom）的研究，在 1970—1990 年间，16—64 岁男性移民的平均教育年限由 10.59 年上升到 11.28 年，女性移民则由 10.05 年上升到 11.06 年。[2] 其后，由于自 90 年代起美国相继出台了一些吸引外来人才的新措施，入境移民的教育程度又普遍有所提高，特别是拥有高等学历（advanced degree）的移民比例增长显著。例如，在 90 年代入境的移民当中，拥有学士学历的移民比例为 17.3%，而在 2000—2004 年间入境的移民中这一比例为 22.2%。[3] 但是，从相对意义上讲，战后入境移民的教育程度又在不断下降。因为相对于 60 年代以前的移民而言，他们同本土人之间的实际教育差距在不断拉大。同样还是在 1970—1990 年，本土人的教育程度增长更为迅速，男性教育年限由 11.36 年上升至 12.69 年，女性教育年限则由 11.26 年增加至 12.61 年。也就是说，在 1970 年，男性移民与本土人之间的教育差距是 0.77 年，女性移民与本土人之间的教育差距是 1.21 年；到 1980 年，此两个数据分别为 0.81 年和 1.17 年；而到 1990 年又分别为

〔1〕 Michael Fix and Jeffrey S. Passel, *Immigration and Immigrants: Setting the Record Straight*, Washington, D.C.: The Urban Institute,1994, p.34, http://www.urban.org/UploadedPDF/305184_immigration_immigrants.pdf.（2008 年 12 月 29 日下载）

〔2〕 George J. Borjas, ed., *Issues in the Economics of Immigration*, pp.54-55.

〔3〕 David L. Bartlett, *U.S. Immigration Policy in Global Perspective: International Migration in OECD Countries*, 2007, pp.12-13, http://www.ailf.org/ipc/special_report/sr_jan07_bartlett.pdf.（2007 年 9 月 1 日下载）

1.41 年和 1.55 年（见表 2—3）。[1] 学者波哈斯通过研究还指出，在 1940 年时，美国的新到移民（即最近五年内入境者）比本土人平均多受一年的教育，但这种教育优势随后逐渐缩小。到 1970 年，新到移民与本土人拥有同等的教育程度。从 70 年代起，移民教育程度的衰退开始加速，在 1980 年人口统计中，新到移民几乎比本土人少受一年的教育。[2]

表2—3 1970—1990年移民与本土人口（16—64岁）平均教育年限对比

	1970		1980		1990	
	本土人	移民	本土人	移民	本土人	移民
男　性	11.36	10.59	12.42	11.61	12.69	11.28
白　人	11.63	10.97	12.65	12.51	12.88	13.07
黑　人	9.49	11.01	11.13	12.19	11.60	12.18
亚洲人	12.09	11.86	13.26	14.04	13.38	13.45
西　裔	9.46	8.83	10.89	9.09	11.44	8.86
女　性	11.26	10.05	12.17	11	12.61	11.06
白　人	11.49	10.40	12.36	11.69	12.77	12.30
黑　人	10.01	10.29	11.43	11.57	11.96	11.87
亚洲人	11.91	11.37	12.97	12.39	13.34	12.41
西　裔	9.24	8.38	10.51	8.97	11.34	9.05

资料来源：根据 George J. Borjas, ed., *Issues in the Economics of Immigration* 中第 54 页、56 页表格制作而成。

　　第二，教育程度的两极化趋势。从教育层面的分布来看，移民中低学历者和高学历者为主体，而中等教育程度者相对较少，因此呈现出一个"两头大、中间小"的态势。例如，截至 2004 年，在 25 岁及以上的外国出生的劳动力中，只有高中或更低学历者高达 53.3%，相比之下，本土劳动力中这一比例仅为 37.8%，其中缺乏高中毕业证的

[1] George J. Borjas, ed., *Issues in the Economics of Immigration*, pp.54—56.

[2] George J. Borjas, *Friends or Strangers: The Impact of Immigrants on the U.S. Economy*, p.49.

移民工人是本土工人的四倍。另一方面，拥有四年大学及以上教育的移民与本土工人的比例却十分接近，分别为30.3%与32.6%。移民教育程度要么高要么低，而大多数本土工人却位居中间（两年制学院或高中毕业），几乎3/5的本土劳动力拥有的要么是高中学历，要么是学制不足四年的大学学历，而3/5的外国劳动力要么没有高中毕业证，要么拥有一个至少学制四年以上的大学学历。[1]

移民群体内部教育程度也呈现两极化趋势。战后以来入境的移民群体复杂多样，其教育程度也各有差异。总体看来，拉美移民的教育程度相对较低，而欧洲、亚洲移民的教育程度则相对较高。在2004年，仅有3.2%的拉美移民拥有高等学历，相比之下，亚洲移民为19.7%，欧洲移民为15.9%；另一方面，33.1%的拉美移民拥有不到九年的教育，而亚洲移民与欧洲移民的这一比例仅分别为8.8%和9.3%。[2]对于当代移民的教育程度呈现出区域性的两极化趋势，国会预算局的一份研究报告也予以了证实。该报告表明，在2003年，在美国所有25岁及以上的外国出生人口中，一半的亚洲移民至少拥有学士学历，19%拥有学士以上的高等学历，而缺乏高中文凭者的比例与美国本土人相近；在欧洲移民中，没有高中学历者和拥有学士学历者的比例，均稍高于美国本土人口，其获得学士以上高等学历者的比例同样远高于本土人口。相比而言，拉美移民中完成了高中学业的比例不到50%，仅有12%拥有大学或以上的学历（具体数据见表2—4）。[3]

---

〔1〕 American Immigration Law Foundation, *Economic Growth and Immigration: Ridging the Demographic Divide*, November 2005, http://www.ailf.org/ipc/special_report/2005_bridging.pdf.（2006年2月11日下载）

〔2〕 David L. Bartlett, *U.S. Immigration Policy in Global Perspective: International Migration in OECD Countries*, 2007, p.13.

〔3〕 Congressional Budget Office, *A Description of the Immigrant Population*, p.13.

表2—4 2003年25岁及以上的外国出生人口的平均教育程度（%）

	全部人口	本土人口	外国出生人口	不同来源的外国出生人口			
				欧洲	亚洲	拉美	其他地区
不足高中学历	15.4	12.5	32.8	15.1	12.6	50.9	16.5
高中毕业生	32	33.3	24.5	30.9	20.7	24.5	24.6
某些学院学历或副学士学位	25.3	27	15.5	18.6	16.7	13	21.7
学士学位	17.9	18.1	17.2	19.9	30.9	8.3	24.2
高级学位	9.3	9.1	10	15.5	19.1	3.3	13

资料来源：Congressional Budget Office, *A Description of the Immigrant Population* 中第 18 页表格。

当然，外来移民教育程度的洲际差异并非是绝对化的。在移民教育程度普遍较高的欧洲和亚洲部分地区，同样也有教育程度相对较低的移民，而移民整体教育程度较低的拉美地区，同样也输送了一些教育程度较高的移民。例如，学者玛利亚·A.帕蒂拉（Maria A. Padilla）在 2000 年时的研究表明，在来自拉美的外国出生人口中，那些来自南美洲地区的移民教育程度较高，而中美洲地区的移民教育程度则相应较低。其中，南美洲移民中完成高中教育的比例高达79.6%，而中美洲地区移民的这一比例仅为 37.3%。[1] 在亚洲地区，来自印度、日本、韩国、中国港台地区的移民教育程度较高。相比之下，来自越南、老挝、缅甸等地区的移民教育程度要低得多。

二 移民的职业与产业分布

教育程度作为劳动力拥有的最重要的人力资本之一，在很大程度上决定着个人的职业类别和产业分布。对于当代美国的移民群体而言，由于他们整体的教育水平与本土人存在着差别，因而他们在

----

[1] Maria A. Padilla,*Impact of the Mexican Immigrant Labor Force in the United States Economy*, pp.6-7.

职业与产业分布方面，也展现出一些不同于美国本土人的特征。同时，由于不同移民群体之间教育程度参差不齐，因而在移民群体内部，其职业和产业分布也有所差别。

产业（industry）与职业（occupation）是容易混淆的两个概念，二者之间虽有紧密联系，但也存在着差别。简单而言，职业是指个人所从事的某种工作的类型，而产业强调的是某种工作得以操作和执行的相应的经济部门或领域。各个产业领域都包含着不同的职业类别。以农业产业为例，该产业既有从事管理、技术服务等方面的白领类职业，也有直接从事体力劳动的蓝领类职业。相对于产业类别而言，移民所从事的不同职业更能体现出劳动力本身的教育、技能水平以及相应的社会经济地位，因此，笔者在这一部分着重分析移民的职业特征。

先来看看移民在产业方面的分布情况。总体来看，移民的产业分布与本土人既有相似性，也存在差别。相似之处一方面表现为在某些产业领域，就业的移民与本土人口所占各自群体的比例，长期基本处于均衡状态。例如，在矿业领域，就业的移民和本土人占各自群体的比例相差不大。在1982年，从事矿业的外国出生人口比例为0.7%，本土人为1%[1]，在持续经历了经济与产业结构的调整和重组后，到2003年，本土人口从事矿业的比例减少至0.4%，外国出生人口的比例也减少至0.3%[2]。虽然移民和本土人从事该类职业的比例都有所下降，但二者间的差距基本维持不变。另一方面，在某些产业部门，移民与本土出生人口就业的变动趋势也基本雷同。在这二十余年间，除从事矿业的移民与本土出生人口比例均呈下降态势之外，像在私人家庭服务、制造业、批发与零售业等领域就业的移

---

〔1〕 Abowd, John M. and Freeman, Richard B., eds., *Immigration, Trade, and the Labor Market*, Chicago: University of Chicago Press, 1991, p.307.

〔2〕 Congressional Budget Office, *A Description of the Immigrant Population*, p.20.

民与本土出生人口的比例都有所下降，而两者从事建筑业的比例却均有所上升。[1]

移民与本土出生人口在产业分布上也存在着差异。相对于本土人而言，移民更可能就业于建筑业、制造业、休闲及招待等产业部门，而较少地从事金融活动、教育与健康服务以及公共行政。通过比较 2004 年时 25—64 岁的外国出生工人与本土出生工人的产业分布，国会预算局的一份报告指出，在建筑业领域，外国出生工人比例为 10.1%，而本土工人比例为 7.5%；在制造业领域，外国出生工人比例为 14.8%，而本土工人比例为 12.5%；在休闲及招待业领域，外国出生工人比例为 10.9%，本土工人比例为 5.4%。可见，在上述这些产业领域，移民的比例远高出本土人口的比例。另一方面，在金融产业方面，外国出生工人比例为 5.5%，本土工人比例为 7.8%；在教育与健康服务方面，外国出生工人比例为 16.6%，本土工人比例为 22.5%；在公共行政部门，外国出生工人比例仅为 2.1%，本土工人比例为 5.7%。显然，在上述这些领域，移民的比例又远低于本土工人的比例。[2]

在职业分布方面，外来移民与本土工人之间的差异则较为明显。在此，本书依据美国 1980 年的标准职业分类法（Standard Occupational Classification, SOC）所划分的六大职业类别[3]，来考察美国的移民与本土出生工人的就业分布情况。2000 年时，在管理和专业技术类职

---

[1] Abowd, John M. and Freeman, Richard B., eds., *Immigration, Trade, and the Labor Market*, p.307; Congressional Budget Office, *The Role of Immigrants in the U.S. Labor Market*, p.14.

[2] Congressional Budget Office, *The Role of Immigrants in the U.S. Labor Market*, p.14.

[3] 1980 年标准职业分类体系之中包括了 501 种详细的职业种类，而这些职业又可以被概括组合为六大主要的职业类别，分别为管理和专业技术类职业（managerial and professional specialty），技术、销售以及行政支持类职业（technical, sales, and administrative support），服务类职业（service occupations），精密制造、工艺及修理类职业（precision production, craft, and repair），机器操作、装配以及体力劳动类职业（operators, fabricators, and laborers），农业、林业及渔业类职业（farming, forestry, and fishing）。

业方面，从业的外国出生工人占 24.7%，本土出生工人占 30.9%；在技术、销售和行政支持类职业方面，从业的外国出生工人占 20.9%，本土工人占 30.6%。在这两大职业中，从业的美国本土人所占的比例均明显高于移民。从事这些职业的外国出生工人，占全部外国工人的 45.6%，而本土工人的相应比例却高达 61.5%。相比之下，在其他四大类职业方面，移民的比例又都高于本土人的比例。例如，从事服务类职业的外国出生工人的比例为 19.2%，本土出生工人比例为 13.2%；从事机器操作、装配以及体力劳动类职业的外国出生工人的比例为 18.7%，本土出生工人比例为 12.7%；从事精密制造、工艺和修理类职业的外国出生工人比例为 12.1%，本土出生工人比例为 10.5%；从事农业、林业、渔业类职业的外国出生工人的比例为 4.5%，本土出生工人比例为 2.1%。[1]

就移民群体本身而言，不同地区来源的移民从事的职业类别也有差异。总体说来，欧洲、亚洲移民从事专业、管理类职业的比例较高，而拉美移民则较多地从事农业、机器操作、装配以及体力类职业。例如，在 2000 年，从事专业和管理类职业的欧洲移民工人占其群体的 38.1%，从事此类职业的亚洲移民占其群体的 38.7%，而从事此类职业的拉美移民工人仅占其群体的 12.1%。不仅如此，即使在拉美移民工人当中，这种差别也比较明显：南美洲移民工人从事管理和专业类职业的比例为 23.2%，其中加勒比移民工人比例为 22.6%，墨西哥工人比例仅为 6.3%。另一方面，在从事机器操作、装配和体力劳动类职业者中，拉美工人占 24.8%，而来自其他地区的外国工人仅占 11.2%；在农业、林业、渔业方面，拉美移民工人占 7.8%，而来自其他地区的移民工人仅占 1%；在来自墨西哥的外国出生工人当中，28.6% 从事于机器操作、装配及体力劳动类职业，12.9% 从事于农业、

---

〔1〕 U.S. Department of Commerce, *Profile of the Foreign-Born Population in the United States: 2000*, p.40.

林业、渔业类职业。[1]

此外，国会预算局在 2005 年的一份研究报告中，根据不同职业所需要的教育程度，又将所有职业分为"低等"教育水平类、"中等"教育水平类和"高等"教育水平类，详细比较了本土人口以及不同地区来源的移民在这三大类职业之间的分布。其研究报告表明，在"低等"教育水平类职业方面，来自墨西哥等中美洲地区的移民比例高达 74.5%，来自世界其他地区的移民比例为 31.8%，而本土人比例仅为 25.9%。在"低等"教育水平类职业当中，还细分有"非常低"的教育水平类职业，本土人从事此类职业者占其全部就业者的 6.7%，墨西哥及中美洲移民占 33.9%，而其他地区移民占 9.8%。在"中等"教育水平类职业方面，来自墨西哥等中美洲地区的移民比例为 21.6%，来自世界其他地区的移民比例为 40.3%，而本土人比例为 47.9%。在"高等"教育水平类职业方面，来自墨西哥等中美洲地区的移民仅占 3.9%，来自世界其他地区的移民占 26.2%，本土人同样也占 26.2%。其中，"高等"教育水平类职业也包括"非常高"的教育水平类职业，从事此类职业的本土人比例为 12.8%，墨西哥等中美洲移民占 1.9%，其他地区移民占 13.5%。[2]

从上文的分析可以得出这样一个事实：移民的职业与其教育程度密切相关。总体说来，当代移民的职业分布特征，可以简要地概括为如下两点。第一，由于与本土人口相比，移民的教育程度整体偏低，因此，移民更多地从事无须较高教育水平的蓝领职业和服务业，而相对较少地从事那些技术含量较高的职业。如上所述，在需

[1] U.S. Department of Commerce, *Profile of the Foreign-Born Population in the United States: 2000*, pp.40-41.

[2] Congressional Budget Office, *The Role of Immigrants in the U.S. Labor Market*, p.13. 移民从事的职业主要如下："非常低"教育水平类职业包括农业工人、刷碗工人、厨师、女佣、建筑工地帮工、手工包装工人；"低"教育水平职业包括园艺工人、油漆匠、建筑工人；"中等"教育水平职业包括餐饮服务经理等；"高"教育水平职业包括注册护士、计算机程序师、会计师和审计师；"非常高"教育水平职业包括大学教师、内科医生和外科医生、电脑软件工程师等。

要较高教育技能的管理、专业类职业以及技术、销售和行政支持类职业方面，移民工人的比例低于本土人的比例，而在服务、精密制造、工艺和修理、农业、林业、渔业类等无须太多教育程度就能胜任的职业当中，移民工人的比例却又高于本土人的比例。当然，相对于美国本土人而言，移民在蓝领和服务类职业领域的集中分布，并不是一个单独年份里的特殊现象，而是战后以来一个长期的普遍趋势。例如，在 20 世纪 70 年代的时候，入境移民当中有 39% 从事蓝领职业，而美国人从事蓝领职业的比例为 32%；另有 18% 的移民从事服务业，而此行业中美国人的比例为 13%。[1] 第二，在移民群体内部，不同地区来源的移民因教育程度的差异而存在相应的职业差别。像教育程度相对低下的拉美移民，其从事机器操作、装配、体力劳动类以及农业、林业、渔业类职业的比例较高，而从事专业和管理类职业的比例却较低；但对于教育程度相对较高的欧洲、亚洲移民，情况却正好相反。由此可见，不同地区移民所从事的职业是与他们自身的教育程度相吻合的。

此外，移民在美国居住的时间长短以及是否归化为美国公民等因素，也直接影响着他们的职业类别。同样，以 2000 年时外国出生人口的职业分布来看，在那些已经在美国生活了二十年以上时间的外国出生人口中，从事管理和专业类职业者的比例为 32.6%，从事机器操作、装配及体力劳动类职业者的比例为 13.9%；而在美国生活不到十年的外国出生人口当中，从事管理和专业类职业者仅为 20.2%，从事机器操作、装配及体力劳动类职业者却为 22.7%。另外，从移民是否具备公民身份的角度来看，归化公民从事管理和专业类职业的比例为 33.6%，而非归化公民从事该类职业的比例为 19%，相比之下，归化公民当中从事机器操作、装配及体力劳动类职业者

---

〔1〕 *Economic Report of the President, 1986*, p.220.

占 13.3%，而非归化公民却占 22.1%。[1] 由此可见，移民在美国生活的时间越长，其职业状况会逐步得以改善。同时，移民如果获得了公民资格，其职业前景也会更加光明。这是因为随着移民在美国居住时间的增加，他们会逐渐掌握语言以及其他方面的各种技能，从而更好地融合于美国劳动力市场，获得稳定的职业升迁。而公民身份的获得，也能促进移民在美国的归属感，进一步增强他们积极就业的信心。当然，一个显而易见的事实就是，移民在美国的居住时间与其获得公民资格的可能性是成正比的。移民在美国生活越久，也就越有可能变成归化公民，而这又会进一步便利他们的职业同化。

第三节　移民的居住分布及其特点

20 世纪 60 年代以来，随着美国区域经济的重构以及移民来源地的变迁，新移民入境后在美国的定居分布模式也发生了变化。那么，这些新移民主要分布于哪些地区？与早期的移民相比，他们的居住模式又呈现哪些特征和趋势呢？

总体而言，当代美国外来移民的居住分布，呈现出如下两个特点。第一，从地理分布来看，外来移民多临着美国的海岸线而分布，主要集中在东起大西洋沿岸至东南部的佛罗里达，再至南部的墨西哥海湾，然后西至太平洋海岸一线。美国东、西、南部狭长的沿海地区，汇集了当前美国绝大多数的外来移民。第二，从美国的区域划分来看，外来移民主要集中于西部和南部，而较少在东北部和中西部。根据美国人口普查局 2000 年的统计，外国出生人口在西部和南部的比例分别为 39.9% 和 26.8%，而在东北部和中西部的比例分别

---

〔1〕 U.S. Department of Commerce, *Profile of the Foreign-Born Population in the United States: 2000*, p.40.

为 22.6% 和 10.7%。[1] 在西部和南部，移民主要分布于加州、得克萨斯以及佛罗里达等州；在东北部，移民主要集中在纽约和新泽西两州；在中西部地区，除了伊利诺伊和明尼苏达之外，其他各州移民数量相对较少。

如果对移民在美国的分布流向作一历史回顾的话，就会发现当代移民的空间地理分布，显然经历了一个由东北部和中西部向西部和南部转移的过程。从殖民地时期伊始直至 20 世纪六七十年代之前，由于东北部与中西部的经济长期处于绝对领先地位，发达的经济孕育着较多的就业机会，因此外来移民多涌向这两个地区，而相对落后的南部与西部地区则缺乏相应的吸引力。根据学者的统计，甚至直到 1960 年，流向东北部和中西部的移民，还分别占 47% 和 23.4%，而流向南部和西部的移民，分别占 9.9% 和 19.8%。[2] 但是，战后以来，东北部和中西部的传统老工业基地日渐式微，而新兴的西部和南部地区经济迅速崛起，开始执经济发展之牛耳。此外，随着 60 年代新移民法的颁布，来自拉美和亚洲的新移民更倾向于在西部和南部寻求就业和定居。因此，从六七十年代开始，美国传统的移民分布模式得以逐渐改变，东北部和中西部逐渐失去了对移民的吸引力，西部和南部取而代之成为移民汇聚的中心。在 1981—1997 年，流向西部和南部的移民占所有入境移民的 37.1% 和 31.1%，而流向东北部和中西部移民的比重分别为 18.6% 和 13.1%。[3] 此后，尽管移民向西部和南部集中的势头相对有所减弱，但这两个地区依然吸引着绝大

---

〔1〕 William A. V. Clark, *Immigrants and the American Dream: Remaking the Middle Class*, New York: The Gulfford Press, 2003, p.38.

〔2〕 Campbell Gibson and Kay Jung, *Historical Census Statistics on the Foreign-Born Population of the United States: 1850-2000*. 数字是依据 Table 15 "Foreign-Born Population by Historical Section and Subsection of the United States: 1850 to 2000" 计算而得。

〔3〕 梁茂信:《都市化时代——20 世纪美国人口流动与城市社会问题》，东北师范大学出版社，2002 年，第 105—106 页。

多数的外来移民。例如，在1998—2006年美国接纳的所有合法移民中，定居东北部和中西部地区的分别占27.1%和12.3%；而定居南部和西部的分别占26.6%和33%，二者共占近60%。[1]

从州和大都市的层面来看，当代外来移民的定居模式还呈现出高度集中的特点，主要体现为在少数几个州和大都市区的高度聚居。

（一）移民在少数州高度集中。长期以来，美国的外来移民主要是从东北部的纽约以及西部的加利福尼亚等州入境，进而以这些入境口岸州为中心，向附近其他州扩散。据学者统计，在1960年，60%的外来移民生活于加利福尼亚、纽约、得克萨斯、佛罗里达、新泽西和伊利诺伊六州。随着时间的推移，移民在上述六州高度集中的现象非但没有减弱，反而变得更加明显。到1998年，此六州中的外来移民占全部移民的比例竟高达72%，其中仅加利福尼亚一州就占32%。[2]移民高度集中在这六州，也可以从美国每年接收的合法移民的分布情况得以证实。以美国《2000年移民统计年鉴》为例，是年美国共接收合法移民849807人，其中加利福尼亚为217753人（25.62%），纽约为106061人（12.48%），佛罗里达为98391人（11.58%），得克萨斯为63840人（7.51%），新泽西为40013人（4.71%），伊利诺伊为36180人（4.26%），六州移民占全部移民的比例高达66.16%。[3]当然，移民在这几个州的集中，并不是个别年份里的特殊现象，而是一个长期的发展趋势。例如，在1989—2006年，美国共接收了17879313名合法移民，其中，上述六州的移民比例同样高

---

〔1〕 U.S. Department of Homeland Security, Office of Immigration Statistics, *2006 Yearbook of Immigration Statistics*. 根据 Table 4 "Persons Obtaining Legal Permanent Resident Status of Residence: Fiscal Years 1997 to 2006" 计算所得。

〔2〕 George J. Borjas, *Heaven's Door: Immigration Policy and the American Economy*, p.64.

〔3〕 Immigration and Naturalization Service, *2000 Statistical Yearbook of the Immigration and Naturalization Service*. 根据 Table 16 "Immigrants admitted by Selected Country of Birth and State of Intended Residence: Fiscal Year 2000" 计算所得。

达 69.7%（见表2—5）。

表2—5　1989—2006年合法移民在六个州的集中情况

美　国	17879313 人	100%
加利福尼亚	5294020 人	29.61%
纽约	2400286 人	13.42%
得克萨斯	1551837 人	8.68%
佛罗里达	1479056 人	8.27%
新泽西	877326 人	4.91%
伊利诺伊	859166 人	4.81%
共　计	12462141 人	69.7%

资料来源：根据 Immigration and Naturalization Service, *1997 Statistical Yearbook of the Immigration and Naturalization Service* (http://www.dhs.gov/xlibrary/assets/statistics/yearbook/1997YB.pdf, 2008 年 4 月 5 日下载）中 Table 18 "Immigrants and Admitted by State of Intended Residence: Fiscal Years : 1989–97" 与 U.S. Department of Homeland Security,Office of Immigration Statistics, *2006 Yearbook of Immigration Statistics* 中 Table 4 "Persons Obtaining Legal Permanent Resident Status of Residence: Fiscal Years 1997 to 2006" 计算所得。

　　不仅如此，非法移民的分布也较为集中，而且其分布区域与合法移民基本类似。根据有关学者的研究估测，截至 1992 年 10 月，接纳合法移民最多的六个州竟容纳了美国 85% 的非法移民。其中，加州的非法移民为 140 万，纽约的为 44.9 万，得克萨斯的为 35.7 万，佛罗里达的为 32.2 万，伊利诺伊的为 17.6 万，新泽西的为 11.6 万。[1] 同样，美国公民及移民服务局（USCIS）的一份研究也有力地证明了这一观点。该研究估计，到 1996 年时，美国的非法移民达 500 万，而仅七个州就容纳了 83% 的非法移民，其中，加州的非法移民数量最多，达 200 万，占全部非法移民的 40%。另外，得克萨斯的为 70 万，纽约的为 54 万，佛罗里达的为 35 万，伊利诺伊的为 39 万，新泽西

―――――――――
〔1〕 J. Samuel, P. L. Martin, J. E. Taylor, *The Jobs and Effects of Migrant Workers in Northern America-Three Essays*, p.59.

的为 13.5 万，亚利桑那的为 11.5 万。[1]

非法移民之所以与合法移民有着相同的分布地点，是因为二者之间总是有着千丝万缕的联系。许多合法移民在进入美国后，其老家的亲人、朋友也会想方设法前往美国以实现团聚，如果通过合法途径无法实现的话，可能就会采取非法手段来达到这一目的。至于那些在美国没有亲戚朋友为其提供资助的非法移民，他们在偷越入境后，通常也会选择定居于本民族群体较多的地区。在这里，他们可以利用丰富的族裔关系网，在获得较多住房、就业等方面相关信息的同时，也能够获得本民族成员提供的精神与物质方面的援助。因此，在合法移民较为集中的地区，非法移民也相对集中。

（二）移民在大都市区高度集中。外来移民倾向定居于美国的各个大中型城市，已形成一个历史传统。这是因为城市相对于乡村而言，能够提供较为丰富的就业机会、便利的交通条件以及舒适的基础设施，从而对移民有着较为明显的吸引力。根据学者的研究，早在 1910 年时，美国总人口中有 10% 生活于最大的五个城市，这些人口中的 25% 为外来移民，而单纽约市就容纳了 15% 的外来移民。此后，尽管美国最大五个城市的排名不断变更，但美国人口和外来移民在大城市的聚集趋势却没有变更，移民的增长尤为迅速。到 1995 年，有 20% 的美国人口生活于纽约、洛杉矶、迈阿密、旧金山、芝加哥等五个最大的大都市区，与此同时，这五个大都市区容纳的外来移民占比更是高达 53%。[2] 此外，笔者通过统计 1997—2006 年美国五个大都市区接纳的合法移民数量，同样发现，移民在大都市区高度集中的状况非常明显。在此十年期间，纽约、洛杉矶、迈阿密、芝加哥和华盛顿五个大都市区共接纳了 3837054 名合法移民，占全部

〔1〕 U.S. Citizenship and Immigration Services, *The Triennial Comprehensive Report on Immigration*, p.58.

〔2〕 Roger Waldinger, "Not the Promised City: Los Angeles and Its Immigrants", *Pacific Historical Review*, Vol.68, No.2, 1999.

合法移民的 42.14%（见表 2—6）。

表2—6　1997—2006年纽约等五大都市区移民数量及其比例

	1997—2006 年合法移民数量（人）	百分比（%）
美　国	9105162	100%
纽　约	1491587	16.38%
洛杉矶	983220	10.80%
迈阿密	618885	6.80%
芝加哥	400511	4.40%
华盛顿	342851	3.77%
共　计	3837054	42.14%

资料来源：U.S. Department of Homeland Security, Office of Immigration Statistics, *2006 Yearbook of Immigration Statistics*. 根据 Table 5 "Persons Obtaining Legal Permanent Resident Status by Core Based Statistical Area(CBSA) of Residence: Fiscal Years 1997 to 2006" 计算所得。

外来移民的居住与分布之所以高度集中，其原因是多方面的。首先，这是由居住与分布的历史渊源决定的。各移民群体在美国的定居与分布，通常会紧紧跟随其先辈的踪迹，这无疑会加剧移民的聚居。例如，早期墨西哥移民就主要活动于加州，因此当前加州同样是墨西哥移民的大本营。当然，加州对于墨西哥人而言，还有着便利的自然条件。早期的亚洲移民主要分布于加州以及纽约，而当前这一趋势仍在继续，当代华人仍主要集中于洛杉矶、旧金山以及纽约等大都市区。其次，这里有战后美国区域经济重构的因素。当代移民相对集中于西部和南部地区，主要是因为这两个地区在战后以来，经济获得了迅速的发展，繁荣的经济相应提供了较多的就业机会，因而吸引着大量移民的到来。相比之下，东北部和中西部在战后以来经济发展势头趋缓，对移民的吸引力相对较弱。再次，移民的社会关系网也是一个因素。如前所述，移民较为集中的地区，通常会存在一种无形的社会资本，即族裔关系网络。通过这种关系网络，移民之间可以互通有无，相互援助，更好地在美国生存与适应。特别是那些不会英语、对美国缺乏了解的新移民，更倾向依赖这种关系网络。

然而，一个越来越明显且看似相互矛盾的事实就是，当代美国外来移民的居住分布在高度集中的总体模式下，也逐渐呈现分散的趋势。它首先表现为许多新移民州的出现。长期以来，移民主要分布于东北部或西海岸的移民港口城市及其附近的各州和地区。尽管在战后随着南部阳光带的崛起，佛罗里达和得克萨斯等州也开始吸引更多的移民，但东南部各州和西部山区州的吸引力还很有限，移民数量仍相对较少。然而，自八九十年代以来，移民定居集中的趋势开始有所转变，一些新州逐渐成为移民定居的重要目的地。仅在1990—2000 年十年间，东南部的北卡罗莱纳、佐治亚等州的移民数量增加了三倍，另外还有 16 个州增加了两倍，而这些州都不在移民最多的前六州之列。如果根据百分比来统计的话，北卡罗莱纳的外国出生人口由 1990 年的 1.7% 增至 2000 年的 5.3%；佐治亚的则由2.7% 增至 7.1%。[1] 同样，这一期间前往西部山区州的移民也开始明显增多，亚利桑那、科罗拉多、内华达、犹他等州的移民增长势头更为迅猛。其中，以 1990—2000 年的外国出生人口为例，科罗拉多由 139890 人增至 380841 人，内华达由 103962 人增至 305573 人，俄勒冈由 137279 人增至 296997 人，犹他由 56834 人增至 159237 人，新墨西哥由 78669 人增至 146347 人，亚利桑那则由 1990 年的 274424人增至 2002 年的 649127 人。当然，同期东南部地区诸州移民绝对数量的增长也较为显著。例如，佐治亚由 172040 人增至 573255 人，北卡罗莱纳由 115380 人增至 436513 人，田纳西由 57564 人增至 167999

---

[1] Congressional Budget Office, *A Description of the Immigrant Population* , p.8.

人，等等。[1]另有学者通过分析美国 2000 年的人口统计指出，当前不在美国大都市定居的西裔人口中，几乎一半生活于西南部五州（加利福尼亚、亚利桑那、新墨西哥、科罗拉多、得克萨斯）之外，这种现象在美国历史上还是首次出现。[2]

（三）在大都市区内，移民日益由中心城区向郊区扩散。早期移民争先恐后地涌入城市定居已是不争的事实。但在都市扩展和郊区化的历史过程中，美国本土人口纷纷迁往风光秀丽、视野开阔的城市郊区，而外来移民多拥挤于日渐凋敝的城市中心地区。自战后特别是 60 年代以来，随着移民的来源与经济背景日趋复杂多样，移民生活于大都市中心城区内民族社区的传统居住模式悄然发生变化，移民向郊区迁移的现象越来越普遍，出现了"由首要飞地向其外围地带，再依次向有较少本民族群体的地区、几乎没有本民族群体的地区的逐渐扩散"[3]。特别是 20 世纪 80 年代以来，移民分布郊区化的速度明显加快。根据美国 1990 年的人口统计，在 80 年代进入大都市区定居的移民，有 43% 生活于中心城区之外的郊区。[4]在各群体当中，亚洲移民的郊区化程度最高。根据学者对洛杉矶的亚洲移民的定居与流动情况的研究，在入境后的第一个十年内，许多移民家庭就已经进入了族裔混合的郊外社区。在 1990 年，生活于美国的大都市区的菲律宾移民家庭，有 58% 居住在郊区，而在 1980 年时该比例

〔1〕 Steven A. Camarota and Nora McArdle, *Where Immigrants Live: An Examination of State Residency of the Foreign Born by Country of Origin in 1990 and 2000*, Table 1 "Leading Immigrant-Sending Countries by State (1990 and 2000)", pp.7-12.

〔2〕 William Kandel and Emilio A. Parrado, "Restructuring of the U.S. Meat Processing Industry and New Hispanic Migrant Destinations", *Population and Development Review*, Vol.31, No.3(Sep., 2005), pp.447-471.

〔3〕 Edward Funkhouser, "Change in the Geographic Concentration and Location of Residence of Immigrants," *International Migration Review*, Vol.34, No.2 (Summer,2000), pp.489-510. 飞地指移民社区。

〔4〕 Richard D. Alba, et al., "Immigrant Groups in the Suburbs: A Reexamination of Suburbanization and Spatial Assimilation", *American Sociological Review*, Vol. 64, No. 3 (Jun., 1999), pp. 446-460.

为 49%。比较而言，华人是亚裔中郊区化比例最低的群体，在 1980 年时仅为 38%，但是到 1990 年也达到了 46%，体现出明显的增长。[1] 此外，其他学者的研究也指出，1990 年时，美国大都市区中 40% 的少数民族人口住在郊区，而到 2000 年此比例上升至 47%。[2] 当然，生活在郊区的少数民族的增长，一个重要原因就是外来移民的大量迁入。总的看来，新移民迁居郊区的方式主要有两种：一是传统模式，即先以中心城市的聚居区为落脚点，随着同化程度的加深而逐渐移居郊区；二是跨越传统的"过渡居住"阶段，直接进入相对舒适的郊外社区。显然，遵循传统模式的多为普通移民，而直接进入郊区居住的多为那些有着较好的教育、技能水平以及较高的社会经济地位的移民。美籍华裔学者周敏通过对华人移民迁居郊区的模式进行详细研究后指出："既集中又分散，城里和城郊都有聚居现象是华人移民新的居住模式。"[3] 目前，美国外来移民的郊区化问题仍是一个全新的领域，需要学者们相应予以更多的关注。

（四）同一移民群体的分布也呈日趋分散之势。长期以来，外来移民在美国的分布定居按民族来源呈现出区域化的特点。例如，欧洲移民主要集中于东北部和中西部，墨西哥移民主要分布于加利福尼亚，加勒比移民主要集中于东北部——特别是纽约市，亚洲移民主要分布于西海岸和东北部。但是近年来，这种传统的分布格局也开始发生显著变化。各移民群体的定居选择不再局限于某一地区或某些州，而是逐步向全国扩散。以墨西哥移民为例，虽然他们仍以加州为主要定居地，但太平洋西北部地区、中西部的芝加哥及其他城市、东南地区、宾夕法尼亚东部以及纽约市等地，也吸引着较

---

〔1〕 Charles Hirschman, Philip Kasinitz, Josh De Wind, eds., *The Handbook of International Migration: The American Experience*, New York: Russell Sage Foundation, p.158.

〔2〕 王旭等：《美国城市经纬》，北京：清华大学出版社，2008 年，第 49 页。

〔3〕 周敏著：《美国华人社会的变迁》，郭南审译，上海：上海三联书店，2006 年，第 13 页。

多的墨西哥移民。其中，亚利桑那与科罗拉多等州墨西哥移民的增长尤为迅速。不仅如此，各移民群体在传统的主要定居州人口中所占比例也在不断下降。在 1990—2000 年，加利福尼亚州墨西哥移民的比例由 58% 下降至 42%，危地马拉移民比例由 61% 下降至 44%，柬埔寨移民比例由 49% 下降至 33%，萨尔瓦多移民比例由 60% 下降至 46%；纽约的多米尼加移民比例由 69% 下降至 58%，等等。尽管在此期间，诸如古巴、波兰、海地等其他移民在主要定居州的比例有所上升，却掩盖不了移民群体的定居逐渐走向分散的现实。[1]

　　总之，自战后 60 年代以来，随着美国移民的来源地发生变迁，新移民无论是在人口特征、教育程度、居住分布模式以及从事的职业类别等方面，均发生了相应的变化。这些新的变化，直接关乎着移民在美国就业市场中的表现与成就。特别是在战后美国的经济结构发生调整的情况下，外来移民在美国经历怎样的社会经济同化之路，以及他们对美国劳动力市场与经济产生何等的影响，是一个值得重新审视的问题。通过仔细分析美国当代外来移民本身的特征，对于理解和正确认识上述问题，无疑有着积极意义。

---

〔1〕 Steven A. Camarota and Nora McArdle, *Where Immigrants Live: An Examination of State Residency of the Foreign Born by Country of Origin in 1990 and 2000*, Table 8 "Percentage of Immigrants in Top State of Settlement 1990 and 2000 Ranked by Increase in Dispersion".

第三章 战后美国经济重构与移民的社会经济同化

在 1965 年以来大规模移民入境的同一时期，美国社会也进入了一个新的发展阶段——后工业社会。[1] 在后工业社会的发展中，美国的产业结构出现了由工业经济向服务业经济的转化，职业构成也随之发生了相应的改变，出现了高级白领职业与普通低技能职业同时扩增的现象。经济的重构，相应扩大了对高、低技能两类劳动力的需求，从而为当代美国的外来移民提供了大量新的经济机遇，但在另一方面，也为部分移民在新的历史背景下实现经济融合带来了挑战。本章的主旨意在说明，当代外来移民仍是适应美国经济发展需求的，美国的经济重构决定着外来移民在技能构成方面的两极分化。新移民来美国并不是为了享受美国的社会福利，他们也同样积极融入美国的就业市场，逐渐实现社会经济同化。

第一节 战后美国经济与职业结构变迁

第二次世界大战结束以来，随着美国新政式国家垄断资本主义

---

[1] 后工业社会的概念是由美国社会学家丹尼尔·贝尔提出的。他认为，后工业社会的特征主要表现为五大方面：（一）在经济方面，从产品生产经济转向服务性经济；（二）在职业分布方面，专业与科技人员阶级处于社会的主导地位；（三）理论知识居于中心地位，是社会革新和制定政策的源泉；（四）技术发展是有计划、有节制的，重视技术鉴定；（五）在决策上依靠新的智能技术。参见丹尼尔·贝尔：《后工业社会的来临——对社会预测的一项探索》，高铦、王宏周、魏章玲译，高铦校，北京：商务印书馆，1984 年，第 20 页。

的深入发展，美国的政治、经济、教育和社会思想等无不发生了前所未有的变革。伴随着这种深刻的变化，美国也相应经历着一次社会转型，即由工业社会迈向后工业社会。后工业社会的来临，标志着美国经济步入了一个新的发展阶段。经济的发展与科学技术的应用密不可分。战争期间美国所开展的原子能技术、航空航天技术、计算机与通信技术等方面的研究，不仅帮助美国取得了战争的最后胜利，而且这些技术在战后的纵深发展又直接促成了第三、第四次科技革命的到来。随着各种先进的科学技术在社会经济生活中的应用日益广泛，美国的社会生产力获得了突飞猛进的发展，经济实力也得到了空前的提高。在 1945 年，美国国民生产总值为 2134 亿美元，到 1990 年已高达 54651 亿美元，四十余年间增长了二十多倍。[1]

战后美国经济在实现飞速发展的同时，还经历了前所未有的转型与重构，首先体现在三大产业[2]的调整方面，主要表现为经济的主导产业由商品生产部门向服务生产部门转换。这种产业结构的调整，被一些学者形象地称之为美国产业结构的"软化"，即包括第一、第二产业的物质生产部门的"硬产业"的比重不断下降，而以第三产业为主的服务性部门的"软产业"的比重不断上升，产业结构变化的主要趋势是向着"软化经济"（softnomics）的方向发展。[3]具体来看，战后以来，三大产业在国民经济中的比重发生了显著变化，第一、第二产业所占的比重不断下降，而第三产业快速上升并占据绝对核心地位。在 1950 年，第一产业占国内生产总值的 7.2%，

〔1〕 宿景祥编著：《美国经济统计手册》，北京：时事出版社，1992 年，第 293—295 页。

〔2〕 在美国的国民经济领域当中，第一产业包括农业、林业、渔业；第二产业包括制造业、采掘业和建筑业；第三产业指第一、第二产业之外的不直接生产物质产品的部门，涉及范围十分广泛。从广义而言，农业、工业和服务业分别指代第一、第二、第三产业。关于服务业的详细分类介绍，参见高嵩的博士论文《肯尼迪·约翰逊政府就业与培训政策研究》第 17 页注释，东北师范大学 2007 年。

〔3〕 黄苏：《战后美国产业结构变化的主要趋势》，《世界经济》，1986 年第 6 期，第 75—79 页。

第二产业占 37.1%，第三产业占 55.3%。到 1980 年，第一产业的比重下降至 2.4%，第二产业的比重下降至 29.7%，第三产业的比重却上升至 66.7%；再到 2000 年，第一、第二产业的比重分别下降至 1.4% 和 21.5%，而第三产业的比重却增长至 78.4%。[1] 由此可见，在美国进入后工业社会阶段，第三产业在国民经济中的地位愈发重要。

当然，从三大产业的绝对产值增长情况来看，无论是美国的工业、农业还是服务业，在战后都获得了不同程度的发展。例如，1950 年，美国第一产业产值为 207 亿，到 2000 年上升至 1343 亿，增长了五倍以上；第二产业产值则由 1066 亿上升至 21147 亿，也增长了二十余倍；第三产业产值则由 1588 亿增长至 77042 亿，增长近五十倍。[2] 显然，尽管战后三大产业都获得了较大的发展，但这种发展是非均衡的，第三产业的增长速度远超过第一、第二产业。

纵观人类经济发展史，历次技术革命及其引发的产业结构调整，都相应地导致人力资源在不同经济部门与产业中重新流动与二次配置。例如，早期的农业革命推动了劳动力从畜牧业部门流向农业部门，其后的工业革命又促使劳动力从农业部门流向工业部门。而后工业社会的信息技术革命及其引发的美国产业结构的不断"软化"，也导致了劳动力由农业和工业部门向服务业的转移。例如，从事第一产业的就业人员的比例，由 1950 年的 12.8%，下降到 1980 年的 3.4%，到 2000 年时，更进一步下降至 2.6%；从事第二产业的就业人员的比例，在战后初期仍有所增长，由 1950 年的 33.4% 增加至 1960 年的 34.5%，之后开始呈长期衰退趋势，到 1980 年下降为 29.3%，再至 2000 年下降为 18.9%；相比之下，第三产业的就业人数却呈一枝独

〔1〕 *Economic Report of the President,1995*, Washington D.C.: United States Government Printing Office, p.288; *Economic Report of the President,2003*, Washington D.C.: United States Government Printing Office, p.292.

〔2〕 *Economic Report of the President,1995*, p.288; *Economic Report of the President,2003*, p.292.

秀的增长趋势，由 1950 年的 53.9%，上升至 1980 年的 67.3%，再到 2000 年时的 78.4%。[1]

需要注意的是，尽管从事第一、第二产业的就业人员的比重持续下降，但在绝对就业人数的增长方面，二者却呈现不同的趋势。在第一产业领域，自美国开始工业化以来，从事农业生产的就业人口就不断减少，农业也是唯一一个就业长期处于衰退趋势的产业部门，而且这种衰退势头在战后丝毫没有减缓。例如，在 1947 年，美国还有 790 万人以农业工人的身份就业，但到 1994 年，全国农业工人仅有 340 万。[2] 与之相反的是，从事第二产业的就业人员的绝对数量，自工业化以来就一直呈不断增长之势。在 1900 年时，第二产业的就业人数为 651.5 万，到 1950 年为 1967.7 万，到 1985 年时进一步增加至 2880.5 万。当然，从事第三产业者的绝对数量增长最为明显。在 1900 年，第三产业的人员为 1101.8 万，到 1950 年发展至 3177.1 万，到 1985 年更是增至 7516.6 万。[3]

从事第三产业的就业人员迅速增加，表明服务业已成为后工业时代美国国民经济中最为核心的就业部门，大量新的服务类岗位被创造出来，是劳动力选择就业的主要源泉。例如，在 1950—1975 年，非农业工人总数上升了 72%，而服务性部门的工人却增长了 120%。[4] 克林顿总统在《1999 年总统经济报告》中指出，美国在 1993—1998 年共创造了 1800 万个就业岗位，其中 80% 以上的新岗位属于服务业领域。[5]

战后美国之所以出现产业结构的调整和劳动力就业转移的趋势，

〔1〕 参见景跃军的博士论文：《战后美国产业结构演变研究》，吉林大学 2004 年，第 72、77 页。

〔2〕 Vernon M. Briggs, Jr., *Mass Immigration and the National Interest*, Second Edition, Armonk, New York: M.E. Sharpe, 1996, p.192.

〔3〕 参见景跃军的博士论文：《战后美国产业结构演变研究》，吉林大学 2004 年，第 72 页。

〔4〕 H.N. 沙伊贝、H.G. 瓦特、H.U. 福克纳著：《近百年美国经济史》，彭松建等译，北京：中国社会科学出版社，1983 年，第 550 页。

〔5〕 陈宝森：《当代美国经济》，北京：社会科学文献出版社，2001 年，第 164 页。

原因主要有以下几个方面。

（一）科技革命的巨大推动作用。在人类历史上，历次社会形态的变迁以及相应的经济结构调整，都是科学技术的进步和应用的必然结果。战后兴起的科技革命所带来的机械化、自动化等，使社会的物质生产能力得到前所未有的提高，它在迅速改造美国的农业和传统工业的同时，又将大量的劳动力从这些物质生产行业中释放出来，转而从事非生产性的服务性劳动，这就使各类服务业应运而生。[1]

（二）消费模式的改变。战后以来，美国经济持续繁荣，居民收入迅速提高，催生了一个所谓的"丰裕"社会，美国因此"进入了一个新的经济发展时期——大规模消费社会的成熟阶段"。[2]与此同时，美国人在30年代大萧条期间和随后的战争年代中被压抑的消费需求得以彻底释放，人们不再仅仅满足于物质消费，而是开始重视娱乐与精神消费，对文化、教育、医疗保健、休闲娱乐、旅游等的需求日益增加。在1950—1984年，美国居民用于购买货物的支出增长了六倍左右，而用于购买劳务服务的开支增长了17.5倍。从美国人购买劳务费用占个人消费总额的比例来看，1950年为32.8%，1984年上升至49.8%，几乎达到消费总额的一半。[3]人们消费模式的改变，推动着美国产业结构的转型。

（三）国际竞争的加剧。尽管战后美国经济获得了迅速发展，但随着西欧和日本的复兴以及许多第三世界地区与国家的崛起，美国经济的优势地位受到越来越严峻的挑战，一些传统工业部门，如汽车、家用电器、纺织等行业受到的冲击越来越明显。例如，在国际市场上，美国的钢铁工业在战后15年内仍具有很强的竞争力，但其

〔1〕刘绪贻：《战后美国史：1945—2000》，第609页。

〔2〕Vernon M. Briggs, Jr., *Mass Immigration and the National Interest*, Second Edition, Armonk, New York: M. E. Sharpe, 1996, p.194.

〔3〕孙群郎：《西方发达国家后工业社会的形成及其原因》，《社会科学战线》，2003年第6期。

生产力在不断下降。相应的，日本等国家的钢铁生产技术又不断提高且降低了成本，极大地冲击了美国钢铁工业在世界市场中的地位，导致其优势在 70 年代开始丧失。[1] 因此，面临着日益加剧的国际竞争，美国也开始对产业结构进行重新审视和再调整，以适应国际经济形势变化的需要。

美国产业结构的"软化"，是"一个由工业时代传统的以物质生产为关联的硬件产业结构向以技术、知识生产为关联的软件产业结构转变的过程"，其"软化"趋势不仅体现为第三产业在国民经济中比重不断增加，还表现为"在整个产业结构演进过程中，对信息、服务、技术和知识等'软要素'的依赖程度加深"[2]。也就是说，产业结构的不断"软化"，也是与高新技术的发展紧密结合的。政府和企业对研究和开发不断加大投入，进一步推动了科学技术的发展，信息、生物和纳米技术等成为影响产业升级的核心技术。在技术创新的推动下，许多商品生产部门实现了生产方式的机械化、自动化、信息化以及规模化改造，极大降低了对劳动力的需求，并改变了用人需求，开始向资本密集和技术密集的方向发展。许多新兴产业以信息技术为龙头，以信息工程、新能源、新材料等为依托，也获得了飞速发展，无论其产值还是比重，皆呈跳跃式增长。在这种产业升级换代的背景下，原有的劳动密集型产业日渐走向衰退，而技术密集型和知识密集型产业得到了蓬勃发展。在产业结构往纵深方向不断"软化"的过程中，战后美国经济重构产生了另一现象，即劳动力市场中的职业构成也开始发生变化，白领职业的比重开始明显增加。例如，在 1920 年，美国白领人员只占工人总数的 25%，1960年占 43%，到 1981 年比例则超过 53%。在 1970—1980 年，美国总

---

〔1〕 陈宝森：《美国经济与政府政策：从罗斯福到里根》，北京：社会科学文献出版社，2007 年，第 303—307 页。

〔2〕 袁奇、刘崇仪：《美国产业结构变动与服务业的发展》，《世界经济研究》，2007 年第 2 期。

劳动力增加了 18%，其中经济管理人员增加了 58%，卫生人员增加了 118%，公务人员增加了 76%，银行人员和系统分析人员都增加了 83%，计算机操作人员增加了 346%，律师增加了 100%。[1]

同样，美国劳工部一份关于非农业私有部门中白领职员比例变动情况的统计，也很好地展示了战后以来各产业部门中职业构成的变化。该统计指出，在 1950—1995 年，在各产业部门中从事非生产的或主管性质的职业（Non-production or Supervisory）即白领职业的就业人员均有显著的增长。其中，商品生产部门中白领职员的增长尤为迅速。例如，采矿业中的白领职员由 1950 年的 9.4%，上升至 1995 年的 27%，在建筑业领域则由 11.1% 上升至 22.7%，在制造业领域则由 17.8% 上升至 30.9%。相比之下，服务生产部门中白领职业增长的速度略为缓慢。例如批发业中的白领人员的比例在 1950 年为 9.6%，到 1995 年为 18%，而零售业则由 5.6% 上升至 12.1%（见表 3—1）。

表3—1 1950—1995年非农私有部门从事非生产的
或主管类职业的就业人员比例（%）

产　业	1950	1960	1970	1980	1990	1995
商品生产部门						
采矿业	9.4	19.9	24.1	25.8	28	27
建筑业	11.1	14.7	16.7	21.3	23	22.7
制造业	17.8	25.1	27.5	29.9	32.1	30.9
服务生产部门						
交通、通讯和公共设施	—	—	13.3	16.6	16.9	16.3
批　发	9.6	13.9	16.6	18.2	19.8	18
零　售	5.6	7.5	9.1	10.2	11.5	12.1
金融、保险和不动产	17.1	18.4	21	24.3	27.4	27.1
私人服务	—	—	9.2	11	12.8	12.6

资料来源：Vernon M. Briggs, Jr., *Mass Immigration and the National Interest*, p.196.

---

[1] 刘绪贻：《战后美国史：1945—2000》，第 611 页。

商品生产部门中白领职业的迅速增加，原因在于科学技术的广泛应用减少了对直接从事生产的工人的需求，但对服务性人员的需求却大为增加。例如在制造业领域，其职业构成的变化主要表现为生产人员比重减少和非生产人员比重增加。其中，生产人员包括生产第一线的所有工人和参加劳动的工头，即所谓的蓝领工人；非生产人员包括监管人员和行政人员、销售和服务方面的职工以及专业人员和技术人员，即白领工人。在 1947 年，生产人员占制造业就业人数的 83.2%，到 1984 年下降至 65.7%，在此期间，非生产人员的比例却由 16.8% 上升至 34.3%。[1]

作为战后美国经济的龙头产业，服务业内部的职业构成也明显发生了变化。长期以来，在人们的传统印象中，服务业通常多是收入低下和没有发展前途的一些职业，如理发、洗衣、商品零售等。但是，在以服务经济为主的后工业社会中，它所创造出来的大量的新兴工作岗位，对劳动力的素质与技能水平有着不同以往的要求。在农业经济与工业经济时代，经济的发展强调的是求职者的体力与手工技艺。而在当代科技高度发达的信息与知识社会里，需要的却是劳动者的智力、社会交流等方面的技能，其中读、写和数学运算的能力以及熟练运用英语的能力等，更是当代多数新兴服务职业岗位对劳动力的基本要求。当然，某些对劳动力技能要求较低的服务产业领域也存在着较快的就业增长，如快餐店与私人家庭服务等，但诸如计算机服务、法律服务、商业服务、广告等高收入职业岗位的增加更为明显。正如有学者指出的那样，美国全部经济中几乎 80% 的专业与管理类职业产生于服务部门。[2]

在所有的白领职业领域中，以专业、技术及管理类职业的增长

〔1〕陈宝森：《美国经济与政府政策：从罗斯福到里根》，北京：社会科学文献出版社，2007年，第 309—310 页。

〔2〕Vernon M. Briggs, Jr., *Mass Immigration and the National Interest*, p.197.

最为突出。例如，在 1978—1990 年间，美国的总就业人数增加了 22.1%，其中，管理类职业就业人员增加了 56.7%，专业类职业人员增加了 42.3%，技术类职业人员增加了 45.8%，这三类职业就业增长人数合占此期间就业增长人数的 52%。[1] 在 1989—1999 年，情况大致没有变化，管理类、专业与技术类职业的增长依然最为迅速。在此期间，美国职业岗位由 1989 年的 1.03 亿增长至 1999 年的 1.19 亿，增加了 1500 多万份，增长幅度为 15%；其中管理类职业由 1195 万增加至 1600 万，增加了 405 万，增幅为 33.9%；专业类职业由 1341 万增加至 1869 万，增加了 529 万，增长了 39.4%；技术类职业由 351 万增加至 419 万，增加了 68 万，增长比例为 18.5%。此三类职业的增加数量，占此期间全部就业增长数量的 64.66%。[2]

与白领职业迅速增加形成鲜明对比的是，传统的蓝领职业呈现缓慢增长甚至停滞的趋势，其占全部职业的比例日趋减少。长期以来，蓝领职业较多地集中于制造业部门，多有工会组织。尽管这些职业岗位并没有太多的人力资本方面的要求，却能为工人提供相对可观的收入和丰厚的福利，并能提供稳定的就业保障。但是，随着自动化、机械化生产的兴起，传统的蓝领劳动力开始明显地由直接生产转而从事非直接生产。从事装配线工作的工人越来越少，而从事看管、修理和维修机器工作的工人越来越多。自 1920 年以来，半熟练工作一直是美国经济领域中最大的职业类别，拥有多于任何其他集团的蓝领操作工人。然而，复杂新技术的不断引进，极大地减缓了该职业团体的增长。[3] 尽管战后制造业的就业人数有所上升，但增长速度减慢。如果把制造业中从事监督、专业、技术和管理的

〔1〕 Vernon M. Briggs, Jr., *Mass Immigration and the National Interest*, pp.196-198.
〔2〕 Bureau of Labor Statistics, "Earnings and Employment Trends in the 1990s", *Monthly Labor Review*（March, 2000）, p.23,http://www.bls.gov/opub/mlr/2000/03/art2full.pdf（2009 年 8 月 15 日下载）
〔3〕 丹尼尔·贝尔:《后工业社会的来临——对社会预测的一项探索》，第 149—150 页。

雇员与蓝领生产工人分开，相关记录表明，在 1947—1974 年，蓝领工人的就业增长很小。[1] 在 1960—1970 年，与农业相关的从业人员以及操作工人的数量减少最为明显。其中，操作工人占全部职业的比例，由 19.3% 减少至 17.3%。比较而言，农业类职业的衰退是自19 世纪末期以来的一个长期趋势，而操作工人的相对减少则是一个近期现象，这反映了美国产业结构由商品制造产业向服务业的转移。在 1960 年代，办事员（clerical workers）取代了操作工人，成为最大职业类别，1970 年蓝领职业首次在数量上被白领职业超过。[2] 此后，随着美国步入信息社会以及 90 年代的"新经济"阶段，蓝领职业在经济领域中所占的比例越来越小。同样，工会势力的衰退也可以说明蓝领职业在战后以来相对萎缩的状况。例如，在 1945 年，工会会员占非农业劳动力的 35.8%，到 1958 年仍占 33.2%，但是此后，工会会员比例开始急剧下降，到 1994 年只有 15.5%，而且几乎一半的工会位于公共部门。[3]

第二节　美国经济重构对移民的需求

如上所述，战后以来美国的经济重构所带来的产业与职业结构的调整，无疑对美国就业市场中劳动力的需求产生了前所未有的影响。而正是在美国经历着经济重构的时期，特别是自 1965 年美国《外来移民与国籍法修正案》实施以来，大量来自第三世界国家和地区的外来移民如潮水般涌进美国。由于当代移民主要来自亚洲和拉美等经济发展程度较低的国家，其群体整体的教育、技能水平较为落后。

---

[1] H.N. 沙伊贝、H.G. 瓦特、H.U. 福克纳著：《近百年美国经济史》，第 549 页。

[2] Joachim Singelmann and Harley L. Browning, "Industrial Transformation and Occupational Change in the U.S., 1960-70", *Social Forces*, Vol.59, No.1 (Sep.,1980), pp.248-249.

[3] Vernon M. Briggs, Jr., *Mass Immigration and the National Interest*, p.196.

那么，在美国的经济环境发生变化的情况下，当代外来移民是否能够适应美国经济发展的需要呢？或者说，战后以来的美国是否仍存在着对外来移民的需求呢？

诚然，在当代美国的劳动力需求结构发生改变的情况下，美国最为需要的是那些具有良好教育程度的专业与技术人才，这是无可争辩的事实。但是，对高技能人才需求的急剧增加，并不意味着对低技能的非熟练工人的需求减少乃至停止。此二者是并行不悖的。战后移民的到来，仍是美国繁荣的经济"拉力"作用下的一个必然结果，是顺应美国经济发展需求的。由于多数当代移民的教育技能程度相对较低，所以笔者在此先着重阐述战后美国经济对低技能移民的内在需求。

首先，战后美国经济重构在扩大白领职业的同时，也相应增加了许多普通的服务业以及体力类职业，因而仍存在着对低技能劳动力的需求。

自战后以来，美国经济获得了飞跃性发展，大量新的就业岗位随之被创造出来，而且这些新增的就业岗位多数是白领职业。但是，这并不表明那些适合于普通劳力的体力类职业以及其他非熟练职业就不复存在。相反，在美国经济"馅饼"越做越大的情况下，尽管专业与技术类的熟练职业占据新创造的就业岗位的主体，但非熟练职业并未就此消失，相反，从绝对数量上看，这些职业仍是不断增加的。学者托马斯·穆勒指出：美国有一个比较普遍却错误的观念，即美国经济的结构性变化、高科技产业的扩展、自动化技术的广泛应用以及民众教育程度的日益提高，将导致未来的就业增长主要发生于那些要求高等教育程度和正规训练的职业领域。然而在现实中，虽然对计算机程序员、电子工程师以及其他高技术人才的需求，普遍超过对其他职业的需求，但相当一部分新职业仍属于低工资、低技术的类别。那些收入低端的职业，例如服务工人、操作员和体力劳力等职业，数量将会有较快的增长。[1] 例如，在1989—1999年，服务业与零售贸易等产业中的低收入类职业的增长较为明显。其中，服务类职业由1441万增加至1683万，增加了242万份，精密生产、技工与维修工职业由1191万增加至1247万，增加了56万份。[2] 可见，在后工业社会中，一个与认为低技能水平职业将大为减少的传统观点相反的事实是，新增加的职业主要集中于收入相对较高和收入相对较低的两类职业当中，而中等收入的职业日益减少，即职业增长明显呈现出一个两极化的趋势。[3] 因此，后工业社会产业结构的调整，也导致了非熟练职业岗位大量扩张，这是美国社会需要普通移民劳动力的前提。

为什么在后工业社会的经济重构过程中，低技能职业岗位同样也能得到迅速扩张呢？究其原委，可作以下两方面的解释。

第一，低技能的非熟练职业是高科技产业兴起的副产品，大量专业与技术类职业的涌现，也必然要求与之相配套的、并为其服务的各类低水平的职业存在。这是因为，在一个等级、阶级依然存在的社会里，这种等级或阶级差异同样会反映在职业结构当中，既然存在着大量社会经济地位优越且待遇丰厚的专业技术类职业岗位，因而也相应地存在着许多社会经济地位及待遇低下的普通职业，后者正是作为前者的衍生品而存在的。例如，在过去的几十年中，加州的高科技产业蓬勃发展并始终处于全国领头羊的地位，同时，其服装、电子以及建筑等产业的发展速度也远超过全国其他地区。不仅加州的制造业和建筑业等产业对初级技能水平的工人保持着强烈的需求，而且加州在未来几十年里所创造的最大数量的就业，仍将

[1] Jorge A. Bustamante, Clark W. Reynolds,and Raúl A. Hinojasa Ojeda,eds.,*U.S.-Mexico Relations: Labor Market Interdependence,* p.367.

[2] Bureau of Labor Statistics, "Earnings and Employment Trends in the 1990s".

[3] Bureau of Labor Statistics, "Earnings and Employment Trends in the 1990s".

是那些收入相对较少、技能要求不高、地位低下的职业，诸如在餐馆、旅店以及城市服务部门等领域。对于那些有着较高教育程度的本土出生的年轻人来说，这些职业是他们越来越不愿意从事的。此外，随着商业金融领域专业精英人士的不断增加，针对此类人士的私人服务业也成为近些年来加州女性移民的一个主要就业去处。学者罗杰·劳斯（Roger Rouse）的研究发现，来自墨西哥阿奎利拉市（Aguililla）的移民在进入加州的雷德伍德城（Redwood city，该市为加州北部硅谷的一个卧室郊区）后，多以清洁工、洗碗工、园丁、旅店工人的身份，从事简单的体力类服务工作。[1] 因此，一些学者不无感叹地指出，随着经济由制造业向服务和信息产业的转变，"城市正在经历着一种看似荒诞的'堕落'"[2]。即一方面，高度专业化的服务业、高技术产业与大量公司总部如雨后春笋般涌现，吸引着许多与新经济有关的，诸如国际银行和金融、通讯、软件设计等领域的专业人士，因而创造了大量高水平的专业化职业岗位。另一方面，这些城市新技术阶层的出现，也对劳动力密集型产品和服务产生了较大的需求，例如需要更多的家佣来操持家务，需要更多的餐馆来满足对各种美味的追求，需要更多的家具和纺织厂来提供更多的日常生活用品等。可见，这些需求相应创造出了大量低层次的制造业与服务业岗位，从而为来自亚洲、拉丁美洲和加勒比等地区的新移民创造了新的就业空间。

第二，低技能职业的存在，也是各产业在国际竞争日益激烈的背景下经历重构的一个必然结果。自战后五六十年代以来，随着西欧与日本的迅速崛起，美国的经济地位受到了前所未有的冲击，许

---

〔1〕 Jorge A. Bustamante, Clark W. Reynolds and Raúl A. Hinojasa Ojeda,eds.,*U.S.-Mexico Relations:Labor Market Interdependence,* p.170.

〔2〕 M. Patricia Fernandez-Kelly, Richard Schauffler, "Divided Fates: Immigrant Children in a Restructured U.S. Economy", *International Migration Review*, Vol.28, No.4, 1994, p.667.

多产业如钢铁、汽车、纺织以及农业等，受到了海外市场越来越强劲的挑战。在 20 世纪 70 年代之前，美国商品进出口贸易还一直处于顺差状态，但此后贸易收支状况开始出现逆差，进口商品总额超过了出口商品总额（1973 年和 1975 年除外），并且差距呈日趋扩大之势。例如，在 1990—2000 年，尽管美国的商品出口与进口贸易额均有大幅度增长，但后者的增长速度明显快于前者。商品出口额由占 GDP 的 6.7% 上升至 7.9%，而进口额则由 8.6% 增加至 12.5%。美国的贸易赤字也相应地由 1990 年占 GDP 的 1.9%，上升到 2000 年占 GDP 的 4.6%。[1] 大量海外制造的商品涌入美国市场后，对美国的相关产业构成了影响，特别是那些传统的制造业以及农业，受到的冲击更为明显。到 80 年代中期，70% 的制造业开始面对直接的外来竞争，而这也是许多产业的首次经历。农业产业不仅在国内遭遇到许多外国进口产品的竞争，而且其出口也遭受着来自其他国家的激烈竞争。[2] 在这种背景下，许多企业为了求得生存，纷纷引进先进生产技术以提升生产力，进而维持相关产业在国内外市场的竞争力。当生产技术的现代化在一定阶段进入停滞状态后，企业转而开始寻求其他办法。各企业和公司通过削减劳动费用等手段来保证利润，其途径包括将企业生产转移到海外劳动力密集的地区，或者是利用国内丰富的移民劳动力资源。

由此可见，在当代国际竞争日趋激烈的环境下，无论是大型公司还是小规模企业，都必须采取措施以维持更好的竞争力或是谋求生存，其中，削减劳动力费用是最常见的手段之一。然而，由于美国本土人口通常不愿意接受这类待遇低下且没有任何保障的低级职业岗位，外来移民无疑成为这些企业的最佳选择。这相应扩大了对

[1] *Economic Report of the President,2004,* Washington D.C.: United States Government Printing Office, p.258.

[2] Vernon M. Briggs, Jr., *Mass Immigration and the National Interest,* p.205.

移民，特别是低技能移民的用人需求。

其次，从美国国内劳动力的增长及其构成状况来看，战后美国经济的发展仍存在着对低技能移民劳动力的需求。

战后以来，美国进入了一个人口飞速增长的时期。在1950年，美国人口为1.51亿，到2000年为2.81亿。[1] 与人口增长同步的是，劳动力人数也随之空前增多。例如，在1960—1970年，劳动力增长了1200万，在1970—1980年增长超过2400万，在1980—1990年超过1800万，在1990—2000年增长了1500万。[2] 战后美国劳动力的增加，除却外来移民因素之外，更主要的还是由于本土劳动力的迅速增长。本土劳动力的增长主要表现在如下两个方面。一是战后至五六十年代美国的生育率迅速提高，导致人口迅速增加。生育率提高的一个最显著的表现，就是1946—1964年的生育高峰。在此19年间，新生的"婴儿繁荣一代"高达7600万。[3] 到1995年，"婴儿繁荣一代"构成了所有劳动力的52.3%，绝对数量高达7020万。[4] 二是大量女性人口进入劳动力市场。女性人口进入劳动力市场的一个显著结果，表现为劳动力参与率的迅速提高。在1950年，女性的劳动力参与率为33.9%，到1995年则上升至58.9%。同样，从就业人数方面来看，女性人口的增长尤为显著。例如在1976—1988年，几乎2/3进入劳动力市场的新劳动力为女性。在此期间，16岁以上的劳动力增加了2550万，其中女性增加了1575万，而男性只增长了975万。到1990年，女性构成了民用劳动力（civilian labor force）

---

〔1〕 U.S. Census Bureau, *Demographic Trends in the 20th Century*, p.11, http://www.census.gov/prod/2002pubs/censr-4.pdf.（2008年11月10日下载）

〔2〕 Ronald E. Kutscher, "New BLS Projections: Findings and Implications", *Monthly Labor Review*, November 1991, p.5; Howard N Fullerton, Jr. and Mitra Toossi, "Labor Force Projections to 2010: Steady Growth and Changing Composition", *Monthly Labor Review*, November 2001, p.22.

〔3〕 Arlene Dohm, "Gauging the Labor Force Effects of Retiring Baby-Boomers", *Monthly Labor Review*, July 2000, p.17.

〔4〕 Vernon M. Briggs, Jr., *Mass Immigration and the National Interest*, p.211.

的 46.1%。[1]

那么，在美国本土劳动力迅速增长的情况下，美国是否已经可以自足经济发展的需要，不存在对移民劳动力特别是低技能移民的需求了呢？或者是说，美国本土人口自身的增长，已经足够填补所有的职业岗位，包括那些低技能职业岗位呢？显然，事实并非如此。

第一，如前所述，战后美国的经济呈动态的蓬勃发展，它所提供的就业岗位并不是固定不变的，劳动力与职业岗位呈现的是一种同步增长趋势。例如，在劳动力迅速增加的 1970—1990 年，美国的就业岗位也同样增长了 3700 万，增幅高达 50%。[2] 新增加的就业岗位，也基本适应了人口增长的需要。因此，本土劳动力的迅速增加，并没有造成在就业市场中劳动力人满为患的现象。

第二，与战后美国的职业结构向白领职业方向发展的趋势相对应的是，本土人口的教育、技能程度有了迅速的提升。因此，在大量低技能移民涌进美国的同时，美国本土人口中的低技能工人却不断减少。以接受的教育程度为例，1980 年时，在美国 15—55 岁的劳动力当中，有 280 万的外国出生人口（不包括在校学习人员）没有高中学历，到 1994 年，这一数量上升至 510 万。但是，这一年龄段的美国本土的高中辍学者却由 1980 年的 2000 万，下降至 1994 年的 1300 万。因此，低技能移民的增长，与没有高中学历的本土工人的减少形成了鲜明的对照。[3] 随着教育、技能水平的提高，美国本土劳动力普遍由蓝领职业岗位流向白领职业岗位，而许多低技能的服务类职业与体力类职业岗位却无人问津，这为大量低技能移民提供了广阔的就业空间。

---

〔1〕 Vernon M. Briggs, Jr., *Mass Immigration and the National Interest*, pp.208−210.

〔2〕 Todd M. Godbout, "Employment Change and Sectoral Distribution in 10 Countries, 1970−1990", *Monthly Labor Review*（October, 1993）,p.3.

〔3〕 Marfa E. Enchautegui, "Low-Skilled Immigrant and the Changing Amercian Labor Market", *Population and Development Review*, Vol.24, No.4 (Dec.,1998), p.812.

因美国本土低技能劳动力减少而导致对移民需求增加，这一报道经常见诸美国新闻媒体。虽然在七八十年代外来移民的数量有飞速增长，但这并没有根除美国许多部门中存在周期性劳动力短缺的问题。《纽约时报》在 1986 年 7 月的一篇报道中指出，低技能劳动力的不足引起了许多建筑工程的延误，导致部分缺乏吸引力的职业岗位的工资上涨，并阻止了某些领域的经济增长步伐。由于无法招聘工人，一些连锁餐厅不得不延缓它们的扩张计划，许多住房建设项目不得不延期。建筑行业中的熟练和不熟练工人，已经成为美国时薪较高的工人群体，且其工资会因劳动力的不足而继续增长。旅店和餐馆的雇主越来越依赖移民。像在华盛顿特区，一些旅店甚至雇用了三十多个不同国家的移民工人。在 80 年代中期，许多媒体对经济领域的劳动力不足现象，特别是某些低技能要求部门中的劳动力短缺的情况，做了大量的报道。像《华尔街邮报》在头条刊登了诸如《初级水平职业中的劳动力不足迫使公司做出调整》的报道，《财富》则以《底层的职业无人问津》为题，对这一现象加以反思。[1]

同样，这一现象也反映在部分美国企业主的访谈之中。例如，一位旅店经理谈道：如果没有移民，"我们将非常麻烦，将没有人来为我们工作"。而其他餐馆、出版公司、家具制造企业的雇主们，也基本持完全一致的观点。当然，由于低技能职业岗位通常报酬低廉且工作条件恶劣，即使是本土劳动力中的低技能者也对其不屑一顾，此类职业不再对本土工人具有吸引力。[2]一位家具店的生产经理说道："他们把事情想得太简单了，这个地区的许多人根本不愿意从事每小时 5 美元的工作。"一位从事餐馆业 25 年的店主谈道："我不记

---

〔1〕 Jorge A. Bustamante, Clark W. Reynolds, and Raúl A. Hinojasa Ojeda, eds., *U.S.-Mexico Relations:Labor Market Interdependence,* pp.353-354.

〔2〕 Roger Waldinger, "Black/Immigrant Competition Re-Assessed:New Evidence from Los Angeles", *Sociological Persperctives*, Vol.40, No.3, 1997, p.367.

得最后一次黑人男性来寻找工作是什么时候了。"洛杉矶西部的一位旅店经理谈道："自从我来到这儿,我就不记得曾收到任何一位黑人女性的求职申请。"[1] 本土劳动力对于这些职业岗位的拒绝,无疑给普通移民劳动力提供了大量的就业机会。

总之,美国依然需要这些低技能移民劳动力。对此,美国《2007年总统经济报告》作了一个很好的总结:"美国存在的对低技能工人提供的产品和服务的较为强烈的需求,以及美国本土的低技能工人数量的日渐减少,这些事实结合在一起,形成了一个需求低技能移民的强大磁场。"[2]

当然,美国经济的发展对高技能移民人才的需求更为强烈。一方面,如前文分析已指出,在战后的后工业社会背景下,美国服务经济的发展,导致职业结构发生变化,白领职业的激增相应扩大了对具有较高人力资本的专业或技术类劳动力的需求。尽管劳动者的技能素质、文化程度等有了较大提高,但是,由于专业与技术类白领职业的增长速度更快,美国的劳动力市场仍面临着高技术工人短缺的情况。虽然美国的高等教育体制较为发达,每年也培养了大批的本土技术人才,但在当前的市场经济体制之下,美国技术人才短缺的事实是无法轻易消除的。正如有学者指出,"美国教育对于从事高科技产业的人才生产不足"[3]。例如,根据国家教育统计中心(National Center for Education Statistics,NCES)的统计,在1999—2000学年,计算机与信息科学专业领域共计授予了36195个学士学位,然而,每年在计算机相关职业中平均会产生194700个新的就业岗位;在与健康相关的职业中,在2000—2010年,平均每年将创造

〔1〕 Roger Waldinger, "Black/Immigrant Competition Re-Assessed:New Evidence from Los Angeles", p.368.

〔2〕 *Economic Report of the President, 2007*, p.204.

〔3〕 Nicolaus Mills, ed., *Arguing Immigration: The Debate Over the Changing Face of America*, New York: Simon and Schuster, 1994, pp.248-249.

出大约 121000 个新的就业岗位，但是在 1999—2000 学年，该专业领域仅授予了 78458 个学士学位；就要求学士学历的医师助理岗位而言，在 2000—2010 年将会增加 31000 个新岗位，平均每年增长 3100 个，然而在 1999—2000 学年中，仅授予了 1914 个医师助理专业的学士学位。虽然美国对这些专业领域人才的需求在不断增长，但预计在未来十年中，授予的学士学位的数量仍将会保持稳定。例如，在 2000—2010 年预计的 30 个增长最快的职业中，与计算机相关的职业占 10 个，到 2010 年将会增加 190 万个新岗位，另外 17 个与健康相关的职业将会增加 120 万个新岗位。[1] 可见，在可预见的未来，美国对专业技术人员的需求仍超过了这些人才的供应。由于本土的高技能劳动力仍无法满足经济发展的巨大需求，因此依然需要引进大量专业的、高技术的移民人才。

另一方面，在经济日趋全球化的历史背景下，国与国之间的竞争空前激烈和白热化，抢夺其他国家尤其是第三世界国家的移民人才，已成为一场没有硝烟的暗战。当前，技术移民已是一个全球关注的问题。到 90 年代后半期，澳大利亚、德国、英国、西班牙、法国等国均开始出现了技术人才短缺的现象，特别是计算机专业人员、建筑师、工程师与相关专业人员，各学院、大学研究者及高等教育教学人员等，短缺现象更为明显。[2] 因此，这些国家纷纷寻求对策，解决这一问题。在过去几十年中，加拿大、澳大利亚、新西兰等国家都制定了相应的吸引人才的移民政策，例如采取"积分制"来吸引各种技术人才，从而导致大批本可能前往美国的高科技人才转而投奔他国。于是，美国也认识到，在当代日益激烈的全球经济竞争

〔1〕 Mary Jane Lopez, *High-Skill Immigrants in the U.S. Economy: Do High-Skill Immigrants Substitute or Complement Native-Born Workers?*, pp.14−15.

〔2〕 Mary Jane Lopez, *High-Skill Immigrants in the U.S. Economy: Do High-Skill Immigrants Substitute or Complement Native-Born Workers?*, p.2.

中，只有广揽世界各地各行各业的有用之才为其所用，才能确保在未来更加激烈的竞争中立于不败之地。因此，对专门技术劳工的需求，也是全球化经济下竞争加剧的一个必然结果。

急切需求高技能人才的事实，可以从美国有关引进人才的政策当中得到验证。自战后以来，美国政府不仅在历次移民政策的调整中，十分强调以合法移民的方式来引进技术人才，同时也采取了H-1B 签证计划、招募留学生等引进非移民的手段，以达到吸引外来人才的目的。例如，在 1998 年，美国国会通过了《美国竞争力与劳动力促进法》（*American Competitiveness and Workforce Improvement Act*），将发放给具有专业技能的临时工人的 H-1B 签证的数量，由 1990 年的 6.5 万，增加至 1999 年与 2000 年财政年度的 11.5 万。该法建议随后逐年减少 H-1B 签证发放数量，到 2002 年时降至最初的 6.5 万。然而，国会在 2000 年又通过了《21 世纪美国的竞争力法》（*American Competitiveness in the Twenty-first Century Act*），将 H-1B 签证再次提升至 2003 年财政年度的 19.5 万。当然，这些立法之所以能在国会顺利通过，都与信息技术产业（即 IT 业）部门代表的积极游说密切相关。信息技术产业的雇主们认为，由于那些经过良好培训的高素质的信息技术工人供不应求，从而需要增加 H-1B 签证的限额，这样，信息技术产业才能够保持在全球的竞争力。[1]

随着美国不断加大对技术人才的吸引力度，该政策已经取得了较为明显的效果，美国也因此获得了大量的技术人才。例如，始自 1990 年移民法的 H-1B 项目收效颇丰。美国商务部在 2000 年 6 月发表的《2000 年数字经济》报告中指出："H-1B 签证计划目前填补了 7 万多个信息技术工作岗位，相当于从 1996 年到 1998 年平均每年需

---

[1] Mary Jane Lopez, *High-Skill Immigrants in the U.S. Economy: Do High-Skill Immigrants Substitute or Complement Native-Born Workers?*, p.4.

要至少有学士学位资历的信息技术人员的 29%。"[1] 此外，另据研究，1990 年移民法实施之后，在 1991 年到 1992 年间，入境的科学家和工程师增长了 62%，在 1992 年入境的所有科学家和工程师中，2/3 以上为工程师，14.8% 为数学家，自然与社会科学家分别占 12.2% 和 4.8%。[2] 在 1994—2001 年，美国的高科技劳动力增长了 690 万，增幅为 31.2%，而其中高科技移民就占了 19.4%。[3]

然而，虽然美国已经持续引进了大量的外来人才，但美国许多经济领域对高技能移民人才的需求依然十分明显。在 20 世纪 90 年代，美国信息产业遭遇着高科技人才严重短缺的现象。根据统计，在 1998 年，美国科技界有 34.6 万个职位空缺，有 10% 的电脑程序设计师、工程师和系统分析师的职位无人上岗。[4] 而到新世纪之初，美国各经济领域仍普遍存在对技术人才的需求。根据全国制造业者协会（National Association of Manufacturers，NAM）在 2005 年对制造业从业者所进行的一份调查，90% 的被调查者认为熟练工人存在着"中等至严重"的短缺，而 65% 的人认为科学家和工程师存在着"中等至严重"的短缺。[5] 不仅如此，一些研究也同样认为，在不久的将来美国技术人才仍面临着短缺。例如，"美国大学协会"早在 80 年代的一份研究中就指出，在 20 世纪末 21 世纪初，美国每年仍需要增加 7.5 万名自然科学和工科专业的博士，而文化人类学和社会科学各专业人才不足的问题可能会更加突出。[6]

总之，自战后以来，美国由工业社会进入后工业社会，其产业

---

〔1〕 转引自邓蜀生：《世代悲欢美国梦——美国的移民历程及种族矛盾（1607—2000）》，第 66 页。

〔2〕 Congressional Budget Office, *The Role of Immigrants in the U.S. Labor Market*, p.3.

〔3〕 Mary Jane Lopez, *High-Skill Immigrants in the U.S. Economy: Do High-Skill Immigrants Substitute or Complement Native-Born Workers?*, p.88.

〔4〕 邓蜀生：《世代悲欢美国梦——美国的移民历程及种族矛盾（1607—2000）》，第 62 页。

〔5〕 David L. Bartlett, *Building A Competitive Workforce: Immigration and the U.S. Manufacturing Sector*, p.1, http://www.ailf.org/ipc/infocus/infocus_8_1_06.pdf.（2008 年 8 月 31 日下载）

〔6〕 转引自梁茂信：《美国移民政策研究》，第 411 页。

与职业结构发生了前所未有的调整，用人单位对劳动力的技能要求也发生了改变，但是，美国对外来移民劳动力的需求却是始终存在的，无论是普通的低技能移民，还是专业与技术类的移民人才，都是美国经济发展所不可或缺的，也是美国经济发展的拉力所带来的。战后美国经济对外来移民的需求，可以在战后美国经济发展趋势与移民的技能变化趋势中得到更充分的体现。如前所述，战后移民群体的素质、技能呈现出两极化的趋势：一方面，大多数移民的教育、技能程度相对落后；另一方面，移民群体中又有着比例较高的专业、技术人才。而美国在战后的经济转型过程中，经济重构与劳动力市场变革的一个直接结果，就是劳动力市场中的职业构成呈现两极分化，即中等收入的、需要一般技能的蓝领职业相对减少，而对劳动力素质技能要求较高的白领职业与没有技能要求的体力类职业和普通服务业呈同步增长趋势。在美国本土劳动力的教育、技能程度不断提高而体力劳动者却不断减少的情况下，当代移民群体的两极化特征，与美国职业构成的两极化趋势是一致的。这种情况说明，正是在美国经济的持续吸引之下，大量的外来移民，包括具有较高人力资本的移民人才以及普通的移民劳动力，才得以源源不断地进入美国。美国的当代外来移民及其人力资本构成的变化，相应也是战后美国经济变革的一个必然产物。

第三节　移民的社会经济同化及其限制因素

同化（assimilation）是社会学领域研究民族与族裔关系问题的一个常见概念，是指各族裔群体通过相互融合而实现一体化的过程。在学术界，有关移民与少数族裔同化问题的研究，成果已琳琅满目、汗牛充栋。然而，在当今多元文化主义大行其道的美国，若再提及少数族裔的同化问题，似乎颇为不合时宜。在不少学者看来，同化一词之所以遭到摒弃，是因为其具有明显的种族中心主义倾向。事实上，作为一种以消除少数族裔文化为目标的国家政策，同化已遭到无可争议的批判，但在社会生活中，伴随着不同族裔群体间的交往与互动，同化仍是自然发生且不可避免的。

对于绝大多数外来移民而言，来到美国后，他们通常面临的首要任务就是进入就业市场，谋求一份职业，获得相应的收入，以维持自己及家庭成员在异国他乡的生存。但由于语言与教育背景不同，起初他们往往很难获得好的职业与满意的收入。因此，在融入美国社会的过程中，移民遭遇到的挑战首先来自经济方面。然而，在参与美国劳动力市场的过程中，无论这些群体在主观方面是否愿意接受美国的政治、思想与文化等，他们在美国从事的相应经济活动却是实实在在的，其社会经济同化（socioeconomic assimilation）也就不可避免地随之发生。如果移民能够平等地参与美国的社会经济活动，享有同等的就业机会，并获得良好的经济地位，他们就能在美国顺利完成各个层面的同化。因此，移民在社会经济方面的同化程度，直接影响着其他方面的同化进程。

然而，社会经济同化的概念却少有学者论及，缺乏获得一致认可的界定。研究同化理论的集大成者、美国著名社会学家米尔顿·M.戈登（Milton M. Gordon）在其扛鼎之作《美国生活中的同化》中，对同化概念作了全面而深入的分析与探讨，开创性地将同化分为文化或行为同化、结构同化、婚姻同化、认同意识同化、态度接受同化、行为接受同化以及公民同化七个类型或阶段[1]。但是，他的七阶段同化理论重点聚焦于文化与社会层面，相应忽视了其他层面，如移民的社会经济同化就未提及。目前，学者们更多关注移民在就业市场中的职业流动、经济进步等问题，少有人去界定何为

---

[1] Milton M. Gordon, *Assimilation in American Life: The Role of Race, Religion, and National Origins*, New York: Oxford University Press, 1964, p.69.

社会经济同化。偶有学者在研究中对其略有涉及，往往也是蜻蜓点水，一带而过。在为数不多的成果中，美国社会学家里查德·阿尔巴（Richard Alba）和维克托·尼（Victor Nee）曾对社会经济同化作如此论述：

> 社会经济同化的概念远非清晰明了，并且有两种不同的用法需要加以区分。其一，同时也在族裔与同化问题类著作中最为普遍的是，社会经济同化等同于获得平均或平均水平以上的社会经济状况，其主要的测试指标是教育、职业和收入。……其二，社会经济同化可被限定为少数族裔与那些具有相似背景的本土群体一样，在平等的基础上参与诸如劳动力市场和教育等机构。[1]

从上述材料可以看出，在阿尔巴和尼关于社会经济同化的概念界定中，他们强调的是一个静态的结果，即移民在美国的社会经济融合过程中所呈现的最终状态。在他们看来，只有实现这一结果，才标志着移民最终完成社会经济同化。同时，阿尔巴和尼的社会经济同化也包含两个不同层面的含义：第一层含义强调的是经济结果的平等，即少数族裔在经济成就与经济地位方面，不亚于那些拥有相似经济背景的本土群体；第二层含义则强调的是经济权益的平等，即与拥有相似条件的本土群体相比，少数族裔不再遭受歧视和偏见，能享有公平的经济机会，并获得平等的对待。

对于外来移民而言，完成上述第一层面的社会经济同化，并非遥不可及。因为多数移民前往美国的主要目的，是为了改善或提高自己的经济境遇。为了实现这一经济目标，他们通常积极参与劳动力市场，通过多年的努力和辛勤劳作，往往能够取得不错的经济成

---

[1] Richard Alba and Victor Nee, "Rethinking Assimilation Theory for a New Era of Immigration", *International Migration Review*, Vol.31, No.4 (Winter,1997), pp.826-874.

就，在经济收入方面基本达到甚至超过全国平均标准。然而，移民要完成第二层面含义的社会经济同化，则较为不易。因为美国社会中的种族歧视是根深蒂固的，即使在多元文化盛行的今天，外来移民与少数族裔遭遇到的偏见从未消失，特别是那些来自拉美与亚洲的有色移民，很难获得真正意义上完全平等的经济机会。显然，阿尔巴等强调的第二层面的社会经济同化，涉及戈登所说的态度接受同化、行为接受同化等层面，已经远超出经济生活领域。

相较之下，哈佛大学乔治·波哈斯教授关于社会经济同化的论述，与阿尔巴和尼的概念界定既有所联系，又有所区别：

> 当一个新移民刚进入美国的劳动力市场，他的工资比美国本土人低很多。随着时间的推移，移民熟练地掌握了英语，了解到了其他的工作机会，获得了美国雇主所认可的技能。由于移民逐渐适应了美国的劳动力市场，因此，他们变得越来越像本土人，并且他们的收入开始接近本土人……在这种情况下，社会经济同化的速度就是各个年龄阶段的移民的收入赶上本土人收入的速度。[1]

与阿尔巴和尼相比，波哈斯强调的社会经济同化并非是一个静止的呈现状态，而是一个动态的发展过程。同时，他评判移民是否实现社会经济同化的标准，是移民取得的经济成就与结果，也并未强调移民是否获得平等的经济权益。在波哈斯看来，移民的社会经济同化就是其经济状况逐渐赶超美国本土人的一个发展过程，其中收入是最主要的衡量要素，而时间是关键所在，即随着在美国居住时间的增加，移民逐渐获得就业市场所需的技能，其职业与收入都

---

[1] George J. Borjas, *Friends or Strangers: The Impact of Immigrants on the U.S. Economy*, pp.97-99.

必将有向上的可能，并最终有与本土人相一致的经济表现。可见，尽管波哈斯的概念界定相对简单浅显，却直观地描述了移民如何获取经济进步的动态过程。

波哈斯所解释的以时间为线索的移民社会经济同化之路，与甘斯（Gans）等人所提出的直线同化理论（straight-line assimilation）具有某种一致性。直线同化理论强调，"代际"是移民族裔群体发生变化的发动机，新一代人代表着向主流社会调整的一个新的阶段，同时也代表远离移民社区和文化的新的一步。[1] 也就是说，每一代移民通过积攒更多的美国劳动力市场的技能，因而获得更多的人力资本，其社会经济成就会一代一代不断积累，并最终等同于本土美国人。显然，直线同化理论也同样强调了时间对于移民实现社会经济同化的重要性。

无论是波哈斯的还是甘斯的理论，对于描述美国外来移民的社会经济同化，特别是早期外来移民的社会经济同化，都是较有说服力的。从殖民地时代起直至完成工业化，美国经济的蓬勃发展创造了充裕的经济机会，吸引着众多的欧洲移民。尽管这些早期移民多来自欧洲乡村地区，其教育程度与职业技能皆较低，但是在一个以体力和手工劳动为主的经济发展阶段，普通移民劳力均可以相对容易地找到就业岗位。例如，有学者指出：

> 在 19 世纪末 20 世纪初的美国，移民面对的是一个建立于商品生产的基础之上的经济。在此经济中，平均每十个美国人中就有七个在制造业、农业与矿业中找到职业岗位。经济的迅速发展……促进了对拥有反应迅速的双手、强健的肌肉、敏捷的手指以及弯曲的脊背的人，而并非那些有着文凭或技术的专业人员的

---

[1] Charles Hirschman, Philip Kasinitz, Josh De Wind, eds., *The Handbook of International Migration: The American Experience*, pp.140–141.

需求。纺织业、矿业或钢铁业等由移民支配的产业所需求的不过是那些被置换了的、心甘情愿地接受工业操作的辛劳与危险的农民或工匠。[1]

随着在美国居住时间的增加，移民逐渐学会了英语，掌握了美国就业市场中的普遍规则，积攒了所需的各种技能。于是，部分移民开始沿着职业阶梯逐步向上攀升，进而获得那些能够提供较好收入和稳定保障的职业，从而享受中产阶级的生活方式。对于另外多数移民而言，尽管他们可能终生无法实现这一目的，但是通过辛勤劳作和省吃俭用，他们为子女后代提供了良好教育并创造一切可能的条件，使其拥有相对较多的人力资本。当这些移民子女进入就业市场后，通常能够从事经济效益较好、社会地位较高的职业。因此，移民的社会经济同化最终在第二代或者第三代身上得以实现。例如，早期波兰钢铁工人、俄罗斯犹太服装工人以及意大利港口工人的后代在第二至四代人之间都完成了向上的流动。他们在教育与职业方面的成就，虽然并未超越却等同于那些属于新教徒的老移民。[2]

然而自战后以来，美国开始经历着一次前所未有的产业与职业结构的调整。用部分美国学者的话说，经济发展呈现出一种"沙漏形经济"（hourglass economy）模式。在职业结构方面，这种经济模式表现为职业阶层的顶部和底部两端较大，而中间部分较小。[3] 即一方面，以知识和技能为基础的服务业和高端制造业大量兴起；另一方面，没有技能要求的体力类职业与服务业并未消亡，反而呈现

---

〔1〕 Roger Waldinger, "The Occupational and Economic Integration of the New Immigrants", *Law and Contemporary Problems*, Vol.45, No.2 (Spring,1982), pp.197−222.

〔2〕 Roger Waldinger, "The Occupational and Economic Integration of the New Immigrants".

〔3〕 Alejandro Portes and Min Zhou, "The New Second Generation: Segmented Assimilation and Its Variants", *Annals of the American Academy of Political and Social Science*, Vol.530 (Nov.,1993), pp.74−96.

勃勃生机。与此同时，可以提供稳定就业和收入且无须太多教育与技能要求的传统中层就业岗位或是消失，或是降级。这种新的经济重构，不仅直接影响了当代外来移民的技能构成，促使新移民在教育与技能水平方面呈现两极分化，同样也直接影响着这些移民在美国的社会经济同化，使其呈现出不同于传统的社会经济同化模式的特点。

对于那些具有较高教育程度与技能水平的移民而言，美国的经济重构所创造的大量需要较高人力资本的白领职业，诸如经理、管理人员、研发人员等职业岗位，为之提供了较多就业机会和经济机遇。同时，由于这些移民也有着良好的英语技能和较高的人力资本条件，他们进入美国后，通常不再经历早期移民的那种传统的社会经济同化模式，即首先从美国就业市场中最底层的职业干起，然后通过自身的努力与奋斗，逐渐获得职业的升迁和稳定的收入增长。相反，这些移民可以充分利用美国提供的各种机会，或者是直接进入那些有较好的经济待遇与发展前景的职业领域，或者是利用自己的才智与创造力，创办新的企业或开发、设计新的产品，因此获得较高的经济收入与利润，从而相对容易地实现在美国的社会经济同化。

对于那些位于职业结构底层的移民而言，虽然后工业社会中依然存在大量仅需低技能的职业岗位，为其提供了较多的就业机会，但是，由于中间阶层职业相对减少或消失，他们向上爬升的经济阶梯出现了断层，能够给他们提供由低级向高级职业过渡的通道变得越来越狭窄。在这种情况下，许多移民长期被困囿于低技能职业领域中，很难获得向上提升的机会，社会经济同化过程较为缓慢甚至停滞。可见，经济的重构为这些群体的社会经济同化设置了许多无形的障碍。相对于早期的外来移民，当代入境的低技能移民要实现经济方面的成功，无疑要接受更多的挑战。

不过，尽管在新的历史条件中，低技能移民群体在实现社会经济同化的进程中存在着更多的障碍，但这并不意味着这些移民自此踏入了社会经济同化的死胡同，相反，通过更多的勤奋与努力，他们也同样可以实现经济上的成功。美国人类学家约翰·奥格布（John Ogbu）曾指出，美国的移民可分为自愿移民与非自愿移民两类，非自愿移民主要是早期的黑奴，其余均为自愿移民。自愿移民通常是出于促进自身幸福之目的而来，因而有一种积极的工作精神。[1]同样，在战后以来美国的新移民潮中，多数低技能移民都是为摆脱动荡和贫困而寻求经济幸福的自愿移民，具备艰苦奋斗的决心与创业的雄心壮志。他们进入美国后，虽然起初通常都从事着最底层的职业，但通过逐渐积累相应的人力资本，这些移民群体依然可以实现经济上的同化。例如，波斯尼亚难民塞达德·卡里克（Sedad Karic）在1996年与妻子和一个年幼的儿子来到佛罗里达州的杰克逊维尔时，他身无分文，"只有一块他父亲的手表和一只猫"。虽然几乎不会说英语，卡里克来后不到两周就开始做垃圾清理工作。不足两年，他与妻子已经积攒了足够的钱，支付了杰克逊维尔南边一座有三个卧室的住房的定金。很快卡里克成为一名就业专家，他的妻子也受雇于梅林公司。"一切都是选择的问题，"卡里克说，"我和我妻子选择不去愚蠢地花钱，而是省下每一分钱去买房子。"[2]

从当代移民在美国的社会经济同化趋势来看，它验证了"双重劳动力市场"理论的局限性。该理论认为，当代美国的劳动力市场形成了两个相互分离、相互独立的部分，即首要劳动力市场与次要劳动力市场。前者能够提供有安全保障的、高收入的、福利丰厚的职业岗位；而后者提供的多是不稳定的、收入低的且福利极少的工作，劳动条件恶劣甚至极其危险。技能水平方面的差异决定了移民主要

---

〔1〕 Mary C. Walters, *Black Identities: West Indian Immigrant Dreams and American Realities*, pp.141–142.

〔2〕 美国大使馆：《交流杂志》，2000 年第 3 期。http://chinese.usembassy-china.org.cn/jl0300_econimpact. html.（2007 年 12 月 21 日下载）

集中于次要劳动力市场，并且难以跨越界限进入首要劳动力市场。[1]
当代移民的整体经济状况不尽如人意，并且从事的职业也较为低下，
这似乎符合"双重劳动力市场"理论所强调的结果。但是，新移民
当中大量的技术类移民从入境之日起，就直接进入了首要劳动力市
场，获得了社会经济地位较高、待遇较好的工作岗位。那些缺乏技
能的普通移民，虽然在新时期美国的经济环境中面临的困难在增加，
但是他们通过长期的坚持和不懈努力，像上文中的波斯尼亚难民卡
里克那样，最终也能取得较好的经济成就，并不必然终生困囿于那
种毫无发展前途的次要劳动力市场。

　　当然，除了战后美国的经济重构因素以及移民自身的技能水平
之外，还有其他许多因素也对移民的社会经济同化产生着重要影响。
在此列其要者，简述如下。

　　其一，移民在美国居住的时间。毫无疑问，居住的时间长短与
移民的社会经济同化紧密相关。在美国居住的时间越长，移民对美
国越熟悉，获得的就业技能也越多，因此收入也会不断增加。例如，
有研究通过比较 1980 年前后到达的移民的经济状况后发现，与那些
在 1980 年后到达的移民相比，1980 年之前到达的移民通常有较高的
家庭收入、较低的家庭贫困率、较少的语言隔阂以及较高的教育成
就。像 1980 年前到达美国的韩国人，其平均家庭收入为 44358 美元，
而 1980 年后到达者的家庭收入仅为 25516 美元；1980 年前定居于美
国的柬埔寨人有 19.7% 的家庭生活于贫困线以下，而 1980 年后到达
者这一比例却高达 46.6%。[2] 同样，另一份关于马里兰移民的研究
表明，随着在美国定居时间的增加，外来移民的收入会不断增长。

---

〔1〕 Douglas S. Massey, et al., "Theories of International Migration: A Review and Appraisal",
　　　pp.431–466.

〔2〕 Jennifer Karas, Bridges and Barriers, *Earnings and Occupational Attainment among Immigrants*, New
　　　York: LFB Scholarly Publishing LLc., 2002, p.8.

在 2005 年时，那些在美国定居十年或更短时间的高中学历以下的移民，其年收入为 18000 美元，但定居十年以上者的收入却为 24000 美元。[1]

其二，移民的入境身份以及是否获得归化公民资格。的确，移民的入境身份对其社会经济同化有着较为重要的影响。一般说来，在美国所有类别的入境移民当中，合法移民通常收入最高，非法移民的收入最低，而难民处于中间位置。例如，1990 年，在来自主要的非法移民输出国（例如墨西哥、萨尔瓦多、危地马拉）的移民家庭中，80 年代入境的家庭的平均收入为 23900 美元，低于美国本土人家庭 36%，在 80 年之前入境的家庭的收入低于本土人家庭 23%。但是，在 80 年代入境的合法移民家庭的平均收入仅稍低于本土人家庭，为 34800 美元，而在 80 年代之前入境的合法移民家庭的收入却高出本土人家庭 16%，为 43000 美元。来自难民输出国的移民家庭的平均收入，则处于这两类移民家庭之间。[2] 此外，是否获得公民资格也直接影响着移民的经济收入。例如，就高科技移民当中的归化公民和非归化公民而言，归化公民的收入更高。在 1994 年，归化公民平均比本土人多挣 4520 美元或 9.9%，而非归化公民只比本土人多挣 637 美元或者 1.5%；在 2001 年，归化公民比本土人多挣 9639 美元或 16.1%，而非归化公民只多挣 2973 美元或者 5.6%。[3] 当然，获得归化公民身份的移民之所以收入较高，其原因之一是他们在美国定居的时间比非归化公民更长，因此能够较好地同化于美国的劳动力市场。这也同样说明了在美国居住时间的长短对于移民社会经

〔1〕 Randy Capps and Karina Fortuny, *The Integration of Immigrants and Their Families in Maryland: The Contributions of Immigrant Workers to the Economy*, p.41, http://www.urban.org/UploadedPDF/305184_immigration_immigrants.pdf.（2008 年 12 月 29 日下载）

〔2〕 Michael Fix and Jeffrey S. Passel, *Immigration and Immigrants: Setting the Record Straight*, pp.36-37.

〔3〕 Mary Jane Lopez, *High-Skill Immigrants in the U.S. Economy: Do High-Skill Immigrants Substitute or Complement Native-Born Workers?*, pp.120-121.

济同化的重要性。

其三，移民的英语语言能力。语言技能作为人力资本的一个重要因素，对于当代移民在美国实现社会经济同化起着越来越重要的作用。它不仅直接地影响着移民的经济收入，同时也影响着移民的就业，不会说英语可能会导致从事那些较低工资的低技能职业。在早期，移民来到美国后，他们从事农业生产，在工厂中就业或修筑铁路等，能否说英语并不非常重要。但是，在以服务业为主的后工业社会，除了那些最低报酬的职业之外，几乎所有职业都要求有一定的语言技能，不懂英语者通常会遭受着某些程度的"收入惩罚"。有研究表明，那些缺乏英语技能的西裔男性移民，其收入比英语较熟练的同等西裔男性低 23%。此外，语言技能并不是单维的，它除了说的能力之外，还包括读、写方面的技能。学者奇斯威克在 1991年的研究中，以洛杉矶被逮捕的 800 名非法移民为研究对象，考察了英语读、写的熟练性对其收入的影响。他发现，"相对于能熟练说英语的能力而言，能熟练阅读英语是一个更为重要的收入决定因素"[1]。

其四，美国的种族歧视因素。与传统来自欧洲和加拿大的移民相比，在新移民当中，来自亚洲和加勒比以及非洲的移民多属于有色人种。尽管自 20 世纪 60 年代以来，随着民权运动的蓬勃发展，美国的种族不平等状况已经获得了极大的改善，但是在一个种族观念根深蒂固的社会中，有色人种所遭遇的各种歧视，特别是隐性歧视仍是无法根除的。在社会经济生活领域，种族歧视同样表现得较为明显。例如，在移民的职业升迁方面，虽然很大一部分移民通过自己的勤奋努力，最终在一些企业机构里获得了较好的地位，但他们往往很难进入领导或决策层，即职业通道通常存在着无形的"玻

---

[1] U.S. Citizenship and Immigration Services, *The Triennial Comprehensive Report on Immigration*, pp.89–90.

璃天花板"。学者沃特斯（Waters）研究了美国一家名为"美国食品公司"的餐饮机构中的西印度群岛移民，发现虽然许多西印度群岛裔职员及监工的能力相当出色，却很少有人能登上经理的位置。[1]

第四节　当代移民社会经济同化的表现

美国学者奇斯威克根据移民迁移的动机，将国际移民分为三类：一是经济移民，二是亲属联系类移民，三是难民。他指出，经济移民通常会首要考虑他们在来源地与目的地的实际收入差距；亲属联系类移民的迁移决定主要受其家庭成员的影响；难民的迁移决定则主要是出于人身或财产安全的考虑。因此，经济移民通常会因迁移而获得最大的经济成功。[2] 在当代美国的外来移民中，虽然那些为寻求家庭团聚的移民占绝大多数，但是，这些移民通常是将亲属血缘关系作为一种入境的手段，而摆脱贫穷进而实现经济上的富足，才是他们进入美国的真正目的。因此，从这个意义上讲，战后美国新移民潮中的主体仍是奇斯威克所指的经济移民。

从当前外来移民的来源地看，经济动机是新移民入境美国的一个重要原因。自60年代以来，美国的新移民主要来自亚洲与拉美等第三世界国家，与美国相比，这些移民来源国的经济发展相对滞后。例如，墨西哥作为当前向美国输送最多合法与非法移民的国家，尽管二者地理位置濒临，但经济发展却较为悬殊。墨西哥的北部边境城市蒂华纳，在战后初期，其最低工资与美国的差距并非十分显著，在1948年，美国的最低工资只是蒂华纳的1.55倍。到1957年，二

---

[1] Mary C. Waters, *Black Identities: West Indian Immigrant Dreams and American Realities*, pp.154–160.

[2] Barry R. Chiswick, "Immigrants in the U. S. Labor Market", *Annals of the American Academy of Political and Social Science*, Vol. 460 (Mar., 1982), pp. 64–72.

者工资之比增至 5 : 1 ；在 1957 年到 1981 年间，双方工资差距缓慢地缩小，到 1974 年，双方最低工资之比为 2.38 : 1，在 1981 年比值为 3.34 : 1。但是，1982 年墨西哥比索贬值，导致双方的最低工资比值迅速扩大为 12.36 : 1，虽然此后双方的工资差距有所缩小，但到 1985 年仍为 5.96 : 1，大约等同于 1950—1951 年的差距。从人均国民生产总值来看，在 1984 年，美国为 15390 美元，墨西哥仅为 2040 美元，前者为后者的 7.4 倍。[1] 正是由于存在着经济收入方面的巨大差距，来自墨西哥等国家的移民才大量涌入美国。同样，尽管新移民当中也有许多难民或亲属联系类移民，但归根到底，他们中的大多数也是为了寻求经济利益方面的最大满足。因此，总体而言，实现经济上的成功，既是多数当代移民选择进入美国的根本初衷，也是他们到达美国后所迫切希望实现的目标。

从移民群体自身的特性来看，他们通常具有积极的、开拓的态度。相对于那些留守本土的人口而言，移民具有所谓的"开路先锋精神"。因为虽然许多人都或曾有过迁移的动机，但并不是所有有此动机的人都是事实上的移民，毕竟迁移有许多的不确定性，特别是国际性迁移，不确定因素更多。因此，只有那些"开路先锋"才会选择迁移，他们更具有才干，富有闯劲，充满雄心壮志，且具有创业精神。不仅如此，相对于美国本土人，具有"开路先锋精神"的移民更可能很少考虑自身的"悠闲喜好"，花费在休闲娱乐方面的时间较少，却展示了"更为积极的劳动力供应的行为"[2]。也就是说，移民通常有较高的劳动力参与率，将更多的时间用在了工作上。

同样，许多移民来到美国后，总是通过各种途径，积极学习和

〔1〕 Jeffrey Bortz, " The Effect of Mexico's Postwar Industrialization on the U.S.-Mexico Price and Wage Comparison", in Jorge A. Bustamante, Clark W. Reynolds, and Raúl A. Hinojasa Ojeda, eds., U.S.-Mexico Relations: Labor Market Interdependence, pp.234, 215.

〔2〕 Jongsung Kim, Labor Supply and Occupational Structure of Asian Immigrants in the U.S. Labor Market, New York: Garland Publishing, Inc., 1999, p.33.

获取在美国劳动力市场中生存所需要的各种技能。许多移民在工作之余，积极参与各类岗前与就业培训，或是各类语言补习班等不断充实自己，以弥补自身人力资本的不足。例如，相对于美国本土人而言，移民返回学校接受再培训的比例较高。有研究表明，1990年时，在25—34岁的劳动力当中，在学校登记注册的移民男性是本土男性的1.5倍。在那些于1985—1990年到达美国的男性移民中，1990年时在学校登记的比例为8%，比本土男性高出6.6%。另一份关于18—24岁的高中学历者的报告指出，相对于本土青年，移民青年会更快重返学校，在学校里学习的时间更长，耗费的非就业时间更多。[1]

由于当代移民主要来自拉美和亚洲地区，因语言、文化、生活习惯以及宗教信仰等方面的差异，他们在美国的劳动力市场中面临着诸多的不利因素，但是，他们依然能够饱含热情，努力寻求就业机会，希望用自己的勤劳双手，在美国这个"人间天堂"中创造属于自己的幸福生活。在这种情况下，移民通常积极地投身于美国的就业市场，因而其劳动力参与率依然保持着较高水平，基本与美国本土人持平甚至更高。例如，在1998年，移民的劳动力参与率为66%，而本土人的为67%，二者没有明显区别。[2]到2005年，美国的外国出生者的劳动力参与率为67.7%，而本土人的为65.8%，前者还高于后者。[3]

当代移民融入美国劳动力市场的积极态度，可以从那些教育程度较低的移民的劳动力参与率情况窥见一斑。在这部分移民群体中，

---

〔1〕 Michael E. Hurst, *The Assimilation of Immigration in the U.S. Labor Market: Employment and Labor Force Turnover*, New York: Garland Publishing, Inc., 1998, p.199.

〔2〕 Nelson Lim, *Friends or Foes: Immigrant Competition Hypothesis Revisited*, p.3, http://www.rand.org/labor/DRU/ DRU2913.pdf.（2006年5月18日下载）

〔3〕 Bureau of Labor Statistics, *Foreign-Born Workers: Labor Force Characteristics in 2005*, p.2, http://www.bls.gov/ news.release/pdf/forbrn.pdf.（2007年1月12日下载）

一个较具有说服力的事实就是，他们的劳动力参与率远高于同等条件的本土人。根据美国《2005 年总统经济报告》，在 2003 年时，移民的贫困率达 16.6%，而本土人的为 11.5%，但是，在高中学历以下的群体当中，男性移民的劳动力参与率为 78%，而本土男性的劳动力参与率仅为 47%；至于非法移民，其劳动力参与率则更高，男性非法移民参与就业的比率估计高达 96%。[1]

当然，移民的劳动力参与率存在着性别方面的差异，男性移民比女性移民更可能积极地参与就业。在 2005 年，男性移民的劳动力参与率高达 81.3%，而本土男性的这一比例为 71.9%，相比之下，女性移民的劳动力参与率为 54.1%，而本土女性的为 60.1%。女性移民的劳动力参与率之所以相对较低，一个根本原因在于她们有着较高的生育率，因而需要花费更多的时间照顾与抚育子女。例如，在那些有 18 岁以下的子女的女性当中，移民妇女的劳动力参与率为 58.5%，而本土妇女的却为 73.2%；在那些有三岁以下子女的妇女中，移民妇女的劳动力参与率为 44.2%，而本土妇女的为 62%。[2]

然而，外来移民通常又呈现出较高的失业率。有研究指出，在 1940 年，新到移民的失业率比本土人的高出 3%，到 1960 年此差距基本消失，但到 1980 年差距又迅速扩大。1940 年时，新到移民平均每年比本土人少工作 100 小时，而到 1980 年时则少工作 300 小时。[3] 另外，根据美国国会预算局的数据，在 2003 年时，所有的成年劳动力人口当中，美国总体失业率为 5.8%，本土人口失业率为 5.6%，而移民失业率为 7.2%。在所有的移民群体中，除欧洲移民的失业率较低（4.6%）之外，来自亚洲与拉美的移民的失业率均高于本土人口

〔1〕 *Economic Report of the President, 2005*, Washington D.C.: United States Government Printing Office, p.100.

〔2〕 Bureau of Labor Statistics, *Foreign-Born Workers: Labor Force Characteristics in 2005*, p.2.

〔3〕 George J. Borjas, *Friends or Strangers: The Impact of Immigration on the U.S. Economy*, p.51.

的失业率，分别为 6.3% 和 8.3%。[1] 移民之所以失业率较高，尽管不排除美国社会潜在的种族歧视因素，但根本原因在于移民的教育与技能程度相对落后。在日趋强调人力资本的当代就业市场中，移民的失业率高于美国本土人的失业率的确不足为奇。另外，也正如某些学者所指出的那样，由于多数移民并不是带着职业来到美国的，他们以新劳动力的身份进入美国并积极寻求就业，但是在找到工作之前，他们通常都处于失业状态。因此，移民的较高失业率是一个正常的现象。有较多的移民失业，也说明移民的劳动力参与率较高。[2]

另一个值得引起注意的现象是，在缺乏高中毕业文凭的低技能工人当中，移民的失业率却低于美国本土人的失业率。根据学者的研究，在 1980 年，美国的低技能工人的失业率为 11.3%，其中本土人的为 11.6%，移民的为 9.5%；在 1990 年，美国低技能工人失业率为 12.8%，其中本土人的为 13.3%，移民的为 11%；到 1994 年，美国低技能工人失业率为 15.6%，其中本土人的为 16.7%，移民的为 12.9%。[3] 从上述三个不同年份来看，低技能移民的失业率均低于同等技能程度的美国本土工人的失业率。之所以出现这种情况，原因也是多方面的。其一，低技能移民群体中非法移民较多，决定了他们通常无法获得政府资助，为了养活自己及其家人，只有努力工作；其二，比较而言，移民群体的族裔关系网络比较发达，通过这些网络，低技能移民通常能较容易地找到工作；其三，如前文所言，移民通常具有较强的进取心和吃苦耐劳的精神，很少计较工作的待遇与条件，因而就业面较宽。当然，低技能移民所从事的很多职业，是本

〔1〕 Congressional Budget Office, *A Description of the Immigrant Population*, p.19.

〔2〕 Michael E. Hurst, *The Assimilation of Immigration in the U.S. Labor Market: Employment and Labor Force Turnover*, p.35.

〔3〕 María E. Enchautegui, "Low-Skilled Immigrants and the Changing American Labor Market".

土工人所不屑一顾的，其中大多数是体力类的职业。例如，在1994年，仅有22%缺乏高中文凭的移民可以找到办公职员、销售以及熟练工种等职业，而本土人口从事这类职业的比例却达33%。[1]

移民也积极地在美国进行各种创业活动，其创业成果在许多城市随处可见。他们创办了大量的餐馆、洗衣店、服装厂以及各类的小商店，因而拥有较高的自主就业率。在1990年，从事自主创业的移民约130万，占总移民比例达7.2%，还略高于本土人创业者所占本土人的比例7%。[2] 在2003年，根据当前人口报告的数据，美国土生工人的自主就业率为7.3%，移民的自主就业率稍低，达6.8%。[3] 而且，移民在美国的时间越长，他们更有可能自主创业。例如在80年代，移民企业家的数量急剧增长。在1980年，美国移民中的自主就业者的比例为5.6%，但到1990年，这些在1980年之前入境的移民的自主就业率上升至8.4%。有证据表明，自主就业的移民群体经济收入相对较高。根据1990年人口统计，自主就业移民的平均收入每年达3万美元以上，远超其他种类的移民，并基本等同于美国本土企业主的平均收入。[4]

在不同移民群体当中，自主就业率存在较大差别。来自欧洲、亚洲的移民通常有着较高的自主就业率，而来自拉美地区的移民这一比率则相应较低。有学者在80年代的一份研究中指出，美国的韩国移民从事自主就业的比例为波多黎各移民的10倍。[5] 而国会预算局的研究指出，在2003年时，欧洲移民的自主就业率高达9%，拉

〔1〕 María E. Enchautegui, "Low-Skilled Immigrants and the Changing American Labor Market".

〔2〕 Michael Fix and Jeffrey S. Passel, *Immigration and Immigrants: Setting the Record Straight*, p.53.

〔3〕 Congressional Budget Office, *A Description of the Immigrant Population*, November 2004, p.15.

〔4〕 Michael Fix and Jeffrey S. Passel, *Immigration and Immigrants: Setting the Record Straight*, p.53.

〔5〕 Timothy Bates, *Race, Self-Employment, and Upward Mobility: An Illusive American Dream,* Washington, D. C. : The Woodrow Wilson Center Press, 1997, p.24.

美移民的仅为 6%。[1] 当前，选择自主就业的移民所创办的企业主要分为两个类型，也呈现两极化的趋势：一方面，随着大量具有较高教育程度的华人、韩国人、印度人的到来，他们的创业主要集中于专业服务性的领域，如信息技术、商业服务、金融、保险与房地产等；另一方面，多数移民群体仍集中于传统的小企业，如餐馆、食品店、洗衣店等，这些企业的利润较低。当然，经营传统类型小企业的既有教育、技能程度落后的移民，同样也有教育程度较高的移民。这种情况是由职业的不匹配性所决定的。移民初来乍到，通常面临着许多职业选择的限制，因此，部分移民将创办小企业作为一种过渡。

在职业分布方面，移民从事的职业从层次上说整体差于美国本土人，这一点在前文已有所介绍。然而，对于某支移民群体或某一移民个人而言，其在美国从事的职业并非是固定的，而是随着人力资本的变动而发生变化。对此，美国经济学家奇斯威克提出了一个移民就业的"U"型模式，即移民在其母国的最后一个职业与在美国的第一个职业之间，通常呈现着职业降级的现象，即职业的下向流动，但随着在美国生活时间的增加，他们会因人力资本的积累逐渐获得职业的向上流动，从而形成"U"型模式。移民的母国劳动力市场与美国劳动力市场之间的差异越大，这种模式表现得就越突出。[2]

也就是说，移民在刚来美国后，普遍缺乏美国劳动力市场所需要的人力资本，如英语熟练性、寻找就业信息的技术手段、对规章制度的了解等。此外，虽然许多移民也有着较高的教育程度，但缺乏某些特别企业或特别职业方面的培训，从而在劳动力市场中的技

---

〔1〕 Congressional Budget Office, *A Description of the Immigrant Population*, November 2004, p.15.

〔2〕 Sherrie A. Kossoudji, Deborah A. Cobb-Clark, "Finding Good Opportunities within Unauthorized Markets: U.S. Occupational Mobility for Male Latino Workers", *International Migration Review*, Vol. 30, No. 4 (Winter, 1996), pp. 901–924.

能转化方面存在不足。在入境初期，这些移民为了站稳脚跟，通常会先选择一个起点相对较低的职业。学者迈恩（Mine）通过对亚特兰大的韩国男性移民进行研究，发现90%在韩国从事白领职业者，在到达美国后，只有17%从事的第一份职业为白领职业。在亚特兰大进行自主创业的韩国人中，有68%完成了四年或更多的大学教育，但当他们来到美国后，有83%最先从事的却是体力劳动类职业。迈恩指出，韩国移民和其他移民之所以集中于低收入的职业领域，是因为他们缺乏英语能力。[1] 随着移民获得的与劳动力市场相关的技能越多，他们会不断地更换职业，逐渐向上流动。

显然，移民职业的这种"U"型模式，更多适用于那些具有一定教育与技能水平、在其母国从事着相对较好职业却没有太多美国劳动力市场经验的外来移民。对于那些长期在美国学习并最终留在美国的留学生来说，美国的一切事务相对而言都很熟悉，而且也没有语言方面的障碍，基本不存在对美国劳动力市场的适应过程。因此，他们在劳动力市场中的起步相对较高，很少会出现这种职业"U"型模式。而对于那些教育程度低、缺乏技能的普通移民来说，他们在入境前和入境后所从事的职业，基本并无太大差别，因而也不太可能呈现出这一特点。当然，这些移民仍可以通过他们的勤奋与努力，由最低阶层的职业干起，最终实现稳定上升的职业流动。

尽管当代移民有着积极向上的进取精神，并踊跃参与美国的就业市场，但由于受到人力资本不足的限制，其收入整体落后于美国本土人口，而且二者间的收入差距长期存在。根据波哈斯的研究，在1960年，近期入境移民的收入比本土人低8%，这一差距到1970年扩大至10%，到1980年为17%。[2] 而美国商务部有关2000年的外国出生人口的研究，则提供了一份关于移民收入的更详细的统计。

〔1〕 Timothy Bates, *Race, Self-Employment, and Upward Mobility: An Illusive American Dream*, p.16.
〔2〕 George J. Borjas, *Friends or Strangers: The Impact of Immigration on the U.S. Economy*, p.51.

该研究指出，1999年时在美国所有16岁以上的常年全职工人中，男性收入中位数为36572美元，女性收入中位数为26380美元。其中，本土男性与女性的收入中位数分别为37528美元和26698美元，而外国出生男性与女性的收入中位数分别为27239美元和22139美元。[1]

上述研究数据虽然揭示了移民整体收入相对偏低的问题，却也掩盖了如下两个事实：（一）尽管移民整体的收入相对偏低，但对于某些特定移民群体或个人而言，其在美国的收入并非是一成不变的，而是随着在美国时间的增加而不断增加的。在1999年时，那些在美国生活不足10年的移民男性工人的收入中位数为21600美元，而生活20年或更长者的收入中位数却为35778美元，基本接近全国的平均水平。（二）不同地区来源的移民收入存在着差异。其中，来自欧洲和亚洲的移民通常有较高的收入，而拉美移民的收入最低。来自欧洲和亚洲的外国出生男性的收入中位数分别为44990美元和36911美元，女性收入中位数分别为28319美元和29662美元，均超过了美国男性和女性就业者的平均收入；比较之下，来自拉美的男性与女性工人的收入中位数分别为20974美元和17213美元，远远落后于美国本土工人收入的平均水平。[2]

上述内容简单勾勒了新移民在美国劳动力市场中的参与情况与经济表现。总体看来，尽管当代移民有着积极的工作态度，但总体上其经济状况仍落后于美国本土人。于是，波哈斯等学者相应指出，与过去的移民相比，由于当代移民在教育、技能程度方面与美国本土人之间的差距日益扩大，因此，他们的社会经济同化前景不如老移民的那么乐观。[3] 的确，特别是来自墨西哥以及其他拉美地区的

〔1〕 U.S. Department of Commerce, *Profile of the Foreign-Born Population in the United States: 2000*, p.42.

〔2〕 U.S. Department of Commerce, *Profile of the Foreign-Born Population in the United States: 2000*, p.42.

〔3〕 George J. Borjas, *Heaven's Door: Immigration Policy and the American Economy*, pp.29-32.

移民，无论是职业状况，还是收入水平，都远远落后于美国人。拉美移民从事的更多是那些技术含量较低的职业。因此有研究指出，移民之所以与本土人存在着职业的差异，主要是由拉美移民造成的。[1]

尽管如此，波哈斯关于当代移民社会经济同化的态度还是过于悲观了，他只是从一个整体的视角来看待当代移民的经济表现，因而忽视了移民群体内部的差异。战后新移民群体在教育与技能方面日趋多元化的趋势，决定了移民在美国的经济表现不会是整齐划一的。虽然许多移民的社会经济同化状况不尽如人意，但也有大量移民取得了较为显著的经济成就。此外，如前所述，社会经济同化是一个长期的动态进程，甚至会延及子孙后代，而当代移民入境美国不过才几十年，大多数移民还是在80年代以后到达的。因此，得出当代新移民难以实现在美国的社会经济同化的结论，似乎为时尚早。与此同时，当代移民通过积极参与美国的劳动力市场，努力勤奋地工作，也展现出了一些积极的社会经济同化迹象，主要体现在以下几个方面。

其一，移民群体中专业、技术人员比例迅速提升。根据学者的研究，在1980—2000年，在美国的各类专业人员当中，外国出生人口的比例呈现明显的增长。例如，外国出生的经理所占的比例，由1980年的5.8%上升至2000年的10.3%，医学类人员由9.7%上升至14.4%，除律师和教育人士之外的其他专业人员则由7.6%增加至14.6%。其中，外国出生的内科医生在1990年时达11.9万，占美国所有内科医生的20%，而此后其绝对数量与相对比例仍持续增长。[2]当代移民群体中的专业技术人员迅速增长，一方面是因为战后美国经济的发展扩大了对技术人才的需求；另一方面，则应归功于移民

---

[1] Congressional Budget Office, *A Description of the Immigrant Population*, p.14.

[2] William A. V. Clark, *Immigrants and the American Dream: Remaking the Middle Class*, p.106.

在美国所取得的经济进步。许多移民在刚进入美国时，可能并非专业技术人员，也可能是专业人员却经历着某些程度的职业降级。当他们逐渐熟悉了美国的劳动力市场并获得相应的人力资本后，他们会充分把握经济机遇，成功实现职业身份的转化。

其二，移民群体的住房拥有率不断增加。拥有住房是移民实现"美国梦"的一个重要组成部分，也是移民实现社会经济同化、成为中产阶级的一个基本前提。在1980—2000年，亚洲移民的住房拥有率由47.6%上升至50.1%，西裔的住房拥有率也由38.5%增加至40.6%。在当前，尽管诸如名为"史密斯"、"约翰逊"之类的传统的美国人依然是美国最大的购房户，但在洛杉矶，"史密斯"仅排在购房排行榜的第九位，而"加西亚"、"马丁内斯"、"埃尔南德斯"等移民姓氏却赫然位于"史密斯"的前列。[1]从洛杉矶购房户的姓氏来看，拥有自己住房的移民越来越多了。

其三，移民当中中产阶级家庭大量出现。多数移民之所以来到美国，目的就是为了摆脱贫穷，获得经济上的富足，因此，成为美国的中产阶级是他们梦寐以求的。而移民通过自己的努力，相当一部分也获得了经济的成功。例如，学者威廉·克拉克（William A. V. Clark）从收入与拥有住房两个方面，对"中产阶级"的概念进行限定后指出，移民中产阶级家庭占美国所有中产阶级家庭的比例，由1980年的5.3%，上升至2000年的8.6%。其中，尤以亚裔和西裔移民的增长最为突出。亚裔移民中产阶级家庭由0.6%增长至1.8%，西裔移民中产阶级家庭由1.1%增加至3%。从绝对数量上看，西裔和亚裔移民中产阶级家庭在20年间均增加了两倍以上，增幅分别高达227.7%和216.6%。[2]

〔1〕 William A.V. Clark, *Immigrants and the American Dream: Remaking the Middle Class*, pp.138, 127.

〔2〕 William A.V. Clark, *Immigrants and the American Dream: Remaking the Middle Class*, pp.64−66.

综上，自 20 世纪六七十年代以来，随着拉美和亚洲移民日渐掀起大规模的入境高潮，美国国内的经济结构发生了前所未有的变化。经济飞速发展过程中呈现出职业扩张的两极化态势，与新移民群体的教育、技能程度的两极化趋势相吻合。这表明美国的经济重构吸引着外来移民，为之提供着经济机遇。另一方面，职业结构的变迁，导致那些可提供良好待遇而并无太多技术要求的传统蓝领职业岗位相对减少。对于部分低技能移民而言，由于职业阶梯的中段的缺失，早期移民经历的自下而上的职业流动模式如今变得难以实现，这又为许多新移民的社会经济同化带来前所未有的挑战。尽管如此，仍有证据表明，新移民依靠艰苦奋斗与创业精神，依然取得了相当显著的进步。新移民通过积极参与就业与创业，在努力维持自己及其家庭生计的同时，也为美国创造了较大的经济效益。这一事实说明，当代移民仍是一支积极进取的力量。

第四章　外来移民与美国劳动力市场

在 20 世纪 60 年代美国进行了移民政策的改革之后，外来移民随即掀起了新一轮的入境高潮，入境人数呈直线上升。特别是在 90 年代，如果算上非法移民及其他移民，几乎平均每年入境移民人数均在百万之上。由于入境移民中青壮年群体居多，他们进入美国后，必然会投身于劳动力市场，积极寻找或从事各类职业，通过交换自己的劳动而获取报酬以维持在美国的生存。如此之多的移民劳动力进入劳动力市场，相应增加了美国劳动力市场中可提供的劳动力数量。在这种情况下，外来移民是否会抢夺美国本土工人的"饭碗"，从而导致失业率上升？随着竞争的加剧，他们是否又会导致美国工人的收入下降？这些内容，是本章所要讨论的。

第一节　移民的劳动力市场影响之争及相关研究

美国是一个典型的移民国家，移民是一个极富争议的话题。纵观美国历史，在历次的移民争论之中，支持与反对移民的双方，通常是围绕着移民的人口、文化、经济与社会等方面的影响而展开争论，在不同历史时期，辩论的核心问题也有所不同。由于移民的经济影响与人们日常生活休戚相关，因而一直备受瞩目，有关于此的争论贯穿于各阶段移民辩论的始末。其中，移民如何影响美国的劳动力市场，是一个无法回避的焦点问题，正如学者罗杰·丹尼尔斯等人指出的那样，"大规模移民的最主要的、直接的日常影响是经济方面的，并且首先是在劳动力市场中被感知出来"[1]。因此，"移民的技能水平"、"美国劳动力市场对移民的需求"、"移民与美国人的工资和就业"等经济方面的重要话题，始终存在于历次移民辩论中。

历史上，尽管外来移民做出了卓越贡献，但强调移民会给美国经济与劳动力市场造成消极影响的声音，一直不绝于耳。早在殖民地时期，外来移民的"质量"问题曾一度引起广泛关注。当英国政府向南部殖民地输送了一批重刑犯之后，殖民地议会于1639年确立了一个限制穷人与罪犯的移民法令，理由之一就是担心这些人的到来会加重殖民地的救济负担。[2]建国之初，百废待兴，美国开国元勋们在引进移民的问题上，相互之间也存在着较大的分歧，其中一些人认为，移民的到来将会加剧劳动力市场的竞争，对美国本土人产生不利的经济影响。[3]

美国内战结束后，来自东南欧的外来移民迅速增多。到1890年，随着美国人口普查局宣告"边疆的消失"，西部可自由开发的土地已不复存在。在这种历史背景下，对于大规模移民的到来可能造成的经济后果，许多人士明确表达了忧虑之情。边疆学派鼻祖弗雷德里克·杰克逊·特纳于1901年9月25日在《芝加哥纪事先驱报》(*Chicago Record-Herald*)上写道：

先前时期的移民同化相对较为容易，非英裔血统移民的到来，为美国人民的美国特性带来了极具价值的贡献，这一点是毋庸置疑的。但是，曾经导致美国对移民的吸纳进程较为容易的自由土

---

〔1〕 Roger Daniels and Otis L. Graham, *Debating American Immigration, 1882-Present*, p.102.

〔2〕 Roger Daniels and Otis L. Graham, *Debating American Immigration, 1882-Present*, p.92.

〔3〕 参见梁茂信：《美国移民政策研究》，第35—48页。

地已经消失了，移民正变得更加难以同化。在现存条件下，移民将与美国劳动力发生竞争……对美国人的幸福极具威胁。[1]

显然，特纳虽不否认早期移民为美国做出的贡献，却强调了在边疆消失的时代背景下移民对于美国人的消极经济影响。在他看来，随着边疆的消失，美国对移民的吸收能力将会大为下降。在国内市场无法继续扩张的情况下，美国的劳动力供求关系开始日渐趋向平衡，大量移民的到来，必然会在某种程度上加剧同本土工人之间的竞争，其不利影响则更为明显。

其后到20世纪30年代，美国遭遇了沉重的经济危机，生产萎缩，工厂凋敝，民众困苦不堪。在此背景下，部分反对移民者将美国工人在劳动力市场中困苦境遇的根源归结于移民的到来，因此纷纷要求加强限制移民。1930年12月，胡佛总统在其年度咨文中明确指出："在当前的失业状况下，应该更加严格地控制和选择外来移民。"[2] 随后，美国采取了一系列的措施，不仅在边境口岸加强了对移民的入境控制，而且还对已生活在美国国内的移民实施抵制和排斥。其中，人数较多的墨西哥移民成为这股排外浪潮中首当其冲的受害者。当时，各州实施的"遣返墨西哥移民计划"，目的就是为了缓解经济危机带来的巨大就业压力和经济负担。大批墨西哥移民，甚至包括一部分土生的墨西哥裔美国人和已经取得美国国籍的墨西哥移民等，共计五十余万人被驱逐出境。[3]

"二战"结束后至60年代，美国经济进入了一个快速发展的时

〔1〕 Roy Beck, *The Case Against Immigration: The Moral, Economic, Social, and Environmental Reasons for Reducing U.S. Immigration Back to Traditional Levels*, New York: W. W. Norton & Company Inc., 1996, p.45.

〔2〕 Roger Daniels and Otis L. Graham, *Debating American Immigration,1882-Present*, p.25.

〔3〕 参见梁茂信：《美国移民政策研究》，第256—258页。

期。经济的蓬勃发展，减轻了民众对于外来移民的经济担忧。然而，随着美国 1965 年移民法的实施，来自拉美和亚洲的移民掀起了一次规模空前的移民潮，大量教育、技能程度普遍落后且文化差异显著的移民相继涌入美国。与此同时，美国也步入了后工业化社会，经济领域中的职业结构开始发生显著变化，对劳动力的整体教育与技能水平提出了更高要求。在此背景下，许多美国人对新移民能否顺利实现社会经济同化表示怀疑，因而对移民的经济担忧日渐加剧。特别是在进入 70 年代后，美国陷入了长期的滞胀局面，经济危机频繁爆发，市场竞争日趋加剧，大量企业倒闭，工人失业率不断上升。于是，国内的反移民情绪再次空前高涨，围绕着当代移民的经济与劳动力市场影响问题，全国范围内再次掀起了一场针锋相对的大讨论。

在美国，普通工薪族对移民的态度较为一致，认为移民给劳动力市场带来了消极影响，新到的移民抢夺了自己的饭碗，加剧了失业问题，因此普遍要求严格控制移民数量。例如，1982 年的一份全国民意测验发现，全国人口的 66% 认为国内的合法移民应该减少，仅有 23% 认为现有移民数量是可以接受的。[1] 在 1993 年《时代》杂志所进行的民意测验中，73% 的被测试者支持对移民严格实行限制；《新闻周刊》的民意测验表明，59% 的被测试者认为过去的移民对国家有利，但仅有 29% 的被测试者认为当前移民对国家有利，明确认为当前的移民是有负面影响的比例占 60%。[2]

普通民众对移民的不满情绪，在移民分布较为集中的地区，特别是在加州尤为明显。在 1995 年，加州有 770 万的定居者是外

〔1〕 Francisco L. Rivera-Batiz, *Migration and the Labor Market: Sectoral and Regional Effects in the U.S.*, December 1997, http://www.columbia.edu/~flr9/immig.pdf.（2006 年 6 月 10 日下载）

〔2〕 Nicolaus Mills, ed., *Arguing Immigration: The Debate Over the Changing Face of America*, pp.13, 17-18.

国出生的，占该州总人口的 24.4%，占美国所有外国出生人口的
34.3%。[1] 不仅如此，加州也是非法移民集中的大本营。据学者估计，
在 1992 年，加州的非法移民达 140 万，其中，洛杉矶县占全州人口
的 1/4，却包含了全州非法移民的 2/3。[2] 90 年代初，在美国经济
再一次爆发危机、加州的军事基地关闭以及国防支出进一步缩减等
影响下，加州经济受到沉重的打击，加州人对移民的不满情绪随之
迸发。当时的民意测验表明，86% 的加州人认为非法移民是一个麻
烦，几乎 3/4 的加州人希望国民警卫队在南部边境将非法移民拒之
于外。[3] 加州人对移民的愤恨，直接导致了旨在排斥非法移民的"187
提案"的出台。在 1994 年 11 月 8 日，该提案以公民投票的形式，最
终获得了 59% 的支持票而得以通过。[4]

美国普通民众对当代移民持反对态度，似乎并不难理解。然而，
一个令人惊异的现象就是，随着入境移民越来越多，甚至许多先前
到来的移民群体也逐渐表示出不满。根据 1993 年全国拉美裔政治调
查（Latino National Political Survey）数据，有 65% 的西裔认为当前移
民已经失去了控制。[5] 这一事实或许表明，早期进入美国的移民是
劳动力市场中受到新移民冲击的群体之一。

当然，并非所有人都排斥外来移民。与美国普通民众持相反态
度的是广大企业主和农场主。这是因为新到来的移民提供了大量急
需的、相对廉价的劳动力，致使许多本土人不愿意做的工作也有人
做了，从而为美国雇主们解决了难题。因此，这些企业家以及农场

〔1〕 James P. Smith and Barry Edmonston,eds.,*The Immigration Debate: Studies on the Economic,Demographic,and Fiscal Effects of Immigration*, Washington,D.C.: National Academy Press, 1998, pp.120−121.

〔2〕 J. Samuel, P. L. Martin, J. E. Taylor, *The Jobs and Effects of Migrant Workers in Northern America-Three Essays,* p.29.

〔3〕 Nicolaus Mills, ed., *Arguing Immigration: The Debate Over the Changing Face of America,* p.33.

〔4〕 周琪:《日益升温的美国反移民情绪》,《美国研究》, 1997 年第 1 期。

〔5〕 Nicolaus Mills, ed., *Arguing Immigration: The Debate Over the Changing Face of America,* p.31.

主等，都希望政府放松对移民的限制，以便能够获得更多的廉价劳动力。例如在 20 世纪四五十年代，埃尔帕索地区的边境巡逻队通常会在农业收获季节接到命令，要求停止逮捕非法移民。尽管其实施的逮捕活动次数有限，但也导致得克萨斯的农场主向他们的国会代表提出抱怨，这些代表遂公开向移民归化局施压，要求减少执行这些逮捕活动。[1] 同样，对于某些企业之所以愿意招募墨西哥移民，一位企业主给出了如下解释："墨西哥人有一种强烈的工作精神，他们需要工作，他们是好工人。如果你不雇用他们，那么你雇用的其他工人将会缺乏积极性。如果 1986 年移民法实施得更加强硬的话，那么将很难获得具有积极性的工人。"[2]

对于移民的劳动力市场与经济影响问题，美国政界人士的态度存在分歧。部分保守人士对此表示担忧，认为教育、技能程度低下的新移民导致了美国人的失业，加剧了政府财政负担，因此政府应该限制移民。加州州长皮特·威尔逊曾向克林顿总统致信，要求政府制定一个否定非法移民的子女获得公民权的修正案，以及取消为非法移民提供健康及教育服务方面的福利。科罗拉多州州长理查德·拉姆（Richard Lamm）也公开谈道："移民曾对美国极为有利，但是制定公开的移民政策时，我们正处于一个空旷的大陆并可以吸收无数的非熟练劳工的时期。"[3] 显然，其言外之意是，在当前的情况下，新到的移民已超出劳动力市场的需求，对美国经济较为不利。

另外，也有部分政界人士肯定移民的积极经济意义。他们认

〔1〕 Gordon H. Hanson, Kenneth F. Scheve, Matthew J. Slaughter, Antonio Spilimbergo, *Immigration and the U.S. Economy: Labor-Market Impacts, Illegal Entry, and Policy Choices*, p.39.

〔2〕 Wayne A. Cornelius and Jorge A. Brstamante, eds., *Mexican Migration to the United States:Origins, Consequences, and Policy Options*, p.39.

〔3〕 Nicolaus Mills, ed., *Arguing Immigration: The Debate Over the Changing Face of America*, pp.143,17.

为，移民在美国经济发展中发挥着重要作用，并不导致美国人的失业和收入下降。如果没有移民的存在，类似加州的农业等产业可能就会消失。大量到来的移民，既创造了某些新的产业并提供了众多的职业岗位，同时也降低了许多商品和服务的价格，促使购买这些商品或服务的消费者极大获益。例如，乔治·W.布什总统就曾承认，移民对美国经济做出了重要贡献。布什政府的白宫发言人阿里·弗莱舍（Ari Fleischer）还专门对非法移民的经济影响予以了肯定，他于2001年在《纽约时报》上谈道："许多已经来到美国的人，他们或许不是合法的，但也为美国经济做出了贡献，他们也交纳税收……他们提供劳动力和付出努力的结果，导致美国人能够享受生活的许多方面。"[1]

同样，各社会团体、组织机构也对当代移民的经济影响看法不一。像美国思想库之一的卡托研究会（Cato Institute），就是对移民持自由立场的典型代表，其代表人物如著名学者朱利安·西蒙（Julian Simon）、斯蒂芬·穆尔等，都积极肯定了移民的经济贡献。在1995年，卡托研究会、全国移民论坛（National Immigration Forum）、小企业生存委员会 (Small Business Survival Committee) 等多家组织共同资助了一项研究，以评估移民对经济与人口的影响。研究发现，移民并没有增加美国本土工人的失业率，政府用于移民的人均支出费用远低于本土人，自然资源与环境并未因外来移民而处于危险之中。[2] 此外，美国著名报刊《华尔街日报》也是坚定的移民支持者，其社论版长期刊登赞同移民有积极经济影响的评论，认为移民是廉价的劳动力并最终创造了比他们所消费的多得多的财富。但另一方面，许多团体组织否认移民的经济贡献，反对进一步引进外来移民。由美

---

〔1〕 Raymond J. Keating, *A Nation of Immigrants, An Economy of Immigrants*.

〔2〕 Raymond J. Keating, *A Nation of Immigrants, An Economy of Immigrants*.

国民权第一夫人科瑞塔·斯科特·金（Coretta Scott King）和国会议员沃尔特·方特罗伊（Walter Fauntroy）主持的黑人领导论坛（Black Leadship Forum），坚持对雇佣非法移民的雇主进行制裁，认为非法移民夺走了黑人等群体的职业。同样，南加州的跨宗教的中美洲特别调查组（Southern California Interfaith Taskforce on Central America）也支持加强对雇用移民的企业主进行制裁。著名的环境保护组织塞拉俱乐部（Sierra Club）也反对移民，认为移民阻碍了经济增长，消耗了自然资源，导致环境恶化等。[1]

美国政府也对当代移民的经济影响问题予以了长期的关注。在1969年，尼克松总统和参众两院任命了一个由两党成员组成的委员会，负责调查移民是否仍对国家的持续发展有极大的促进作用。到1978年，国会又设立了"移民与难民政策选择委员会"，其中包括八位国会成员、四位内阁官员以及四位总统任命的人员，主席由圣母大学校长、美国民权委员会前主席西奥多·M.赫斯伯格（Theodore M. Hesburgh）担任。[2]该委员会通过在全国举行公开听证会、与政府部门及有关学者进行对话等，对移民的相关问题进行调查评估，当然也关注移民的经济影响问题。在1990年，国会再次创立一个由两党成员组成的"美国移民改革委员会"，以评价当前的移民政策并为其提供修订建议。1995年，在该委员会的要求下，国家研究委员会召集了12名专家组成一个专家组，主要解决如下三个问题：一是移民对于美国人口未来规模和构成的影响；二是移民对美国经济和美国工人的影响；三是移民对美国联

---

[1] Nicolaus Mills, ed., *Arguing Immigration: The Debate Over the Changing Face of America*, pp.151–152.

[2] Pastora San Juan Cafferty, Barry R. Chiswick, Andrew M. Greeley, Teresa A. Sullivan, *The Dilemma of American Immigration: Beyond the Golden Door*, New Brunswick, New York: Transaction Books, 1983, p.5.

邦、州、地方政府财政收支的影响。[1] 随后，该研究小组出版了两部学术成果——《新美国人》、《移民辩论》，它们成为当前研究移民经济影响不可规避的参考资料。

在当代新移民的劳动力市场与经济影响获得举国关注的同时，美国学术界对这一问题的探讨，相应进入了一个全新时期。尽管此前美国的历次移民辩论，部分学术界人士也参与其中，但对于移民的劳动力市场影响问题，学者们多只是进行简单的观点陈述，缺乏有力的支持论据。事实上，由于缺乏相应的数据和系统的实证分析，关于移民如何影响美国的劳动力市场的研究并不存在。正如学者波哈斯所言："关于移民是否降低本土人的收入和减少他们就业机会的讨论，通常是在一个实际真空的状态下进行的，缺乏有力的证据来支持相关论证。"[2] 在"二战"后，随着相关的研究数据日渐丰富，以及计量经济学的研究和应用飞速发展，移民经济影响的研究获得了前所未有的突破。不仅参与该研究的学者的范围迅速扩大，大量来自经济学、社会学、人口学等领域的学者积极参与其中，而且研究涉及的问题更加具体、细致和深入。特别是从20世纪七八十年代起，学者尤其是经济学领域的学者，纷纷运用新的研究方法，即借助不同的计量经济模型，来探讨当代移民的经济影响，从而进行了众多以精确的量化分析为基础的专题性研究。当然，由于不同学者分别选取不同时期、不同地区的不同移民群体作为研究对象，因此其研究成果也就必然存在着差异，这样的差异正是当代学术界争论移民经济影响的前提。

关于移民对美国劳动力市场的影响问题，当代美国学者主要有两种观点。一种观点认为，移民并不对美国的劳动力市场产生负面

〔1〕 James P. Smith and Barry Edmonston,eds.,*The Immigration Debate: Studies on the Economic, Demographic,and Fiscal Effects of Immigration*, p.1.

〔2〕 George J. Borjas, *Friends or Strangers: The Impact of Immigrants on the U.S. Economy*, p.80.

影响，既没有导致美国人失业率上升，也没有导致其收入下降。[1]
持此类观点的学者，采用的研究方法通常是一种"空间联系法"
（spatial correlations），即"区域劳动力市场模式"。也就是说，他们
选取某些移民较为集中的州或城市为研究对象，通过考察该区域劳
动力市场中本土工人在移民到来前后的经济状况的变化，或者是与
其他移民较少的地区的本土工人的经济状况进行比较，从而论证移
民对美国工人的工资与就业的影响。尽管这些研究成果的结论相互
之间有所出入，但基本上都认为移民对美国工人没有负面影响，或
者是影响很小，几乎可以忽略不计。

　　另一种观点认为，移民对美国的劳动力市场产生了较为明显的
消极影响。[2] 例如有研究指出，某一类别的移民数量增长 10%，就
会导致那些与其具有同等教育与技能特征的美国本土人的工资下降
3%—4%，每周工作时间也减少 2%—3%。[3] 在研究方法上，这些研
究通常采用的是"要素比例法"（factor-proportion approach），即"全

────────────

〔1〕 Jean Baldwin Grossman, "The Substitutability of Natives and Immigrants in Production", pp.596–
603; George J. Borjas, "Immigrants, Minorities, and Labor Market Competition", *Industrial and
Labor Relations Review*,Vol.40, No.3(Apr,1987),pp.382–392; George J. Borjas, *Friends or Strangers:
The Impact of Immigration on the U.S. Economy*; Simon, Julian, Stephen Moore, and Richard
Sullivan, "The Effect of Immigration on Aggregate Native Unemployment: An Across–City
Estimation", *Journal of Labor Research*, Vol.14 (Summer,1993), pp.299–316; Kristin F. Butcher and
David Card, "Immigration and Wages:Evidence From the 1980's", *The American Economic Review*,
1991,Vol.81,No.2, pp.292–296; Altonji, Joseph G. and David Card, "The Effects of Immigration
on the Labor Market Outcomes of Less–Skilled Natives", In John M. Abowd and Richard B.
Freeman,eds., *Immigration, Trade, and the Labor Market*; Rachel M. Friedberg, Jennifer Hunt, "The
Impact of Immigrants on Host Country Wages, Employment and Growth", *The Journal of Economic
Perspectives*, Vol.9, No.2 (Spring,1995), pp.23–44.

〔2〕 George J. Borjas, Richard B. Freeman, Lawrence F. Katz, John DiNardo and John M. Abowd, "How
Much Do Immigration and Trade Affect Labor Market Outcomes?", *Brookings Papers on Economic
Activity*, Vol.1997, No.1 (1997), pp.1–90; George J. Borjas, *The Labor Demand Curve is Downward
Sloping: Reexamining the Impact of Immigration on the Labor Market*.

〔3〕 George J. Borjas, *The Labor Demand Curve is Downward Sloping: Reexamining the Impact of Immigration
on the Labor Market*, p.1.

国劳动力市场模式"。它将美国视为一个完整的劳动力市场,从美国整体经济的角度来考察移民对美国工人的影响。该方法认为,由于移民在民族来源、教育程度、技能水平等方面各有不同,当他们进入美国后,增加了美国各种技能水平的工人的数量,因而改变了美国不同技能水平的工人之间的比例关系,相应导致工人间收入差异发生了变化。这种变化则反映了外来移民对那些具有同等技能的工人的影响。

上述两种观点,虽然都为研究移民对劳动力市场的影响问题提供了有益的探讨,但也均存在着不足。以地方劳动力市场为研究对象的"空间联系法",通常忽视了如下几个问题。其一,移民在定居地的选择方面并不是随机的,而是具有较强的目的性。一般而言,人口追逐着就业机会而流动,移民也是如此。移民在进入美国后,为了实现收入上的最大期望值,他们通常会选择前往那些经济较为繁荣、就业机会较为充裕、薪金报酬较高的地区。因此,某一地区经济的繁荣状况,可能会在一定程度上抵消移民所产生的负面影响。其二,当某一地区的劳动力资源因移民的到来而极大丰富时,其他地区的一些雇主可能会考虑前往这一地区进行投资,创办新的企业,利用大量廉价的劳动力,从而获得更多的利润,新企业的创办同样会创造许多新的就业机会,相应减轻该地区就业竞争的压力。其三,"'空间联系法'的最大问题就是,它忽视了美国本土人对于不断变化的经济环境会做出相应反应的可能性"[1]。当移民较多地涌入某一地区劳动力市场后,不仅会打消其他人口意欲前往的念头,而且部分可能因移民到来而经济利益受损的当地工人,也许会选择离开该地。于是,当地人口的外流,不仅减轻了当地市场中的就业压力,而且也将移民的消极经济影响分散至全国其他地区。因此,"空间联

---

[1] George J. Borjas, *Heaven's Door : Immigration Policy and the American Economy*, p.73.

系法"无法反映出移民对美国劳动力市场的真实经济影响。

"要素比例法"在一定程度上克服了"空间联系法"的缺陷，它以相对广阔的视角，避免了孤立地考察移民对某一州或城市的影响，注意到了劳动力人口在更广阔的市场空间内做出的相应调整。但是，它将整个美国看作一个完整的、封闭的劳动力市场，显然也是存在问题的。在经济日益全球化的今天，不仅技术、商品、资本等要素在各国之间交流和交换的步伐不断加快，而且劳动力资源的跨境流动也成为一个日渐普遍的现实。在全球化浪潮的冲击下，美国的劳动力市场绝不是一个绝缘体，完全孤立于全球市场之外。当前，在大量外来移民进入美国的同时，另有部分人口，其中包括土生美国人以及早期移民等，也会选择迁出美国。不仅如此，"要素比例法"的研究模式也无法解释美国劳动力市场中可能发生的二次调整，因而高估了移民对本土工人收入的长期影响。[1] 同样，从国际背景来看，移民工人的存在，也可能会吸引更多的海外投资，从而刺激对工人的需求；美国劳动力市场中移民劳动力的增多，既可能会促使部分面临竞争压力的美国工人通过接受岗位培训等方式，提高自身的人力资本，维持其在劳动力市场中的竞争力，也可能促使某些有辍学打算的青年人改变念头，在学校里接受更长时间的教育，获得更高的学历。显然，这些因素都改变着移民对劳动力市场的影响。

此外，无论是"空间联系法"，还是"要素比例法"，这两种研究方法都只是强调移民与美国本土工人之间存在的生产理论中的"替换"关系，而忽视了二者间也必然存在的"互补"关系。从整体上看，当代移民的教育与技能水平相对落后，而美国本土人的则相对较高，教育技能水平的差异，决定二者间更多是一种"互补"而非"替换"关系。表现在就业市场中，大多数移民从事着与大多数的本土

---

〔1〕 Congressional Budget Office, *The Role of Immigrants in the U.S. Labor Market*, p.24.

工人不同的职业类别，因此整体上并不存在竞争的关系，相反，更多的是一种相得益彰的共存关系。移民人口还有多重身份，除了作为生产者之外，他们还作为消费者，需要穿衣吃饭、租赁或购买房屋，添置生活日用品，这些需求也在无形中刺激了社会生产的发展，因而又扩大了对劳动力的需求。移民群体当中也有许多企业家或其他投资移民，他们通过创办企业或是资本投资，创造了大量的职业岗位，相应地进一步繁荣了就业市场。最后，上述所有研究，几乎全部来自经济学领域，它们更多的是依靠各种经济模型，通过演绎运算后得出一个个具体的数字化结论。这些结论，固然对于分析移民的劳动力市场影响问题具有积极指导意义，但是如果辅以历史的视角，将更能深刻揭示这一问题。

第二节　移民与美国劳动力的增长

自 20 世纪 60 年代中期以来，数量众多的拉美与亚洲移民源源不断地涌入美国，规模庞大的新移民潮引起了部分美国人的空前恐慌，他们担心过多的移民将给美国造成巨大的人口压力，进而不利于美国经济的发展。然而，从美国的国土资源与国情实力等方面看，外来移民并未造成人口拥挤的现象。相反，移民极大地补充了美国劳动力市场中急需的劳动力，并且对于未来美国劳动力的供应，仍将持续做着贡献。

一　移民与美国的人口恐慌

如前所述，自 20 世纪 60 年代中期始，来自拉美和亚洲的移民掀起了新一轮的移民高峰。美国接纳的移民数量直线上升。抛开非法移民不算，仅每年入境的合法移民，就由 60 年代的三十余万，增至 90 年代的近一百万（平均每年为 97.8 万）。此后，在 2000—2006 年，平均每年仍高达七十余万。[1]当然，如果算上当前每年大约 20 万—30 万的非法移民，那么自 90 年代以来，美国平均每年入境的外来移民数量均超过一百万。

外来移民及其在美国生育的后代，是当代美国人口增长的一个重要变量。根据美国人口统计数据显示，自战后 50 年代起，美国人口开始飞速增长。其中 50 年代增加了 2860 万，60 年代增加了 2390 万，70 年代增加了 2330 万，80 年代增加了 2220 万，90 年代增加了 3270 万。[2]在这些增长的人口当中，相当一部分是外来移民。其中，90 年代是美国历史上人口增长最多的一个十年，也是入境移民数量最多的一个十年。在考虑合法移民、非法移民、难民以及美国人外迁等各类因素之后，如果将 90 年代每年入境的全部移民数量算作 100 万的话，那么在此期间，外来移民占了全部人口增长的 30.58%。也就是说，每新增加三个人，几乎就有一个是外来移民。此外，外来移民在美国定居后，其生育率通常又比本土人高。这些在美国本土出生的移民子女和他们的移民父母，是当代美国人口增长的一个重要来源。对此，美国人口统计学家指出，美国人口由 1967 年的 2 亿增至 2006 年的 3 亿，新增 1 亿人口中的一半是移民或是他们在美国生育的子女。[3]显然，移民及其子女对于美国人口的影响可见一斑。

人潮汹涌的新移民潮相应引起了许多美国人士的极度不安。一些美国人认为，大规模入境的外来移民，给美国造成了严重的人口

〔1〕 U.S. Department of Homeland Security, Office of Immigration Statistics, *2006 Yearbook of Immigration Statistics*. 根据 Table 1 "Persons Obtaining Legal Permanent Resident Status: Fiscal Years 1820 to 2006" 计算所得。

〔2〕 U.S. Census Bureau, *Demographic Trends in the 20th Century*, pp.11−12, http://www.census.gov/prod/2002pubs/censr−4.pdf.（2008 年 11 月 10 日下载）

〔3〕 刘瑞常：《从美国人口满 3 亿看世界人口问题》，《市场报》，2006 年 10 月 18 日。

压力，人口过剩将成为美国必须面对的问题。下面这个故事就反映了人们的这种忧虑。一位刚刚完成美国公民宣誓的德国移民，在被问及成为一名美国人的感觉如何时，他操着浓重的德国口音不假思索地说道：对于所有那些踏上这片土地的外国人，我油然而生一股严重不满之感。[1] 美国学者布维尔（Bouvier）则明确强调，外来移民正对美国构成一种"和平的入侵"。他甚至危言耸听地指出，按照当前的移民趋势，到 2050 年，美国的人口将增长至 8 亿以上。[2]

针对大量入境的外来移民，一些反移民的政客们也时常运用令人恐慌的言论，努力渲染一种美国的边境已失去控制的氛围，认为美国正完全处于外国人的包围之中。前总统高级顾问帕特里克·布坎南（Patrick Buchanan）曾指出，需要"围绕美国修建一道海上防线"，将"急剧增加的大量外国人"阻挡在外。[3] 另外一些移民反对者从文化的角度，指出大量文化迥异的拉美与亚洲移民的到来，将会造成未来美国在语言和精神上的分裂。例如科罗拉多州前州长理查德·拉姆就警告道，"数百万的合法与非法移民涌进美国的海岸线，正造成一种'文化的玷污'"[4]。同样，著名学者塞缪尔·亨廷顿也不无忧虑地指出，墨西哥裔及其他拉美裔移民"最终有可能使美国变成一个两大民族、两种语言和两种文化的国家"[5]。

毫无疑问，美国人对于移民的忧虑不无道理。从当前美国的外来移民数量看，其规模绝对是美国历史上前所未有的，而关于不同文化背景的新移民对美国文化冲击的担忧，也是可以理解的。当然，

---

〔1〕 Nicholas Capaldi, ed., *Immigration: Debating the Issues,* p.164.

〔2〕 Leon F. Bouvier, *Peaceful Invasion: Immigration and Changing America*, Lanham, Maryland: University Press of American, 1991, pp.127-139.

〔3〕 Vernon M. Briggs, Jr. and Stephen Moore, *Still an Open Door? U.S. Immigration Policy and the American Economy*, p.81.

〔4〕 Vernon M. Briggs, Jr. and Stephen Moore, *Still an Open Door? U.S. Immigration Policy and the American Economy,* p.81.

〔5〕 塞缪尔·亨廷顿:《我们是谁?——美国国家特性面临的挑战》，第 212 页。

移民对于美国文化究竟会产生怎样的影响，则应另当别论。可以明确的是，当代外来移民对于美国人口的影响，并未达到空前严重的地步，所谓移民造成美国人口过剩的问题，事实上也并不存在。其原因主要有如下几点。

首先，尽管外来移民是当前美国人口增长的主要因素之一，但是这并不意味着移民问题迫在眉睫，相反，只是由于美国本土居民生育率较低而导致人口自然增长速度下降，移民才得以占据人口增长中的较大比例。举一个简单的事例来加以说明。在一个人口零增长的国家内，尽管在某一时期只有一个外来人口迁入，但是外来移民却占这一时期该国人口增长的100%。然而，这却不足以证明移民的真实影响。通常而言，如果美国每位育龄妇女的平均生育子女数量是2.1人的话，那么美国人口才会保持长期稳定。从战后开始，美国进入了一个空前的生育高峰期，并在1946—1964年出现了"战后婴儿潮"。其中，在婴儿潮高峰的50年代末期，平均每位妇女生育3.5个孩子。此后，美国的生育率明显下降。到70年代中期，生育率下降至1.8左右，此后尽管有所回升，但在90年代，生育率在2至2.1之间，仍然低于2.1的人口替换率。[1] 由此可见，移民占美国增长人口比例较高的事实，并不足以得出移民空前泛滥的结论。而事实上，由于美国的生育率长期低于正常维持人口更替的水平，要保证实现人口的补充和提供充足的劳动力资源，必须依靠外来移民。

其次，从美国历史上的移民率，即每年入境移民占当年美国人口数量的比例方面来看，当前移民的影响远小于1880—1930年的移民潮。尽管新移民在绝对数量上超过了此前历史上的任何时期，但由于美国本土人口基数也有扩张，移民率相对较低。战后以来，随着新移民的不断涌入和规模不断扩大，美国的移民率有了显著上升，

---

[1] U.S. Census Bureau, *Fertility of American Women: June 2000*, p.1, http://www.census.gov/prod/2001pubs/ p20-543rv.pdf.（2009年11月12日下载）

由 20 世纪五六十年代的 2‰，增加至 80 年代的 3.2‰，尽管如此，与 1910—1920 年的 16‰相比，仍相形见绌。而在 1850—1990 年间的整个 150 年中，平均移民率也为 5‰。[1] 同样，如果以当前每年入境 100 万移民计算的话，其移民率仍低于早期的水平。

此外，移民所占美国总人口的比例同样也在下降。在 1850 年时，有 220 万外国出生人口定居于美国，约占总人数的 9.7%。此后，外来移民持续增长。到第一次移民潮期间的 1890 年，外国出生人口所占比例达到历史最高峰，为 15%，而在 1860—1920 年，这一比例始终维持在 13%—15%。自 1910 年起，外国出生人口的比例呈逐渐下降趋势。到第二次移民潮期间的 1970 年，其比例下降至 20 世纪的最低点，仅为 5%。其后，随着移民再次大量增加，外国出生人口所占比例又开始逐渐回升，1990 年上升至 8%。[2] 根据美国人口普查局的统计，到 2004 年，外国出生人口所占比例高达 12%[3]，但比较而言，依然低于 1890 年的水平。

然而，也有一些学者对于上述"人口比例说"进行了驳斥。例如罗伊·贝克（Roy Beck）指出，尽管当前移民占总人口的比例低于 20 世纪初的水平，但以此为依据而强调当前移民数量并不值得忧虑的看法是错误的。他认为，"人口比例说"无法解释现实状况的改变，因为过去起作用的并不意味着如今依然正常运行，当前美国已经进入一个较为成熟的发展阶段，"不再需要，也无法处理过去那种比例与数量的移民"。他继续反驳道："'人口比例说'表明如果一个国家越拥挤，那么其处理移民的能力越强，这是愚蠢的，就像认为如今人口过剩的中国每年应被输入数百万的移民一样。如果依据'人口

〔1〕 Nicholas Capaldi, ed., *Immigration: Debating the Issues*, p.168.
〔2〕 James P. Smith and Barry Edmonston, eds., *The New Americans: Economic, Demographic, and Fiscal Effects of Immigration*, pp.32–36.
〔3〕 Congressional Budget Office, *The Role of Immigrants in the U.S. Labor Market*, p.1.

比例说'，那么加州将应继续吸收比其他任何州都多的移民。"[1]

贝克的观点在许多移民反对者看来，似乎深中肯綮。但是，若从经济发展的视角来看，这一论断也未必正确。他无法解释的是，当前美国经济发展的规模与过去相比，已经不可同日而语。战后美国作为世界上第一经济强国，经济蓬勃发展的结果之一，就是每年创造出众多的就业机会，这些新的就业岗位，需要大量工人予以填充。但是，自六七十年代以来，美国人口生育率急剧下降，相应导致出现劳动力短缺的现象，许多职业岗位甚至无人问津。而正是移民迅速填充了这些职业领域。前文中论证美国对于各类技能的移民劳动力存在需求，也正说明了这一点。此外，他以中国的人口现状为例来论证美国的人口问题，显然也是不恰当的，毕竟两国的社会现实缺乏可比性。

再次，从横向比较的视角，即与世界上其他主要的接收移民的国家进行比较，当代美国接纳的移民数量并不十分突出。无论是某一单独年份的移民率，还是外国出生人口所占的比例，美国都低于其他国家。例如，美国国家研究委员会的一份研究指出，在 1990 年时，美国的入境移民率为 3‰，而当年美国的外国出生人口比例为 9%；比较之下，当年瑞士的入境移民率为 15‰，外国出生人口比例为 16%；加拿大的入境移民率为 8‰，外国出生人口比例为 17%；澳大利亚的入境移民率为 7‰，外国出生人口比例为 23%；此外，虽然以色列的入境移民率也同为 3‰，但其外国出生人口比例却高达 42%。[2]

同样，通过对比美国和经合组织国家的移民状况，情况依然如

---

[1] Roy Beck, *The Case Against Immigration: The Moral, Economic, Social, and Environmental Reasons for Reducing U.S. Immigration Back to Traditional Levels*, pp.41–42.

[2] James P. Smith and Barry Edmonston, eds., *The New Americans: Economic, Demographic, and Fiscal Effects of Immigration*, p.63.

此。在 2000 年，美国的外国出生人口的比例为 12.3%，低于许多发达的经合组织国家的外国出生人口的比例。其中，卢森堡的外国出生人口比例最高，为 32.6%；随后为澳大利亚、瑞士、新西兰和加拿大，其比例均高于 15%，皆在美国之上；而奥地利、德国、瑞典、比利时、爱尔兰、希腊、荷兰以及法国等，也皆与美国相近。[1] 不仅如此，从各国的移民占 25 岁及以上的适龄劳动人口的比例来看，许多经合组织国家的这一比例也高于美国。在 2000 年，美国的适龄劳动人口中移民的比例为 11.7%。在卢森堡，移民构成了适龄劳动人口的 27.4%；在瑞士，该比例为 24.7%；在澳大利亚、新西兰和加拿大等有着移民传统的国家，此比例同样高于美国。[2]

此外，从人地关系即人口密度的角度来看，与其他许多国家相比，当前美国也远未达到人口拥挤的地步。美国的人口密度不仅远低于印度、中国等发展中国家，而且也同样低于日本、英国、法国、德国等主要发达国家。在 2005 年，美国的人口密度为每平方公里 80 人，相比之下，世界平均人口密度为每平方公里 127 人。在发展中国家，孟加拉每平方公里为 2637 人，印度每平方公里为 884 人，中国每平方公里为 355 人；而在许多发达国家，日本每平方公里为 876 人，英国每平方公里为 640 人，德国每平方公里为 598 人，法国每平方公里为 287 人。[3] 不仅如此，这些人口密度远高于美国的发达国家，当前同样每年都有大量的入境人口。

最后，从人口增长本身的经济意义来看，移民对于美国的经济

〔1〕 David L. Bartlett, *U.S. Immigration Policy in Global Perspective: International Migration in OECD Countries*, p.3.

〔2〕 David L. Bartlett, *U.S. Immigration Policy in Global Perspective: International Migration in OECD Countries*, p.4.

〔3〕 Population Reference Bureau, *2006 World Population Data Sheet*, http://www.prb.org/pdf06/06WorldDataSheet.pdf.（2009 年 5 月 12 日下载）

发展有着无可替代的作用。关于人口增长如何影响经济发展的问题，正如中国学者穆光宗所指出的那样，人口增长的利弊问题具有明显的历史阶段性和区域差异性。至于是利大还是弊大，不能仅就人口"数"的多少或"率"的高低作出判断，必须结合经济社会发展以及资源环境状况并以此为参照系才能作出客观分析。同时他又指出，在现代工业社会，生产力的发展不仅意味着经济总量的扩张，而且越来越具有革新的意义。在与过去全然不同的时代背景下，人口增长导致马尔萨斯的"低水平均衡的人口陷阱"的现象日趋减少。[1]这也就是说，在发达的现代工业化国家中，人口增长相应具有一定的积极意义。也正因如此，当前许多西方发达国家在国内生育率持续下降的情况下，开始大力提倡生育，以促进人口增长，从而维持经济的可持续发展。同样，对于现代美国而言，其经济发展的速度、规模和创新能力，以及相对充裕的社会资源环境，完全具备吸收因移民到来而导致的人口增长的能力，并且在这一社会背景下，人口增长相应也会产生积极的经济效果。而在另一方面，由于当前美国本土居民的生育率持续低于人口替换水平，若没有外来移民进行人口补充的话，美国人口相应会日趋减少，这对于美国经济发展来说是极为不利的。马克思主义人口理论指出，人口再生产是人类社会赖以存在和发展的两大基本支柱之一。人口是经济和社会发展的首要决定因素，人力资源是社会发展所需要的第一资源。保持适度的人口增长，则可以刺激需求和投资，促进发明和技术改进，利于形成规模经济等。因此，在当前美国经济高度发达、资源较为丰富，并且本土人口生育率呈不断下降趋势的情况下，移民的到来显然具有相当重要的经济意义。

---

〔1〕穆光宗：《人口增长效应理论：一个新的假说》，《经济研究》，1997年第6期。

二 移民与美国劳动力的增长

劳动力作为社会经济生活中的参与主体，对于维持和推动经济发展有着不可替代的作用。在当代外来移民大规模涌进美国的背景下，移民对美国的劳动力市场所产生的一个最直接的影响，就是极大地补充了美国的劳动力。[1]自20世纪60年代起，移民占美国劳动力的比例开始持续增长。在1960年，平均每17个美国工人中有一个是外国出生的，到2000年时，平均每8个工人中有一个为外国出生者，外国出生的劳动力占美国全部劳动力的12.6%。[2]再到2005年，外国出生工人构成美国16岁及以上的劳动力的15%。[3]可见，移民对于美国的劳动力供应具有越来越重要的意义。关于移民对美国劳动力的重要影响，主要应从移民与美国本土人口两个角度来考虑。

从移民方面看，移民之所以能提供较多的劳动力，其原因在于以下三个方面。

其一，如前所述，自20世纪六七十年代起，随着入境移民的规模不断扩大，移民逐渐成为美国人口的主要增长力量，特别是90年代以来，这一趋势更为明显。根据美国《2005年总统经济报告》，在1996—2003年，美国人口增长了2160万，而移民占了其中的41%。[4]由于劳动力资源与人口资源成正比，因此，入境移民的

---

〔1〕 在美国的全部人口中，适龄劳动人口并不都是劳动力。按美国统计规定，劳动力是指16岁以上的非监禁的一切人员，其中既包括有收益的雇佣人员，也包括暂时未被雇佣但是愿意工作，并且正在寻找工作的人。需要注意的是，在16岁以上的非监禁人员中，既没有实际就业也没有寻找工作的人，属于不参加劳动者。这些人主要包括负责家务、就学或者因身体原因无法工作的人，老年人和退休者，自愿闲散人员等。劳动力和不参与劳动者之间可以相互转化。例如，大学生在就读期间属于不参与劳动者，但是毕业后开始寻找工作，就变成了劳动力。参见梁晓滨：《美国劳动市场》，北京：中国社会科学出版社，1992年，第6—7页。

〔2〕 Abraham T. Mosisa, "The Role of Foreign-Born Workers in the U.S. Economy", *Monthy Labor Review*, Vol.125, No.5 (May, 2002), pp.3,5.

〔3〕 Bureau of Labor Statistics, *Foreign-Born Workers: Labor Force Characteristics in 2005*, p.2.

〔4〕 *Economic Report of the President, 2005*, p.95.

数量越多，其可能提供的劳动力也就相应越多。

其二，与美国人口相比，入境移民的年龄结构较为特殊，多数是青壮年，以适龄劳动人口居多，而儿童及老年人口相对较少。例如在 2000 年时，美国本土人口中 18 岁以下者所占比例为 28.3%，同年龄段外国出生人口所占比例仅为 10%；而 25—54 岁的外国出生人口所占比例达 58.7%，同年龄段本土人口所占比例为 41.7%；55 岁及以上者的比例，二者间并无太大差异，本土人口为 20.5%，外国出生人口为 20.2%。[1] 由于适龄劳动人口构成了劳动力资源的主要来源，因此，移民群体中适龄劳动人口的比例越高，也就意味着该群体可以提供更多的劳动力。

其三，从劳动力参与率方面来看，如前文所述，尽管移民的劳动力参与率存在着性别方面的差异，表现为男性移民通常有着较高的劳动力参与率，而女性移民的参与率却相对较低。但是，从整体水平上看，移民的劳动力参与率基本与美国本土人口的持平甚至更高，二者间并不存在显著差距。其中，在教育、技能水平较为低下的群体当中，移民的劳动力参与率还明显高于本土人口。例如 1998 年时，在低于高中学历的男性适龄劳动人口当中，移民的劳动力参与率为 80%，非西裔白人的为 66%，而本土黑人的仅为 53%。[2] 同样，移民的劳动力参与率越高，表明该群体能够提供更多的劳动力供给量。

根据劳动经济学的解释，一个群体所能提供的劳动力数量，总是与其人口规模、适龄劳动人口的比例，以及劳动力参与率成正比。因此，在当代外来移民有着较高比例的适龄劳动人口以及劳动力参与率的情况下，移民入境数量越多，就为美国提供越多的劳动力。

---

〔1〕 U.S. Department of Commerce, *Profile of the Foreign-Born Population in the United States: 2000*, p.26. 显然，在 18 岁以下人口中，移民的子女多被划入本土人口之列。尽管如此，本土人口中此群体比例依然会高于外国出生人口。

〔2〕 Nelson Lim, *Friends or Foes: Immigrant Competition Hypothesis Revisited*, p.3.

事实也的确如此。从 20 世纪 60 年代以来，随着美国本土人口的出生率不断下降，移民在美国劳动力增长过程中的作用越来越明显。例如，在 90 年代，美国的劳动力增长了 1670 万，其中 640 万是移民，其比例为 38%。[1] 同样，另一份数据也指出，在 1996—2000 年，16 岁及其以上的移民工人构成了美国增加的 670 万劳动力中的 48.6%。其中，在 35—44 岁年龄段的工人当中，80% 以上的劳动力增长应归功于外来移民。[2]

移民占美国全部劳动力的比例与占美国总人口的比例之间的差异，也同样能够说明移民提供了较多劳动力的事实。在美国历史上，移民占全部劳动力的比例，始终高于其占全部人口的相应比例。例如，在 1890 年，美国的外国出生人口比例达到 14.8% 的历史最高水平[3]，但外国出生工人占美国全部劳动力的比例更是高达 26.1%[4]。此后，随着美国人口基数不断扩大，移民所占美国劳动力的比例也日趋下降，但长期以来一直高于其占全部人口的比例。在 1990 年，外国出生人口仅占美国总人口的 7.9%[5]，但是，当年美国有 1160 万外国出生工人，占全国劳动力的 9.3%[6]，此后再到 2005 年，外国出生工人所占劳动力的比例高达 15%，依然高于其占全部人口的比例。

不仅如此，相对于美国本土工人而言，参与就业的移民普遍具有积极的工作态度，能够吃苦耐劳，因而工作时间通常更长。许多移民为了挣得更多的经济收入，通常会在专职的工作之余，从事一些业余的兼职工作。他们花费在休闲、娱乐方面的时间相对较少，

---

〔1〕 Federal Reserve Bank of Dallas, *U.S. Immigration and Economic Growth: Putting Policy on Hold*, http://www.dallasfed. org/research/swe/2003/swe0306a.html.（2009 年 10 月 22 日下载）

〔2〕 Abraham T. Mosisa, "The Role of Foreign-Born Workers in the U.S. Economy", p.10.

〔3〕 U.S. Department of Commerce, *Profile of the Foreign-Born Population in the United States:2000*, p.9.

〔4〕 U.S. Citizenship and Immigration Services,*The Triennial Comprehensive Report on Immigration*, p.84.

〔5〕 U.S. Department of Commerce, *Profile of the Foreign-Born Population in the United States:2000*, p.9.

〔6〕 U.S. Citizenship and Immigration Services,*The Triennial Comprehensive Report on Immigration*, p.84.

而是将更多的时间投入到工作当中。例如，有学者通过研究美国劳动力市场中的亚洲移民指出，较少考虑"悠闲喜好"的移民，通常会"工作更辛苦，工作时间更长"[1]。因此，工作时间较长的移民劳动力相应提供了较多的劳动量，这又相当于增加了更多的劳动力。

当然，在当代美国的劳动力市场中，移民群体并不是输送劳动力的唯一来源，美国本土人口也同样在进行着劳动力的再生产。因此，如果只从移民自身的角度来论述他们在为美国提供劳动力方面所具有的重要意义，显然还不具备足够的说服力。上文分析了移民的劳动力供给情况，下面再对比当代美国本土人口的劳动力再生产状况，以期对移民劳动力的重要性有更明确的认识。

从美国本土人口方面来看，当前本土人口所能提供的劳动力日趋减少。如前所述，战后美国在经历了一个"婴儿潮"的生育高峰期之后，生育率开始不断下降，至今仍在人口替换率水平以下徘徊，其结果就是造成新增人口相对锐减，进而导致无法提供足够的劳动力。在七八十年代以前，由于"婴儿繁荣一代"稳定地加入劳动力市场，劳动力供应的隐患问题被掩盖起来。到 90 年代，这一问题开始日渐显现。例如，国会预算局的一份研究表明，在 1994—2004 年，美国本土人口中 16 岁及以上的劳动力数量由 1.18 亿增加至 1.26 亿，仅增加 800 万，增幅约为 7%；相比之下，外国出生人口中该年龄段群体由 1290 万增至 2140 万，增加了 850 万，增幅约高达 66%（见表 4—1）。[2] 由此可见，在此期间，本土人口不仅在劳动力增长的幅度上远低于移民群体，甚至在劳动力增长的绝对数量上也低于后者。此外，一个容易被忽视的问题是，许多移民在来到美国后生育的子女，通常也被算入本土出生人口之列。因此，如果考虑到这

---

〔1〕 Jongsung Kim, *Labor Supply and Occupational Structure of Asian Immigrants in the U.S. Labor Market*, p.26.

〔2〕 Congressional Budget office, *The Role of Immigrants in the U.S. Labor Market*, p.3.

部分增加的劳动力，这一期间，本土人口劳动力的增幅与增加数量则会更低。这又进一步说明移民对美国劳动力的补充无疑是重要的。

表4—1 1994—2004年美国16岁及以上的劳动力的数量及其增长

	数量（百万）		1994—2004 年的增长	
	1994	2004	数量（百万）	百分比
总数	130.9	147.4	16.5	12.6
本土出生劳动力	118	126	8	6.7
外国出生劳动力	12.9	21.4	8.5	66

不仅如此，美国本土劳动力还要面临着日渐"老龄化"的现实考验。当前，如同其他发达国家一样，人口的老龄化也是美国面对的一个棘手问题，它直接导致了经济发展所必需的劳动力数量的减少。在战后1946—1964年的"婴儿潮"期间，大约有7600万的"婴儿繁荣一代"得以出生。从60年代中期起，这一代人开始进入就业市场，相应构成了美国劳动力的一个重要组成部分。例如到1978年时，他们占了美国劳动力的45%。但是，随着时间的推移，当"婴儿繁荣一代"逐渐开始步入老年，美国的老年劳动力人口越来越多。根据学者的研究，在1998—2008年，美国45岁及以上工人的比例由33%增加至40%，几乎增长了1700万。劳动力的中位年龄由38.7岁上升至40.7岁。随着老年劳动力的增多，退出劳动力市场的工人数量迅速上升。同期，美国共有2500万人退出劳动力大军，另有2200万45岁或以上者不久也将退休。[1]白宫经济顾问委员会（The White House Council of Economic Advisers）于2014年发布的一份研究报告指出，自第一批"婴儿繁荣一代"在2008年达到退休年龄起，在随后的15年内，更多的"婴儿繁荣一代"步入退休阶段。在2009年，

---

[1] Arlene Dohm, "Gauging the Labor Force Effects of Retiring Baby-Boomers", *Monthly Labor Review*, July 2000, p.17.

处于或已超过退休年龄的人口的比例达 16%，社会保障总署（Social Security Administration）预测，到 2029 年该比例将增至 25%。[1] 显然，随着更多的"婴儿繁荣一代"面临退休，这一比例将持续增加。

在越来越多的劳动力逐渐变老的同时，年轻工人的数量随着生育率的下降以及人口增长趋缓在不断减少。有研究表明，1994—2004 年，在美国 25—44 岁的劳动力当中，本土出生劳动力所占的比例，由 63.3% 下降至 52.9%。同期，45—64 岁的本土出生工人的比例，由 33.1% 增加至 42.7%。在 2004 年，45—54 岁的本土出生劳动力有 2930 万，35—44 岁者有 3000 万，而 25—34 岁者仅有 2600 万。15% 的本土出生劳动力将在 10 年内达到传统退休年龄，而另外有 4.4% 已经超过了 65 岁。[2] 此外，根据劳工统计署（U.S. Bureau of Labor Statistics）的预测，在 2012—2022 年，美国 55 岁及以上的民用劳动力将增加 25.2%，25—54 岁者增加 1.9%，而 16—24 岁者却会减少 13.3%。[3]

显然，随着"婴儿繁荣一代"开始变老，大批老年的美国工人将退出劳动力市场；另一方面，年轻一代的劳动力相对减少，必将无法填充"婴儿繁荣一代"遗留下来的职位空缺。此外，从美国的经济发展方面来看，一个无可规避的事实是，战后以来美国经济的发展不是静态的，尽管也反复存在着经济危机与"滞胀"等许多问题，但巨大的进步是显而易见的。蓬勃发展的美国经济不断地创造着大量新的就业岗位，因而不断地扩大着对劳动力的需求。显然，考虑当前美国劳动力的现状以及美国即将进入一个老龄化社会的背景，

〔1〕 Council of Economic Advisers, *The Labor Force Participation Rate Since 2007: Causes and Policy Implications,* p.13, http//www.whitehouse.gov/sites/default/files/docs/labor_force_participation_report.pdf.（2015 年 3 月 18 日下载）

〔2〕 American Immigration Law Foundation, *Economic Growth and Immigration: Ridging the Demographic Divide,* pp.8–9.

〔3〕 U.S. Bureau of Labor Statistics, "Labor Force Projections to 2022: The Labor Force Participation Rate Continues to Fall", *Monthly Labor Review*（December,2013）.

单凭本土劳动力，必然无法满足和维持经济发展的需要。

然而，美国本土劳动力供应不足的状况，是否可以通过诸如提高劳动力参与率或者是增加工人的工作时间来加以调整呢？从当前美国劳动力市场的种种发展趋势看，短期内实现这一调整的可能性较小。其理由在于以下几个方面。

第一，自战后以来，美国的劳动力参与率长期持续稳定上升，当前基本上是在历史最高水平处徘徊，并略有下降态势。从下图（图4—1）可以看出，在战后的初期阶段，美国的劳动力参与率在59%处波动。从60年代开始，由于大量妇女纷纷走出家门，投身于就业市场，劳动力参与率总体持续上升。到2000年左右，劳动力参与率超过了67%，达到最高水平。此后，劳动力参与率开始缓慢下降，到2004年为66%。然而，尽管当前美国的劳动力参与率呈下降态势，但是与世界其他一些发达国家相比，仍保持着较高的水平。例如，在2004年，仅有加拿大的劳动力参与率高于美国，为67.3%。此外，澳大利亚为64.7%，瑞典为63.7%，英国为63%，日本为60%，意大利为49.1%，法国（2003年）为57.4%，德国（2003年）为56.4%。[1]

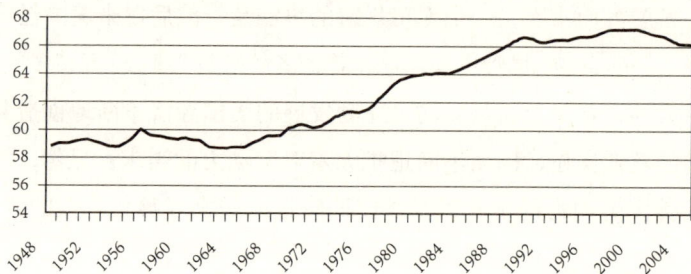

图4—1 1948—2004年16岁及以上的美国人口的劳动力参与率

---

〔1〕American Immigration Law Foundation, *Economic Growth and Immigration: Ridging the Demographic Divide*, p.4.

劳动力参与率作为检测适龄劳动人口中处于就业状态或者正在寻找职业的人口的指标，反映的是适龄劳动人口参与劳动力市场的程度。如果劳动力参与率呈现上升态势，即使人口总数并没有增长，劳动力仍有增加，反之亦然。上面的分析表明，当前美国的劳动力参与率已基本达到历史最高水平，其在短期内实现大幅度上升的可能性基本不存在。尽管根据劳工统计署（BLS）的估计，16 岁及以上的美国女性的劳动参与率，将会由 2004 年的 60% 上升至 2012 年的 62%，但这基本上对美国的整体劳动力参与率并无太大影响。[1]因此，在劳动力参与率难以实现较大提升的情况下，美国本土人口也不太可能输送更多的劳动力。

第二，从工作时间方面来看，自 50 年代以来，美国工人的工作时间持续减少。如下图（图 4—2）所示，在 50 年代，美国工人平均每年工作 2000 小时以上，60 年代为 2000 小时左右，70 年代下降至不足 1900 小时，80、90 年代平均稍多于 1850 小时，而在 2000—2004 年则下降至 1850 小时以下。但是，从横向上与其他发达国家相比，美国工人的工作时间仍是最长的。例如根据统计，2004 年时美国工人年均工作 1825 小时，或者每周工作 35 小时，比较之下，澳大利亚、西班牙、日本、加拿大、英国、意大利、瑞典、德国、法国等国家工人的工作时间均少于美国。[2]

---

[1] American Immigration Law Foundation, *Economic Growth and Immigration: Ridging the Demographic Divide*, p.4.

[2] 澳大利亚、西班牙、日本、加拿大、英国、意大利、瑞典、德国、法国的工人平均每年工作时数分别为 1815.5 小时、1799.1 小时、1789.2 小时、1751.2 小时、1669 小时、1585 小时、1584.8 小时、1442.5 小时、1441.4 小时。American Immigration Law Foundation, *Economic Growth and Immigration: Ridging the Demographic Divide*, p.5.

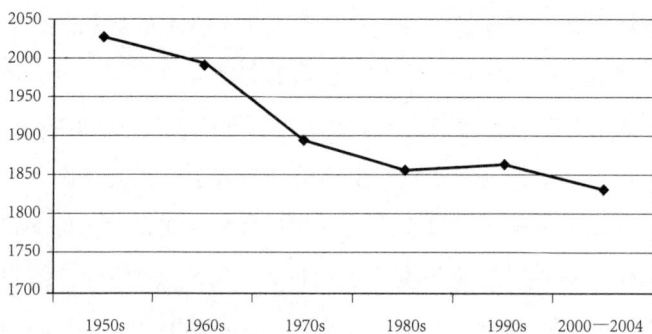

图4—2　美国劳动力平均每年工作小时数

　　根据劳动经济学的相关解释，在单个劳动力的工作时间量不变的情况下，一定数量的劳动力可以提供固定的劳动力供给总量。但是，如果单个劳动力的工作时间越长，其能够提供的劳动力供给总量就越多。而劳动力供给总量越多，则又相当于单个劳动力工作时间量保持不变的情况下劳动力数量有所增长。反之亦然。通过分析美国劳动力工作时间量的历史变化趋势，以及将之与其他发达国家进行比较可以看出，美国工人的工作时间量也不可能会在短期内大量增加。这是因为随着社会经济的发展和文明的进步，人们投入到工作中的时间会越来越少，会将更多的时间用于休闲、娱乐等精神需求方面，这也是历史发展的必然趋势。因此，认为美国劳动力的工作时间量难以实现大幅度增加的预测是可靠的，这意味着美国本土人口也不可能极大地增加劳动力供给量，以满足美国经济发展对额外劳动力的巨大需求。

　　当然，或许有人认为，美国本土劳动力的不足问题，还可以通过促进生产力的增长来加以弥补。然而，通过分析美国历史上生产力增长的发展轨迹，可以发现，在当前要实现生产力的突飞猛进，同样也是极其困难的。根据美国《2007 年总统经济报告》，在

1950—1973 年，美国的生产力增长率为 2.6%，1973—1995 年为 1.4%，1995—2000 年为 2.5%，2000—2005 年为 3.1%。[1] 但是，90 年代以来生产力的加速增长，通常被经济学家们认为是一个"昙花一现的现象"。因为尽管在新世纪初期美国生产力增长率达到空前水平，但经济已经显露出衰退的迹象。在 2002 年，生产力增长率为 4%，随后 2002 年下降至 3.8%，2004 年为 3.4%，在 2005 年的前两个季度，生产力增长率已降至 2.5%。因此，美国第十三任联邦储备委员会主席艾伦·格林斯潘（Alan Greenspan）说道："在一个已经达到技术最前沿的经济中，维持生产力的显著加速增长是不可能的。"[2] 因此，期望通过提升生产力来相应减少对劳动力的需求，似乎也只是一种一厢情愿而已。

总之，本土人口生育率的下降，导致了美国所提供的本土劳动力数量相对减少，随着美国人口与劳动力逐渐老龄化，劳动力相对减少的趋势在不久的将来仍将继续。与此同时，提升适龄劳动人口的劳动力参与率、增加工人的劳动时间，以及促进生产力的发展等有效弥补劳动力不足的各种可能性，在短期内基本上难以实现。所有这些都表明，单纯依靠美国本土的劳动力，是无法满足美国当前及今后一段时期内经济发展的需求的。在这种情况下，本土劳动力在当前及今后即将面临的严重不足，进一步反衬出移民劳动力对于美国的重要性。因此，大量外来移民的到来，非但没有引起美国人口过多的现象，反而缓解了美国因人口老龄化而造成的劳动力不足的局面，为美国的经济发展输送了必不可少的劳动力。移民不仅在过去几十年中维持并促进了美国经济的迅速发展，并且还会在未来

---

〔1〕 *Economic Report of the President, 2007*, p.46.

〔2〕 American Immigration Law Foundation, *Economic Growth and Immigration: Ridging the Demographic Divide*, p.4.

的美国历史进程中发挥更加重要的作用。关于移民对于当前美国的重要意义，《美国人口统计资料》杂志总裁皮特·弗朗西斯（Peter Francese）于 1990 年刊载于《华尔街邮报》上的一番言论，对此予以了很好的阐释：

> 在美国运行着一种强大的人口影响，它实际上操控着联邦政策的调整，以便允许比现在更多的移民入境。老龄人口数量的迅速增长，加上青年人口的下降以及较低的人口增长率，将会将这个国家推入人口的危机之中……现在，美国需要承认更多的移民，以便带领我们走出人口的束缚。[1]

第三节　当代移民与美国失业问题

移民是否影响美国本土工人的就业问题，向来颇受关注，特别是 20 世纪 60 年代大规模移民潮的兴起，更是引发了美国社会的热烈探讨。许多美国人认为，移民增加了劳动力的供应量，必然会激化就业领域的竞争，加剧美国本土人的失业或导致收入下降。部分学者更是借助各种经济模型，演绎推理出各种精确的数字化结论。例如有研究指出，某一类别的移民每增长 10%，就会导致同等技能水平的美国本土人的工资下降 3%—4%，每周工作时间减少 2%—3%。[2] 这类观点，虽在某种程度上反映了美国劳动力市场中的部分

---

〔1〕Vernon M. Briggs Jr. and Stephen Moore, "Still an Open Door?: U.S. Immigration Policy and the American Economy", in Nicholas Capaldi, ed., *Immigration: Debating the Issues*, Amherest, New York: Prometheus Books, 1997, pp.170–171.

〔2〕George J. Borjas, *The Labor Demand Curve is Downward Sloping: Reexamining the Impact of Immigration on the Labor Market*, p.1.

事实，却与美国社会经济发展整体趋势不符。在此，笔者主要探讨移民与美国本土工人的失业问题。

在分析这个问题之前，有必要先简单探讨一下失业问题存在的根源。从理论上讲，失业是社会分工发展到一定程度的产物，根源为市场经济体制之下的雇佣劳动制度，是市场经济的副产品。马克思曾明确指出，失业是资本积累过程中的必然现象，资本技术构成和有机构成的不断提高，必然会导致对劳动力需求的下降和失业的产生。可见，失业问题是所有市场经济国家的普遍现象，美国亦不例外。移民不是导致当代美国存在失业问题的根本原因，即使移民不存在，也不会改变美国存在失业问题的现实。因此，那些认为只要禁止了外来移民，美国就不存在失业问题的想法，无疑是荒谬的。

历史地看，美国并未出现移民导致失业率上升的现象。在此，仅对1901—1910年、1931—1940年两个不同时期的美国失业率与入境移民数量进行对比分析，来说明这一情况。在1901—1910年，来自俄国、意大利、波兰等东南欧的移民，掀起了美国历史上一次空前的移民高峰。在此期间，美国接纳的外来移民共计879.54万，平均每年入境人数接近90万。同期，美国的失业率在1.7%—8%，年均为4.48%。特别是在1905—1907年，每年移民入境人数均在100万以上，但是这三年的失业率却相对最低，平均不到3%。在1931—1940年，美国正处于经济大危机，外来移民人数较为有限，十年间共计52.8万，平均每年入境数量仅为5万余人，不及1901—1910年的1/15。但是，这一期间美国的失业率却居高不下，为14.3%—24.9%，年均竟高达18.8%（见表4—2）。

表4—2 1901—1910年、1931—1940年美国入境移民数量与失业率

年份	移民人数	失业率（%）	年份	移民人数	失业率（%）
1901	487918	4	1931	97139	15.9
1902	648743	3.7	1932	35576	23.6
1903	857046	3.9	1933	23068	24.9
1904	812870	5.4	1934	29470	21.7
1905	1026499	4.3	1935	34956	20.1
1906	1100735	1.7	1936	36329	16.9
1907	1285349	2.8	1937	50244	14.3
1908	782870	8	1938	67895	19
1909	751786	5.1	1939	82998	17.2
1910	1041570	5.9	1940	70756	14.6

资料来源：U.S. Department of Justice，Immigration and Naturalization Service, *2000 Statistical Yearbook of the Immigration and Naturalization Service*, p.18；U.S. Department of Commerce, *Historical Statistics of the United States: Colonial Time to 1970*, Part 1, p.135.

移民人数较多的时期失业率较低与移民人数较少的时期失业率却较高的历史事实，说明移民并没有导致本土人的失业。在经济正常运行时期，移民总是能够完全被吸收入就业市场之中，在整体上不存在导致本土人失业的问题。在历史上的部分时期，本土人之所以出现较显著的失业问题，更多的是与美国经济自身发展过程中的健康与否密切相关。例如，当1893年经济危机爆发后，美国的失业率也随之直线上升，迅速由1892年的3%上升至当年的11.7%，此后直至1898年，失业率一直在11.7%—18.4%。[1] 同样，1931—1940年的高失业率，主要是因为美国在当时正遭遇着严重的经济萧条，工农业生产急剧萎缩，大量企业破产、倒闭，广大工人就业无门。

在20世纪中叶之前，入境移民之所以并没有导致本土人大量失业，主要是因为处在工业化和城市化发展阶段的美国，其经济呈现

---

[1] U.S. Department of Commerce, *Historical Statistics of the United States: Colonial Time to 1970*, Part 1, p.135.

快速的规模性扩张，各个产业领域均存在着明显的劳动力不足。移民到来后，不仅迅速填补了那些岗位空缺，而且还刺激和推动了其他新生产业的出现和繁荣，进而又创造了大量新的就业岗位。因此除了在特殊时期的经济萧条之外，即使入境移民人数较多，美国也不存在较明显的失业现象。然而，在战后美国经历了深刻的社会转型，经济与产业结构也发生了调整与重组，其对劳动力的技能、素质的要求也随之发生改变，科技人才与熟练工人成为新时期经济发展需要的主体。在1965年之后到来的拉美和亚洲移民，由于其整体上教育与技能水平相对落后，他们是否会导致美国本土人的失业率上升呢？

首先，从联邦的层面来看移民与失业率的关系。自1965年起，美国接纳的合法移民数量分别如下：1965—1969年年均为35.89万，70年代年均为44万，80年代年均为73万，90年代年均为91万，2000—2005年年均为95.7万。[1] 如果移民的到来会加剧美国本土人的失业，那么随着移民数量在60年代后期以来的不断增长，美国的失业率也可能随之上升，但是事实并非如此。在1965—1969年，美国的失业率平均为4%，70年代为6.2%，80年代为7.3%，90年代为5.8%，2000—2005年平均为5.2%。[2] 可见，随着移民的不断增多，美国的失业率反而不断下降。从全国范围看，并未发现移民导致失业率上升的迹象。

同样，当代美国的失业率，主要还是与美国的经济发展状况密切相关。在战后以来科技革命的推动下，美国经济在60年代仍继续蓬勃发展。其中，从1961年2月到1969年10月，美国经济持续增长了106个月，被称为美国的"百月繁荣"时期，与之相对应的是

---

〔1〕 U.S. Department of Justice, Immigration and Naturalization Service, *2000 Statistical Yearbook of the Immigration and Naturalization Service*, p.18.

〔2〕 *Economic Report of the President, 2007*, p.281.

1965—1969 年的低失业率。在 70、80 年代，美国经济进入了"滞胀"与"反滞胀"的发展时期，其特征表现为相对较高的失业率。从 90 年代起，美国又开始了"新经济"的全面繁荣时期，从 1991 年 3 月至 2000 年 12 月，美国经历了长达 117 个月的经济扩张期，不仅扩张时间长，而且经济全面增长。尽管此期间外来移民数量也达到了历史的巅峰，然而失业率却持续走低。

其次，从州的层面来看移民与失业率的关系。由于当前移民主要分布在美国的少数几个州，移民对美国人的就业影响会不会在这些地区就特别明显呢？在 1960 年，60% 的移民生活于加州、纽约、得克萨斯、佛罗里达、新泽西和伊利诺伊，到 1998 年，生活于上述六州的移民达 72%，其中，仅加州就占了 32%。[1] 以加州为例，在 2000—2005 年，该州平均每年接纳的合法移民占全部合法移民的 1/5 以上 (21%—27%) [2]，但是，同期加州的失业率年均为 5.9% [3]，显然与全国平均 5.2% 的失业率相差无几。与此同时，在移民人数相对较少的密西西比州，其失业率却相对较高，徘徊于 5.6% 和 7.8% 之间，平均高达 6.4%，远超过加州。不仅如此，纵观加州的发展史，在整个 80 年代，加州的平均失业率为 7.2% [4]，远高于 21 世纪初期的水平，但是，同一时期进入加州的移民数量却又远低于 21 世纪初期的水平。这些事实也同样说明，移民高度集中的州并不必然有着较高的失业率。移民的多少并不是导致高失业率的罪魁祸首，失业问题更多还是与经济自身的健康与否密切相关。

美国学者的有关研究也表明，移民与美国的失业率并没有必然

---

[1] George J. Borjas, *Heaven's Door: Immigration Policy and the American Economy*, p.64.

[2] U.S. Department of Homeland Security, Office of Immigration Statistics, *2005 Yearbook of Immigration Statistics*, p.16.

[3] 数据根据美国劳工部的统计数字计算而得，网址为 http://data.bls.gov/PDQ/servlet/SurveyOutputServlet。（2010 年 2 月 3 日下载）

[4] 数据根据美国劳工部的统计数字计算而得，网址为 http://www.bls.gov/lau/。（2009 年 12 月 21 日下载）

联系。他们发现，一个州的外国出生人口的比例，与该州的失业率成反比。在 1980 年，加州、佛罗里达、马萨诸塞、得克萨斯等州有着较高的移民率，但其失业率却低于全国平均水平；与此同时，在艾奥瓦、西弗吉尼亚和怀俄明等几乎没有移民的州，却有着较高且不断上升的失业率。[1] 另外，也有学者利用 1970 年和 1980 年美国人口统计调查数据，研究了洛杉矶大都市统计区五县中的墨西哥移民对失业率的影响问题。该研究发现，在 1970 年，即大规模的墨西哥移民还没有到达之前，洛杉矶地区的失业率是高于全国平均水平的。但在 1980 年，即已有大量墨西哥移民到达后，该地区的失业率却低于美国平均水平。因此，作者认为，墨西哥移民对就业并没有负面影响。[2]

同样，即使在 21 世纪初的美国经济危机期间，美国人的高失业率也并不必然与外来移民有直接联系。移民研究中心（Immigration Policy Center）的最新研究证实了这一点。该研究指出，有着高失业率的地区，并不必然有着较多的近期移民（即最近十年内到达的移民），有着较多近期移民的地区，也并不必然有着较高的失业率。例如，在缅因州，近期移民仅占全部人口的 0.8%，而在新泽西州则占了 7.3%，然而，在 2009 年 3 月时，两州却有着几乎同样的失业率，分别为 8.1% 和 8.3%。[3] 当然，或许有人认为，那些移民较多的州之所以有较低的失业率，是因为该州有着较为繁荣的经济状况，因而吸引了众多移民的到来。然而，尽管如此，它也无法支持移民会导致失业率上升的论断。

〔1〕 Vernon M. Briggs, Jr. and Stephen Moore, *Still an Open Door? U.S. Immigration Policy and the American Economy*, p.102.

〔2〕 Maria A. Padilla, *Impact of the Mexican Immigrant Labor Force in the United States Economy*, p.37.

〔3〕 Immigration Policy Center, *The Disparity Between Immigration Workers and Unemployed Natives: Untying the Knot*, part Ⅰ of Ⅲ ,2009, http://www.immigrationpolicy.org/sites/default/files/docs/Part%201%20-%20Unemployment%20Disconnect %20%2005-19-09.pdf.(2010 年 2 月 1 日下载)

再次，从大都市区的层面来看移民与失业率的关系。在美国，外来移民更倾向于生活在大都市区。那么，在大都市区内，他们是否会抢夺本土人的职业饭碗，从而导致失业率上升呢？情况也并非如此。如前所述，美国学者研究移民的经济影响所采用的"空间联系法"，即"区域劳动力市场模式"，主要就是选取移民较为集中的大都市、县或者州为研究对象的。所有这些研究结果都表明，移民并没有造成当地人的失业。以学者戴维·卡德（David Card）关于迈阿密劳动力市场的研究为例，卡德指出，在1980年4月20日，古巴领导人卡斯特罗宣布所有意欲前往美国的古巴国民均可由马里埃尔港口自由离开后，到1980年9月，大约有12.5万古巴移民来到迈阿密。几乎是在一夜之间，迈阿密劳动力市场中的劳动力增长了7%，而古巴工人则增长了20%。但是，迈阿密劳动力市场中工人的就业情况几乎没有受到影响。不仅如此，这些工人的经济状况，甚至还好于同期的洛杉矶、休斯敦以及亚特兰大等城市劳动力市场中的工人。以失业率为例，在1979年时，迈阿密白人的失业率为5.1%，到古巴移民从马里埃尔入境后的1981年，白人的失业率却下降至3.9%；相比之下，迈阿密黑人的失业率有所增加，由8.3%上升至9.6%。但是，在同一时期的洛杉矶等城市，白人的失业率由4.4%略减至4.3%，黑人失业率却由10.3%增加至12.6%，增幅明显高于迈阿密市场中的黑人。[1]

上文分别从联邦、州与地方的三个层面，综合分析了移民与美国的失业率之间的关系，我们发现移民没有引起失业率的增加。这一事实说明，移民对本土劳动力的就业影响不是一种简单的"替代效应"，抱怨移民抢夺了他们的饭碗是没有道理的。一个能够更加鲜明地说明这一事实的实例就是，在加州，人力资源部门曾清退了

---

〔1〕 David Card, "The Impact of the Mariel Boatlift on the Miami Labor Market".

2154个非法移民工作岗位，试图安排本土劳动力，却几乎无人问津。一是因为这些工作岗位工资较低，甚至低于最低工资标准，不仅工作时间长，而且有一定难度；二是因为许多工作在本地人看来不够体面，因此对之不屑一顾。[1]

下面从三个方面具体分析1965年以来入境的外来移民并不会导致美国人失业率上升的原因。

第一，新移民与美国人在技能水平与职业领域方面的差异性。如前所述，当代移民主要来自整体经济水平相对落后的拉美与亚洲地区，其教育、技能水平平均较美国人低下，体现在劳动力市场中，其从事的职业也有所不同。这种现状，在某种程度上也似乎验证了美国存在"双重劳动力市场"的假设，即多数美国人普遍从事经济条件和环境较好的职业，而多数移民则从事相对差的职业。这种在技能与职业方面的差异，恰好说明移民与美国人之间更多的是一种互补而非替换关系。因此，总的说来，移民并未与美国人形成较明显的职业竞争。与此同时，美国人的教育与技能水平的增长，也导致其中的低技能体力工人的数量在不断下降。例如，在某些职业领域，当移民正在进入的时候，本土人正在退出。在1996—2002年，从事操作工、装配工及体力劳工的本土人减少了140万，而在这些领域就业的移民人口却增长了93万。对此，《2005年总统经济报告》明确指出："这并不是外国出生人口替换美国工人的证据，而是反映了移民几乎构成低技能劳动力的所有增长的事实。因为随着美国年轻工人教育程度的提高以及老年工人的退休，低技能美国工人的数量在不断下降。"[2]这些事实，相应减少了移民可能遭遇的竞争压力，同时也较少可能地引起美国人失业。

对于移民与本土人之间整体上不存在就业竞争的现象，也有学

---

〔1〕 转引自钟水映:《人口流动与社会经济发展》，武汉：武汉大学出版社，2000年，第290—291页。
〔2〕 *Economic Report of the President, 2005*, p.94.

者用"职业的族裔继承性假说"（Successive Ethnic Niche Hypothesis）来加以阐释。该理论认为，虽然移民与部分低技能的美国人之间存在一些共同点，但这些共同点却被他们各自所具有的工作热情和期望所掩盖。新移民并不导致本土工人退出劳动力市场，而是当本土人获得了更好的工作机会而转投其他职业之后，移民才得以进入的。通过这种职业的族裔间继承关系，移民取代了那些自动离开的早期群体。一些移民群体形成了自己的族裔市场，可以在族裔经济内就业，避免与外界竞争。在这种模式下，当那些长期定居的族裔群体，例如爱尔兰人、意大利人和犹太人离开了低工资职业时，新来的移民群体会填充他们遗留的空缺，因此，这种移民在就业市场中的融合，并不构成对本土美国人的置换。[1]

第二，美国的经济与就业市场对于移民的调整与吸收能力。许多强调移民必然与美国人形成竞争并造成其失业的观点，通常是建立在美国经济只存在固定数量的就业岗位的基础之上，认为只要有一个移民获得就业，就必然有一个美国人退出就业市场。显然，这种观点忽视了美国经济自身的活力。美国经济所具有的自我扩张能力，也促使其就业市场能够顺利地吸收那些新进入的移民劳动力。在大量非熟练移民劳动力不断到来的情况下，洛杉矶劳动力市场的适应与调整，很好地说明了这一点。在1970—1983年，定居于洛杉矶县的外国出生人口超过了100万，而在80年代初期，洛杉矶县的外国出生人口几乎占其全部人口的近1/3。但是，该地区的就业增长也较为迅猛，劳动力市场迅速地吸收了这些新移民。在整个70年代，新移民工人占净就业增长的70%。其中，本土工人获得的职业主要集中于迅速扩张的白领职业，而移民的就业增长则主要集中于蓝领职业。对于那些就职于制造业者，特别是非熟练工人而言，其工资

---

〔1〕 U.S. Citizenship and Immigration Services, *The Triennial Comprehensive Report on Immigration*, p.108.

增长低于全国平均水平，而在制造业之外的就业领域，如服务业与零售贸易领域，其工资增长均高于全国平均水平。在 1970 年，洛杉矶的失业率超过了全国平均水平，但是到 80 年代初，却又低于全国平均水平。对此，有研究明确指出："这些结果并不仅仅是国际移民所促成的，但是，它至少表明了劳动力市场基于移民所进行的平稳调整。"[1]

第三，移民的职业创造能力。移民创造的职业主要表现为两种，一是被动创造出来的职业，一是主动创造的职业。所谓被动创造出来的职业主要是指，仅从纯粹的消费者的角度来看，当移民人口来到美国后，本身就携带了一个巨大的消费市场。他们在美国需要穿衣、吃饭，需要租赁或购买房屋，添置生活日用品，为满足精神生活的需要而进行各种娱乐消遣等，这些都在无形之中扩大了对美国的商品和服务的需求，这些需求最终为美国人提供了新的就业机会。不仅如此，移民的到来还阻止了部分企业的停业，保留或维持了那些可能会因为缺乏工人而不得不转移到海外的企业。例如，有研究估计，在 1970—1980 年，如果没有墨西哥移民进入洛杉矶县的话，那么洛杉矶县将会失去 53000 个生产性职业岗位、12000 个高收入的非生产性职业岗位，以及 25000 个相关产业的就业岗位。[2] 所谓主动创造的职业，是指移民通过自己的主动投资或者兴办企业而创造的职业岗位，它不仅满足了移民自身的就业需求，同时也为部分美国人解决了就业问题。在当代美国的外来移民中，尽管绝大多数人的教育程度、技能水平相对低下，但高科技人才和企业家也不少。这些技术移民通过各种途径，创办规模不一的各类企业，在为美国创造巨额财富的同时，也为美国人提供了大量的就业机会。例如，在硅谷，移民企业家的贡献颇令人印象深刻。特别是那些来自中国和

---

[1] *Economic Report of the President, 1986,* p.224.

[2] Michael Fix and Jeffrey S. Passel, *Immigration and Immigrants: Setting the Record Straight,* p.53.

第四章　外来移民与美国劳动力市场　| 183

印度的工程师，其中大多数在 1970 年之后来美国留学的，现在已是硅谷 1/4 的新科技公司中的资深管理者。在 1998 年，这些移民企业家经营的公司年销售额为 168 亿美元，共提供了 58282 个就业岗位。[1] 此外，美国在 1990 年移民法中又新设置了"投资移民"类别，每年为此提供一万个名额。申请这一类别的移民，在入境后必须保证能够提供至少 50 万美元的投资，并且雇佣除本人及家属之外的至少 10 名雇员。在 1993—2000 年，美国共有 5200 名此类投资移民入境。[2] 这些投资移民携带的资本无疑增添了美国的财富，同时他们通过投资，也为美国人或其他移民提供了大量的就业岗位。

当然，在宏观层面上移民并没有导致美国人失业率增加的这一事实，并不意味着在微观领域同样如此。相反，在一些具体的产业或领域，的确也出现过美国人被移民替换的现象。特别是在移民劳动力较为集中的产业部门，这种替换现象就相对突出。那些被移民替换的群体，主要是在劳动力市场中处于不利经济地位的少数族裔、妇女等。通常这些劳动者的教育技能水平较低，从事的多为没有技术含量的体力类职业或其他服务业，因而才与多数移民劳动力共同出现于所谓的劳动力市场的"次要部门"，进而产生了相互替换的现象。移民到来后，致使在短期内劳动力市场中可供选择的劳动力突

---

〔1〕 AnnaLee Saxenian, *Silicon Valley's New Immigrant Entrepreneurs,* p.23, http://www.ppic.org/content/pubs/report /R_699ASR.pdf.（2009 年 10 月 14 日下载）

〔2〕 U.S. Department of Justice，Immigration and Naturalization Service, *2000 Statistical Yearbook of the Immigration and Naturalization Service,* p.27. 尽管美国设立了"投资移民"，但效果并不明显，随后每年入境的投资移民数量较为有限。这是因为申请的批准过程既费力又极具风险。申请者首先需要进行投资，然后在联邦政府考虑颁发永久签证之前，等待两年时间，而且批准过程本身也需要耗费一年。如果申请人最终得到了签证，但是其投资的生意却破产了的话，那么他就会遭到驱逐。而另一方面，由于加拿大在此前也设立了投资项目，并且其限制较少，每位投资移民的最低投资额达 25 万美元即可。结果，许多移民投资者获得了加拿大的签证。自 1986 年至 90 年代初，加拿大吸引了大约 30 亿美元的投资。Nicolaus Mills, ed., *Arguing Immigration: The Debate Over the Changing Face of America,* p.74.

然增多，雇主便采取了压低工资的方式，聘用那些愿意接受雇佣条件的新移民劳动力，从而导致部分美国人失业。例如，通过对 70 年代移民较为集中的服装、皮革、农业、家具、轻工业以及家庭服务类等十个产业领域的研究，普林斯顿大学的两位学者发现，在这些领域的确存在部分美国人被替换的现象，特别是在服装业领域尤为明显。[1] 当然，这些被暂时替换的美国本土工人，通常很快地又被吸收到其他经济部门。因此，从总体上来看，失业率并没有明显地增加。

尽管如此，在所有可能被移民替换的群体当中，首当其冲者却是先前到达的移民。每当一批新移民进入就业市场之后，他们首先遇到的竞争对象，就是那些早期的移民入境者。由于他们之间教育程度与技能水平更为接近，多数也居住在相同的族裔社区当中，而且从事的职业类别也极为相似，因此更有可能成为新到移民的"牺牲品"。对此，有学者相应地提出了"族裔持续性替换假设"（Successive Ethnic Displacement Hypothesis）理论，认为新来移民会替换原有的移民。由于移民群体中间存在着寻求职业的关系网络，因而新来移民通常会进入其他移民的就业领域。当早期移民熟悉了美国就业市场的特征，获得了相应的劳动技能后，他们会向雇主提出提高工资和改善工作条件的要求。但是，雇主或族裔中间人通常会把雇用目标转向新的移民群体，以取代他们。[2] 例如，美国审计总署（U. S. General Accounting Office）的一份研究表明，在美国的西红柿以及玉米粉圆饼等食品产业中，雇主经常聘用新移民来取代先前的移民工人。格雷西·佛朗哥是加州圣何塞地区的一位墨西哥裔美国人，他就对大量新移民不断涌入的现象深感不满："他们来到这里

〔1〕 Joseph G. Altonji and David Card, "The Effect of Immigration on the Labor Market Outcomes of Less-Skilled Natives", pp.201-233.

〔2〕 U.S. Citizenship and Immigration Services, *The Triennial Comprehensive Report on Immigration*, p.108.

立即就能获得一份职业，因为他们心甘情愿地从事最低工资水平以下的工作。与此同时，我努力希望得到公平的薪酬，却一无所获。"[1]显然，从佛朗哥的抱怨可以看出，早期移民与新移民之间存在着某种程度的替换现象。此外，许多其他学者在研究中也都明确地指出了这一点，认为新、老移民之间最有可能存在着竞争。[2] 同样，新、老移民之间存在竞争的现象，也可能是移民群体的失业率长期高于本土美国人的原因之一。

在所有关于移民的劳动力市场影响的研究中，一个较受关注的问题就是移民是否影响美国黑人的经济机会。由于黑人是美国一支长期受到不公正待遇的少数族裔，其经济状况整体而言较为落后，多数处于社会底层，从事的职业也多与移民相似，因此也比较可能与移民群体产生竞争。但是，许多研究结果证明事实并非如此。总体看来，移民直接替换黑人的现象，并不必然经常发生。这是因为从居住分布来看，大多数黑人与大多数移民基本上生活于不同的区域，移民主要定居于西部、东北部和中西部，而黑人主要生活于南部。例如，在 1990 年时，移民主要生活于加州、纽约等六州，而此六州之外的 44 个州中，总人口中仅有 4% 是移民；相反，全部黑人人口的 63% 生活于这 44 个州。"特别是当黑人生活于移民较为集中的地区的时候，他们可能会因移民而失去工作，但是他们中的大多数并

---

〔1〕 Roy Beck, *The Case Against Immigration: The Moral, Economic, Social, and Environmental Reasons for Reducing U.S. Immigration Back to Traditional Levels*, p.63.

〔2〕 Michael Fix and Jeffrey S. Passel, *Immigration and Immigrants: Setting the Record Straight*, p.51; James P. Smith and Barry Edmonston, eds., *The New Americans: Economic, Demographic, and Fiscal Effects of Immigration*, p.223; Kristopher Kaneta, *Immigration and Its Effects on U.S. Labor Markets*, http://titan.iwu.edu/~econ/ppe/1999/kris.pdf（2005 年 12 月 21 日下载）; Michael J. Greenwood, Gary L. Hunt, "Economic Effects of Immigrants on Native and Foreign-Born Workers: Complementarity,Substitutability,and Other Channels of Influence", *Southern Economic Journal*, Vol.61, No.4 (Apr.,1995), pp.1076-1097.

不生活于这些地区，其经济机会是由其他因素所决定的。"[1]

当然，一些移民较为集中的大都市区中，也同样分布着大量黑人。但是，研究发现，这些区域不存在移民减少了黑人经济机会的现象。例如，在西裔移民较多的迈阿密、洛杉矶、纽约、芝加哥、休斯敦五个城市中，黑人人口也不在少数。在1980年，此五个城市有184.5万黑人工人、186.1万西裔工人，二者的数量基本相当。到1989年，这些城市的劳动力市场中的西裔工人增至312.1万，几乎超出黑人100万。在这几个大都市区，黑人从事管理和专业类职业的比例明显高于西裔移民，同时也高于黑人的全国平均水平。这表明，这些地区为黑人提供了较多高收入的白领职业，较多的西裔劳动力的存在，并没有减少黑人从事这些白领职业的机会。与此同时，在这些地区，黑人的失业率还低于全国平均水平，白人同样也显示出相对较低的失业率。由此可见，"在黑人和西裔移民的就业之间，并不存在一个负相关的关系，而实际上却是有些积极关系的。也就是说，移民的存在还略微增加了黑人的就业机会"[2]。

需要注意的是，虽然移民在整体上不影响黑人的职业发展，但也不意味着二者间的竞争从不存在。在某些地区的某些具体职业领域，也出现过移民置换黑人工人的现象。例如，洛杉矶市工会组织性质的黑人清洁工团体就是一个特例。在80年代初，从事维护洛杉矶中心城市高层办公建筑的工人，是由稳定的本土黑人群体构成的。他们的工资是每小时12美元，还有其他福利。但是，一些新的公司很快也开始成立，并雇用来自墨西哥和萨尔瓦多的移民，每小时只支付3.35美元的最低工资。由于这类工作没有任何技术要求，不需

〔1〕 James P. Smith and Barry Edmonston, eds., *The New Americans: Economic, Demographic, and Fiscal Effects of Immigration*, p.224.

〔2〕 Jorge A. Bustamante, Clark W. Reynolds, and Raúl A. Hinojasa Ojeda, eds., *U.S.-Mexico Relations: Labor Market Interdependence*, pp.364-365.

要培训，因而雇主招募工人非常容易。移民则提供了充足的劳动力，他们愿意接受较低的工资待遇和不利的工作条件。于是在两年的时间内，黑人工人失去了工作岗位，而移民占据了这些职业。因此，一位黑人商业代表对那些被取代的黑人的前景充满忧虑："他们是非熟练的工人，除了清洁工作，他们什么也不会……"[1]

第四节　当代移民与美国工人工资

在美国历次的移民辩论中，外来移民对劳动力市场的影响，即他们是否导致美国本土工人的工资收入下降，是一个长期存在较大分歧的话题。自20世纪六七十年代起，随着大量技能相对落后的移民的到来，美国能否在不影响低技能本土工人的收入与就业的情况下，在就业市场中充分吸纳这些移民的问题，再次引发美国社会各界的关注。然而，在80年代中期之前，由于详细经济统计数据的相对缺乏，以及相关经济理论的不足与研究方法的不完善，学界围绕移民是否影响美国工人工资问题的探讨，多停留于表面。此后，美国人工资收入的两极化趋势引发更多的关注，并迅速成为经济学界的一个学术热点，学者们开始运用新的理论、方法与研究手段，对这一问题进行相对深入的研究，于是，相关研究成果开始大量出现。

从已有研究成果来看，由于研究方法与手段不同，学界通常有两种截然不同的观点：在90年代上半期之前，多数学者通常采用"区域劳动力市场模式"，将考察范围集中于某一城市或某一州，其结论普遍认为，移民不会降低美国人的工资。例如，有学者通过研究1975—1985年的西裔移民后发现，与西裔移民可能存在竞争的低技能美国工人，其工资在整体上并未受到影响；其他学者通过

---

[1] U.S. Citizenship and Immigration Services, *The Triennial Comprehensive Report on Immigration*, p.112.

研究 1979—1989 年间 24 个移民城市的相关数据，也认为移民不会降低美国工人的工资。[1]

如前所述，由于"区域劳动力市场模式"存在一些难以克服的不足，其得出的结论也不断遭到学界质疑。从 90 年代后半期开始，部分学者转而开始采用"全国劳动力市场模式"（或"要素比例法"）。这类研究使用全国统计数据，根据个人的教育程度、工作经历与职业等劳动力特征，对移民及本土工人进行分类，当某一类别移民的数量出现变化后，通过追溯那些具有类似技能水平的本土工人的工资变化，来确定移民对美国工人工资的影响。这种方法的理论依据在于，移民的负面影响更可能作用于那些与其有着最相似的就业特征的本土工人。[2] 例如，著名学者波哈斯指出，在 1980—2000 年，移民导致美国男性劳动力增加了 11%，美国本土工人平均工资相应下降了 3.2%。其中，高中学历以下者的工资下降了 8.9%，大专毕业生的工资下降了 4.9%，高中毕业生工资下降了 2.6%。[3] 同样，即使是具有博士学历的技术移民，也对美国同等学力人员的工资产生相应的负面影响。[4] 总之，这类研究一般认为，外来移民会对那些与其有相似技能水平的美国工人的工资产生显著不利影响。

表面看来，较之"区域劳动力市场模式"，基于"全国劳动力市场模式"基础上的研究，似乎更有说服力。因为根据基本的市场供

---

〔1〕 Vernon M. Briggs, Jr. and Stephen Moore, *Still an Open Door? U.S. Immigration Policy and the American Economy*, p.110.

〔2〕 Congressional Budget Office, *The Role of Immigrants in the U.S. Labor Market,* p.23.

〔3〕 George J. Borjas, "The Labor Demand Curve is Downward Sloping: Reexamining the Impact of Immigration on the Labor Market".

〔4〕 George J. Borjas, "Immigration in High-Skill Labor Markets: The Impact of Foreign Students on the Earnings of Doctorates", in Richard B. Freeman and Daniel L. Goroff, eds., *Science and Engineering Careers in the United States*, Chicago: University of Chicago Press, 2009; George J. Borjas, "The Labor Market Impact of High Skill Immigration", *American Economic Review*, May 2005.

求法则，在其他条件不变的情况下，劳动力供应量的增加，必然会导致劳动力价格的下降。例如，当 100 个移民建筑工人进入一个拥有 500 名建筑工人的城镇后，在当地的就业机会没有增加同时也不存在失业的情况下，一个最可能出现的结果就是，所有的建筑工人相应地遭受了工资和福利方面的损失。在这种情况下，虽然原来的建筑工人并没有失业，但是工资却明显有所下降。

然而，这种移民导致美国工人工资下降的观点，通常采用的是经济学领域静态分析的解释模式。它依据基本的市场供求法则，认为在其他条件不变的情况下，移民到来后必然增加劳动力供应量，因此加剧了就业领域的竞争，相应导致美国工人工资下降。依此观点，如果没有移民，美国 1.25 亿本土工人在 1997 年平均将获得 13 美元的时薪。然而，1500 万移民工人的存在，导致所有工人平均工资降低了 3%，即时薪为 12.6 美元。[1] 显然，这种静态分析的解释，不能说明美国经济生活中的实际情况。

首先，它只看到了移民在劳动力市场中与本土工人竞争的一面，只强调二者间的替换，而忽视了二者间的互补与共存关系。例如，当移民建筑工人到来后，美国某些原有的建筑工人不仅工资没有下降，反而因此获得身份的转变，成为工头或其他管理者，工资相应有所提高。还有研究发现，尽管非熟练移民和低技能本土工人一样，都缺乏必要的人力资本，但他们在劳动力市场中仍可能存在不同的分工，因而并未形成直接的竞争，移民工人主要从事体力类工作，而本土工人由于有语言优势，可能更多会从事语言交流方面的工作。

〔1〕 Dan Siciliano, *Immigration Adds Billions of Dollars to U.S. Economic Growth Every Year*, http://www.immigrationpolicy.org/sites/default/files/docs/Immigration%20Adds%20Billions%20of%20Dollars%20to%20U.S.%20Economic%20Growth%20Every%20Year%20041506.pdf.（2010 年 2 月 1 日下载）

因此，移民并未对本土工人的工资产生不利影响。[1]

其次，它忽视了移民作为消费者、投资者的多重身份，忽视因其消费和投资活动而推动工资上涨的可能。例如仅在 2004 年，拉美裔的消费购买力为 6860 亿美元，亚裔的是 3630 亿美元。其中几乎44% 的拉美裔和 69% 的亚裔是外国出生人口。可见，移民的购买力达千亿美元以上。[2]另外，移民企业家在美国创办企业或直接投资，在无形中刺激了社会生产的发展，创造了新的就业岗位，扩大了对劳动力的需求，进而产生了促使工资上升的压力。

再次，它也无视美国经济自身的扩张能力。如前所述，美国经济蕴含的就业机会随经济的迅速扩张而不断增多。动态经济中不断增加的职业岗位，能够吸收更多的劳动力。因此，移民的增加并不必然加剧就业竞争或导致工资下降。

通过比较美国不同地区工人工资的变化情况，也可以对移民是否影响工资的问题加以侧面考察。自 20 世纪 60 年代以来，美国西部和南部地区逐渐取代东北部和中西部，成为新的移民定居中心。如果移民会导致工资下降的话，那么，西部与南部地区的工资增长会相对缓慢。然而，在 1965—2000 年，美国 15 岁以上男性的中位收入平均增长了 4.6 倍，其中东北部与中西部分别增长了 4.7 倍，虽然西部只增长了 4.1 倍，但南部却增长了 6.4 倍。[3]如果只看西部地区的工资变化情况，似乎可以找到移民降低工资的证据，但是南部地区的状况又否决了这一可能性。同样，各州工资的变化轨迹也难以证实移民导致工资降低了。在 1959—1999 年，美国实际人均收入增

〔1〕 Giovanni Peri and Chad Sparber, "Task Specialization, Immigration, and Wages", *American Economic Journal*, Vol.1, No. 3 (July, 2009), pp.135–169.

〔2〕 Dan Siciliano, *Immigration Adds Billions of Dollars to U.S. Economic Growth Every Year*.

〔3〕 根据美国人口普查局数据计算而得。网址为 http://www.census.gov/hhes/www/income/histinc/incpertoc.html.（2009 年 12 月 25 日下载）其中 1980 年以前的数据统计的是 14 岁及以上的男性人口。

长了 1.4 倍（以美国 1999 年货币计算），在移民较多的州当中，尽管加州只增长了 1 倍，但佛罗里达、新泽西及得克萨斯均增长 1.5 倍以上，都高于全国平均水平；在移民较少的州，例如蒙大拿、阿拉斯加以及怀俄明均只增长 1.1 倍左右，远低于全国平均水平。[1]

尽管如此，"全国劳动力市场模式"研究中的某些结论，还是获得了部分学者及民众的支持。因为在过去的几十年中，美国普通工人的实际工资相对而言的确有所下降。特别是从 80 年代起，美国工人收入不平等的现象日趋明显，收入低下的底层群体的工资增长较为缓慢，而收入较高的上层群体的工资却不断增长，二者间的收入差距不断扩大，逐渐呈现两极化趋势。例如，在 1979 年，大学学历者的收入比高中学历者高出 43%，而到 1995 年，这一差距扩大至 84%。[2] 不仅如此，低技能群体的工资实际还有相当程度的下降。在 1979—1993 年，20 岁及以上的男性高中学历者的实际工资中位数减少了 21.8%。[3] 而在另一方面，在 60 年代美国的新移民法实施后，移民的入境数量日益上涨，至 80 年代开始突飞猛进。虽然新移民中技术人才甚众，但仍以低技能的普通劳动力居多。这一历史事实似乎印证了低技能移民会降低本土非熟练工人的工资的论断。因此，在一些人看来，移民的到来导致了美国普通工人处于工资下降的不利境地。

但是，若将普通工人特别是低教育群体的实际收入相对下降的事实，完全归结于大量低技能移民的到来，无疑是值得商榷的。自 70 年代以来，美国的工资结构之所以出现这种变化趋势，主要有如下几个方面的原因。

---

〔1〕根据美国人口普查局数据计算而得，网址为 http://www.census.gov/hhes/www/income/histinc/state/statetoc.html。（2009 年 10 月 12 日下载）

〔2〕George J. Borjas, *Heaven's Door: Immigration Policy and the American Economy*, p.35.

〔3〕Maria A. Padilla, *Impact of the Mexican Immigrant Labor Force in the United States Economy*, p.22.

192 | 美国外来移民的劳动力市场与经济影响（1965—2005）

其一，战后以来的科技革命极大地促进了生产力的发展，特别是与信息时代紧密相连的技术变革，例如个人计算机的引进，更是最大限度地提升了技术工人的生产力。雇主因此也期望雇用更多的技术工人，以创造更多的经济价值。与此同时，美国的劳动力市场对那些以教育与技能为基础的人力资本提供的回报也极大增加。于是，在一个更加注重科技与知识的时代，技术类劳动力的工资无疑增长较为迅速。相形之下，普通劳动力的工资增长趋缓，二者间差距逐渐扩大也在情理之中。

其二，在美国，工会长期以来一直为普通劳工的工资收入提供一定的保障。但是自60年代以来，美国工会组织势力日趋式微，工会会员和工会组织数量都开始下降。特别是在制造业部门，工会的衰退尤为明显。在1973年，制造业部门中的工会会员比例约占38.8%，1979年也占到32.3%，但到了1990年迅速下降到20.6%，到1995年更是下降到17.6%。[1] 同时，工会的影响范围不断缩小，权利也遭到进一步的削弱，企业开始收回部分福利，加强对工人的压榨，并取消工会成员享有的部分优惠待遇，等等。当工会会员的工资下降后，无工会或工会组织力量薄弱的企业部门也随之效仿，相应降低其雇员的工资。因此，工会的衰落无疑也是美国低技能工人的实际工资下降的原因之一。

其三，随着全球化趋势的进一步发展，美国经济遭受到来自世界各地越来越激烈的竞争。市场的开放性扩大了国家间贸易，美国输入大量来自其他国家廉价的劳动密集型产品，必将对国内的部分低技能工人的工资造成冲击。

其四，从低技能工人自身工资增长趋势来看，一个不能忽视的事实就是，在美国这样一个高工资高收入的社会当中，低技能工人

---

〔1〕 罗伯特·布伦纳：《繁荣与泡沫：全球视角中的美国经济》，王生升译，北京：经济科学出版社，2003年，第45—47页。

的工资也不可能一味地无限制增长。毕竟，相对于利润而言，工资的增幅空间较为有限，只有这样才能够充分保证雇主们有利可图。

可见，当代美国普通低技能工人的实际工资减少的事实，是国内外多种因素综合作用的结果。当然，尽管在某些职业领域，的确存在移民加剧了竞争并导致工资下降的事实，但只是一种个别的、短期的现象，外来移民绝不是导致美国人工资下降的根本原因。

需要注意的是，90 年代是美国历史上接纳移民最多的一个十年，尽管移民数量继续攀升，美国经济却进入了一个新的繁荣期，自 1993 年起，美国工人的实际收入也开始上升。此次的经济增长并未加剧收入不平等现象，收入差距反而在不断缩小，黑人家庭的收入中位数达到了一个新高，贫困率下降至最低点。[1] 同样，那些低技能的美国工人工资也有了实际的增长。在 1993—1998 年，20 岁及以上的男性高中学历者平均工资增长了 2.8%。[2] 这表明，低技能工人实际工资的增长与否，与外来移民并无太多必然联系，更多的则是取决于美国经济自身的运行状况。

当学界将注意力集中于非熟练移民的工资影响时，部分学者也开始关注技术移民对美国技术工人工资收入的影响。这是因为从 20 世纪 90 年代起，出于应对愈演愈烈的国际竞争和满足国内经济迅速发展的需要，美国逐渐加大了引进技术人才的力度。随着颁发的 H-1B 签证数量不断增长，以及外国留学生的不断增加，高科技移民也成为美国劳动力市场中一支举足轻重的力量。以高学历的外国留学生为例，在 1976 年，7.24 万名外国留学生注册申请硕士学位，占申请硕士学位注册人数的 5.5%。到 2000 年，23.23 万外国留学生注册申请硕士学位，占总申请者比例高达 12.6%。同期，在博士学历层面，

---

〔1〕 *Economic Report of the President, 1998*, Washington D.C.: United States Government Printing Office, p.119.

〔2〕 Maria A. Padilla, *Impact of the Mexican Immigrant Labor Force in the United States Economy*, p.22.

获得博士学位的外国留学生的比例，由 11.3% 增长至 24.4%。其中，在 2000 年，物理科学领域获得博士学位的外国留学生为 36.5%，工程专业的为 50.7%，生命科学专业的为 25.7%。[1] 长期以来，技术移民作为一种宝贵而稀缺的资源，始终是美国大力欢迎的对象。对于技术移民的贡献，社会各界往往不吝溢美之词。但随着技术移民人数日渐增多，围绕着他们的劳动力市场影响问题，美国社会也开始展开激烈的辩论。一个普遍的观点是，对于大多数高科技移民而言，由于他们使用的是类似 H-1B 的临时签证，作为获得绿卡的铺路石，为了获得永久居留身份，在签证到期之前，他们倾向于接受相对较低的工资，因此雇主更喜欢雇用这些临时身份的技术移民，结果导致竞争加剧，工资降低。[2] 学者波哈斯通过研究外国留学生，认为在某一时间若移民导致某一领域的博士劳动力增长 10%，则该领域博士群体的收入将会下降 3%。[3]

同样，上述强调技术移民劳工会降低美国技术工人工资的观点及相关研究，也是直接建立于生产理论基础之上的。该理论认为在社会生产过程中，移民与美国本土工人之间无非是如下两种关系：一是当以教育、技能为主要标志的人力资本水平相近时，二者在就业市场中是相互竞争的替换关系，在此情况下，移民的到来将导致美国本土工人收入的下降；二是当二者人力资本水平存在显著差异时，他们之间形成互惠互利的互补关系，那么移民的到来将会增加美国工人的收入。对于技术移民而言，由于他们具有较高的教育程

〔1〕 George J. Borjas, "Immigration in High-Skill Labor Markets: The Impact of Foreign Students on the Earnings of Doctorates", in Richard B. Freeman and Daniel L. Goroff, eds., *Science and Engineering Careers in the United States*.

〔2〕 Mary Jane Lopez, *High-Skill Immigrants in the U.S. Economy: Do High-Skill Immigrants Substitute or Complement Native-Born Workers?*, p.116.

〔3〕 George J. Borjas, *The Labor Market Impact of High-Skill Immigration*, NBER Working Paper 11217, http://www.nber.org/papers/w11217.pdf.（2008 年 10 月 28 日下载）

度和良好的职业技能，拥有与美国技术工人类似的人力资本，因而二者之间互为替换关系，结果在就业市场中，技术移民或是造成美国技术工人的失业，或是降低其工资收入。

不难发现，这种认为技术移民必然与美国技术工人相竞争的理论固然有一定道理，但无疑是片面的。尽管技术移民多拥有较高学历和良好的专业素养，但由于他们通常并不熟谙英语，缺乏对美国就业市场运行机制、美国风俗习惯的了解，在入境后，他们很难立即找到与其人力资本相匹配的职业，因而与那些有相近人力资本的美国本土技术工人难以形成竞争，相反，在很多时候，两者之间是一种互补关系。例如，外籍医生进入美国后，一般很难直接获得上岗资格，只能从事医生助理之类的职业。然而，当美国的本土医生在进行手术操作的时候，有了这些专业的外籍助手的协助，他们的工作效率无疑在很大程度上得到提升。

同样，许多实证研究也表明，技术移民不仅未降低美国本土技术人员的工资收入，反而对其有积极的促进作用。在 20 世纪 90 年代末期，美国通过立法增加发放科技移民的签证数量后，美国的技术类劳动力增加了，但是，高科技行业的美国本土人的真实收入自 1994 年以来一直持续增长。在 1994—2001 年，技术移民的平均年收入由 43903 美元上涨至 57015 美元，增加了 13112 美元或 30%；而在同期，美国本土的高科技人员的收入也大约增长了 22%，由 41277 美元增加至 50383 美元。当然，技术移民的高收入主要基于如下两个因素：其一，移民比本土人更可能有较高的学历，例如移民中 9% 拥有博士学历，而本土人为 3.5%；其二，移民更可能居住于西部等高工资地区，例如 33% 的移民居住于西部地区，而本土人仅为 21%。不仅如此，研究者还发现，技术移民与本土科技人员在工资收入方面还存在着互补关系。在 1994—2001 年，技术移民增加 10%，本土科技人员的收入将会增加 2.9%。其中，已获得美国公民身份的技术移民每增加 10%，本土科技人员的收入则增加 3.4%，非美国公民的技术移民则增加 10%，本土科技人员的收入则增加 2.5%。[1] 也有研究调查了持 H-1B 签证的技术移民对于美国技术工人的工资影响。其结果发现，在 1990—2000 年，随着科学、技术、工程与数学领域中 H-1B 移民劳动力的增长，美国 219 个城市里大学学历的美国本土工人的工资也有明显增加。上述领域中的外国出生工人在总就业者中的比例每增长 1%，本土出生的大学教育程度的工人的工资将增加 4%—6%。[2]

当然，外来移民并未对美国工人工资产生负面影响的结论，仍是一个宽泛宏大的命题。因为在微观层面，即在某一具体行业内，当移民到来后，短期内增加了该领域的劳动力数量，因而暂时导致美国本土工人收入下降，这种情况也是的确存在的。因此，若关注具体的劳动力市场，也许会发现移民可能对美国本土人产生不利影响，旨在增加技术移民数量的移民政策也许会对特殊劳动力市场产生负面效果。但是，在宏观层面，技术移民对美国劳动力市场是有积极贡献的。他们通过创业以及与家乡和母国联系，促进着美国整体经济的发展。外来移民的到来满足了不同劳动力市场对劳动力的需求。

总之，20 世纪 60 年代以来兴起的新移民潮，给美国的劳动力市场带来了前所未有的冲击与影响，是毋庸置疑的事实。从宏观层面而言，由于美国经济自身的扩张与吸收能力，移民并没有造成本土工人失业与工资下降。工人的失业与工资增减问题，归根结底取决

〔1〕 Mary Jane Lopez, *High-Skill Immigrants in the U.S. Economy: Do High-Skill Immigrants Substitute or Complement Native-Born Workers?*, pp.118-120,151.

〔2〕 American Immigration Council, *High-Skilled Workers and Twenty-First Century Innovation: The H-1B Program's Impact on Wages, Jobs, and the Economy*, April 2014, http://www.immigrationpolicy.org/sites/default/files/docs/factsheet_h1b_innovationecon_2.pdf.（2014 年 10 月 20 日下载）

于美国经济自身的运行状况，移民并不是唯一或关键的因素。大量到来的新移民顺应了美国劳动力市场的发展趋势，契合了战后经济重构背景下发生改变的劳动力市场需求结构，为美国补充了丰富的劳动力资源，很大程度上缓解了美国当前和今后面临的劳动力供给不足的问题。

然而在微观层面，如一些具体的产业或领域，的确存在移民替换美国人的现象，黑人、少数族裔与妇女等弱势群体是被替换的主要对象。因为当移民到来后，某些行业的劳动力供应量在短期内迅速增多，于是雇主便压低工资，聘用愿意接受低薪酬的移民劳工，从而造成部分美国人失业或收入下降。但是，移民替换美国工人，通常只是一个暂时现象，其不利影响是局部的和暂时性的，可以通过劳动力市场的自行调整而逐渐消失。

总体而言，外来移民并未对美国劳动力市场造成消极影响。在探讨这一问题时，应注意从宏观与微观两个层面加以考察。

第五章 外来移民与美国社会福利

在美国历史上，有关外来移民的福利与财政影响问题，很早就曾引发过相关辩论。然而，在20世纪之前，美国的社会福利制度并不完善，为穷人提供福利救济的责任，主要由地方政府、私人机构与慈善组织等承担，因此该问题并未引起普遍关注。当时美国人对于移民福利问题方面的关注，远不如他们对于移民是否从美国本土人手中抢夺工作问题的关注强烈。此后，随着20世纪30年代的社会安全保障体制以及60年代的联邦医疗保险的先后确立，美国的社会福利体系日趋成熟，政府向民众提供的福利救济项目空前增多，移民可资利用的福利类别也大为增加。与此同时，美国于1965年颁布了新的移民法，来自经济发展程度相对落后的拉美与亚洲地区的移民开始蜂拥而入。移民的民族来源与技能水平的变化，导致部分美国人开始忧心忡忡，他们认为这些新来的"穷人"不仅因文化的差异而难以融入美国社会，而且还会过多地占用美国社会福利资源，从而给美国带来巨额的财政负担。于是，在新的历史时期，移民的社会福利问题获得广泛的关注，并且这种关注随着移民入境人数的日趋增长以及美国不定期经济危机的爆发而不断升温，因此这一问题也成为当代美国移民争论的核心问题之一。

第一节 当代移民的福利参与

美国自1965年颁布了《外来移民与国籍法修正案》之后，外来移民再次掀起入境高潮，并且至今仍持续不衰。由于新移民多来自拉美与亚洲等第三世界地区，从整体而言，他们在教育与技能水平方面较美国本土人明显处于劣势，经济收入也相对较差。[1] 新移民的这种不利经济状况，导致许多美国人相信，当代移民入境美国的原因之一，就是受美国相对丰厚的社会福利保障所吸引，入境后他们必然会较多地参与美国的各类福利救助项目。因此，移民是否耗费较多社会福利的问题，成为当代美国移民争论的核心问题之一。

总体看来，美国的当代移民的确呈现出较高的福利参与率，也相应耗费了较多的福利费用。1965 年移民法正式实施后，随着入境移民数量的稳步增长，自七八十年代起，移民群体接受福利资助的现象也日趋明显，到 90 年代后体现得尤为突出。例如，在 90 年代初期，移民人口占美国总人口的 8.8%，户主为外国出生者的移民家庭占美国所有家庭的 8%，但他们却耗费了全国各种福利项目总额的 13.8%。在所有的福利支出当中，移民耗费的比重，分别占未成年儿童家庭援助计划（Aid to Families with Dependent Children，AFDC）的 16.6%、补充保障收入计划（Supplemental Security Income，SSI）的 18.4%、食品券（Food Stamps）的 11.5%、医疗补助（Medicaid）的 14.1%、学校早餐与午餐补贴（Subsidized School Breakfast and Lunches）的 19%。[2]

当代移民的福利参与情况，也呈现出一个持续上升的趋势。考察不同时期入境的移民群体，发现近期到达的移民通常比早期移民更倾向于接受福利。例如，根据学者的研究，在 1970 年的人口统计

〔1〕 George J. Borjas, *Heaven's Door: Immigration Policy and the American Economy*, pp.112−113.

〔2〕 Peter Duignan and L.H.Gann, eds., *The Debate in the United States over Immigration*, p.139. 需要注意的是，在 1996 年福利改革法获得通过后，"未成年儿童家庭援助计划"即 AFDC 被正式废除，代之以"贫困家庭临时援助计划"（Temporary Assistance for Needy Families，缩写为 TANF）。

数据中，那些于 1965—1969 年到达的移民家庭，其福利参与率仅为 5.5%；然而，在 1980 年的人口统计数据中，那些于 1975—1980 年到来的移民家庭，其福利参与率为 8.3%。[1]

不仅如此，在福利参与方面，移民与美国本土人之间的差距也在不断扩大。从 1970 年起，美国人口普查开始收集接受现金福利（cash benefit）者的相关信息。其中，现金福利项目包括抚养未成年儿童家庭援助计划、生活补助金以及一般社会救济（general assistance）。根据相关统计，在 1970 年，接受现金福利的移民家庭的比例与美国本土人家庭的比例相近，前者为 5.9%，后者为 6%，前者还稍低于后者。此后，二者间的差距开始扩大。到 1980 年，移民与本土人家庭接受现金福利的比例均有所增长，前者为 8.7%，后者为 7.9%，显然，这一时期前者的增长速度更快，几乎比本土人高出 1%；随后在 80 年代期间，移民与本土人家庭的这种"福利差距"进一步扩大，移民家庭接受现金福利的比例依然持续增长，而本土人家庭却开始呈下降趋势。到 1990 年，前者比例为 9.1%，后者比例为 7.4%，前者比后者高出 1.7%。[2] 再到 1998 年，移民家庭接受现金福利的比例为 10%，而本土人家庭为 7%，二者相差 3%。此外，在所有接受过某些类别资助的家庭中，本土人家庭达 15.4%，而移民家庭高达 22.4%。[3]

战后新移民之所以有着较高的福利参与率，其原因是多方面的。首先，自 20 世纪以来，随着美国社会福利制度的日臻完善和走向成熟，各种现金与非现金类福利项目空前增多，这是移民有着高福利参与率的前提。其次，与移民的个人与家庭等方面的社会经济状况

〔1〕 George J. Borjas, Stephen J. Trejo, "Immigrant Participation in the Welfare System", *Industrial and Labor Relations Review*, Vol.44, No.2 (Jan., 1991), pp.195-211.

〔2〕 Peter Duignan and L.H.Gann, eds., *The Debate in the United States over Immigration*, pp.123-124.

〔3〕 George J. Borjas, *Heaven's Door: Immigration Policy and the American Economy*, pp.106, 111.

直接相关。如前所述，由于新移民主要来自拉美与亚洲地区，与美国本土人相比，他们在教育、技能水平方面整体相对落后，这直接导致其社会经济地位处于某种劣势。同时，移民家庭规模通常较大，未成年子女的数量相对较多，这也意味着需要接受福利的家庭成员较多。然而，有研究发现，当控制了移民的家庭规模、户主的教育程度、年龄以及性别等方面的变量等因素之后，移民与本土人在参与福利方面的差距并不明显。例如，学者波哈斯指出，在 90 年代初，移民参与某类福利的比例比本土人高出 7%。但是，当调整了家庭规模的差异后，二者的差距减少至 6%；当进一步调整户主的年龄、性别与学历等方面的差异后，二者的差距降至 3%；当再次调整定居的地理位置等因素之后，该差距仅为 2%。因此，"导致较高福利参与率的因素并非是移民本身，而是移民人口的社会经济条件"[1]。

当然，来自不同地区和不同国家的移民，其福利参与状况也有所差别。总体而言，移民福利参与率的高低，与其来源国的经济发展水平有着密切关系。来自经济相对发达的欧洲与加拿大等地区的移民，其福利参与率相对较低；而来自亚洲以及拉美地区的移民，其福利参与率明显偏高。在 1998 年，在来自德国、英国、爱尔兰以及加拿大等国家的移民中，只有不足 10% 的家庭接受了某种类型的福利，其比例分别为 7.8%、9.7%、5.8% 以及 9.9%；相比之下，来自亚洲的老挝和拉美的多米尼加共和国的移民接受福利的比例均在 50% 以上，分别为 59.1% 和 54.9%；其他来自中国、越南、牙买加、海地、萨尔瓦多、墨西哥等国家的移民，其接受福利的比例皆在 15% 以上。[2]

在所有移民群体当中，那些来自所谓"难民国家"的移民，通常有着较高的福利参与率。并且他们当中的大多数人，即使在美国

〔1〕 George J. Borjas, *Heaven's Door: Immigration Policy and the American Economy*, pp.112–113.

〔2〕 George J. Borjas, *Heaven's Door: Immigration Policy and the American Economy*, p.110.

已经生活了很长时间，仍较多地接受美国的福利。例如到 1998 年时，50% 以上的柬埔寨与接近 50% 的老挝移民家庭接受了某种类型的福利，越南、古巴移民家庭的比例约 1/3，而来自苏联的移民为 1/3 以上。[1] 难民家庭之所以有着较高的福利参与率，主要是与美国政府针对难民而制定的一系列特殊优惠政策相关。自战后以来，在"冷战"硝烟弥漫的国际格局下，美国政府在政治、经济、文化等领域采取各种措施，与以苏联为首的社会主义阵营展开对抗。在"遏制共产主义"思想意识的指引下，以及为了展示民主、自由之形象，凡是以难民或寻求避难者身份入境的移民，特别是那些逃离社会主义阵营的"难民"，美国通常直接给予许多方面的福利救助。这些难民所享受的部分福利，不仅合法移民无法获得，甚至连美国本土公民都缺乏资格。例如，某些贫困的难民虽然不具备申请未成年儿童家庭援助计划、生活补助金或者医疗补助的资格，但是却能申请专门为难民设置的现金资助和医疗补助。仅在 1995 年，难民安置计划就耗费了 4000 万美元。[2] 显然，这种针对难民的特殊照顾，对该群体的福利参与状况产生了长期且深远的影响。

需要注意的是，当代移民的福利参与也呈现出一种"福利同化"（welfare assimilation）的趋势。也就是说，随着移民在美国居住时间的增加，其社会经济状况虽然在不断好转，但他们对社会福利的依赖程度并未因此有所降低，相反，其参与比例仍呈不断上升之势。以在不同时期入境且其户主处于不同年龄阶段的移民家庭为例，1970 年时，在 1965—1969 年进入美国的、户主年龄在 18—34 岁的移民家庭中，接受福利救济的比例为 3.2%，到 1980 年，同一移民群体领取救济的家庭比例为 7.4%，再到 1990 年，该比例进一步上升至 8.2%；同样，在 1965—1969 年入境且户主为 35—49 岁的移民家庭中，

---

[1] George J. Borjas, *Heaven's Door: Immigration Policy and the American Economy*, p.110.

[2] George J. Borjas, *Heaven's Door: Immigration Policy and the American Economy*, p.109.

在 1970 年时，其接受福利的比例为 5.7%，1980 年时为 10.1%，1990
年时为 11.7%。[1] 可见，这两支不同的移民群体经过在美国 20 年的
生活后，其福利参与率并未逐渐下降，而是有了出乎意料的显著增
长。

当代移民之所以存在着"福利同化"现象，主要源于以下几个
方面。

其一，自殖民地时代起，"公众负担条款"（Pubic Charge Doctrine）
就是各殖民地移民政策中的重要组成部分。拒绝及驱逐那些靠救济
维生的外来人口，是其长期一贯坚持的原则。"公众负担条款"既适
用于寻求入境的外侨，也适用于入境后最初五年内的合法永久居留
者。事实上，依据该项条款所做的大多数判决都发生在美国国土之外，
只有少数人是在进入美国后被驱逐的。其中，大约 10% 的境外申请
者是因"公众负担条款"而未能取得美国签证，而在 1981—1990 年，
依据该条款而遭到驱逐者仅为 12 人。[2] 尽管如此，该条款对于许多
初来乍到的移民仍有着较强的震慑力。那些于战后六七十年代入境
的移民，由于害怕自己接受了福利之后，可能导致被驱逐而无法继
续居住于美国，进而也不可能资助其亲属前往美国并实现家庭团聚，
因此在入境初期他们一般较少接受福利救济。

其二，随着移民在美国生活时间的增加，他们在逐渐熟悉美国
的政治、经济、文化与风俗习惯等的同时，也逐渐了解了美国的福
利体制，开始采取积极主动的态度，寻求在法律制度许可下的各类
救济援助。正如有些学者所言："居住时间的长短是要求提高政府福
利的最有力的预测器，移民在美国的时间越长，要求政府提高福利

〔1〕 Peter Duignan and L. H. Gann, eds., *The Debate in the United States Over Immigration*, p.130.
〔2〕 James R. Edwards, Jr., *Public Charge Doctrine: A Fundamental Principle of American Immigration
Policy*, p.4, http://www.cis.org/sites/cis.org/files/articles/2001/back701.pdf.（2010 年 5 月 23 日
下载）

水平的愿望就越强烈。"[1] 因此，"同化不仅仅涉及对劳动力市场中的机遇的了解，同时也包括福利状况所能提供的各种机会"[2]。

其三，移民群体的福利参与率不断增长，也与移民法所规定的申请归化所需的五年居住期限有关。在入境后五年的归化等待期之内，移民通常很少申请或者尽量回避美国的各项福利，以避免被认为是美国公众救济的负担而遭到驱逐。当经过五年或更长的等待并最终归化入籍成为美国公民时，移民已不再担心被驱逐的问题，转而开始接受其符合条件的各类福利，因此其福利参与率开始显著上升。当然，许多移民在完成归化多年之后，其参与福利的比例仍随着居住时间的延长而持续增加。

此外，不同民族来源的移民群体也存在不同的福利偏好。也就是说，在利用福利救助方面，不同民族来源的移民有自己的侧重点。在 90 年代初，墨西哥移民接受能源补助（energy assistance）的可能性比古巴移民高出 50%，而古巴移民却比墨西哥移民更有可能接受住房津贴（housing subsidies）。当然，由于墨西哥移民与古巴移民主要分布于加州和佛罗里达，他们接受的福利类别，显然与这两个州的福利体制不无关系。但是研究发现，在其他情况同等的条件下，如果某一民族来源的移民在过去曾较多地接受某一类别的福利项目，那么该群体中的新来者也同样较多地接受这一类别的福利。例如，如果两个不同民族来源的群体在享受住房福利方面存在着比例 10%的差异，这两个群体中新到达的移民在住房福利的参与情况上也依然大致有 10% 的区别。至于其中的原因，有学者将之归结于移民群体当中的一种族裔关系网。由于美国当代移民一个显著的特点就是聚众而居，半数以上的移民生活于加州、纽约等少数几个州，以及

---

[1] Stephen C. Loveless, Clifford P. McCue, Raymond B. Surette, and Dorothy Norris-Tirrell, *Immigration and Its Impact on American Cities*, Westport, Connecticut: Praeger Publishers, 1996, p.65.

[2] George J. Borjas, *Heaven's Door: Immigration Policy and the American Economy*, p.107.

洛杉矶、纽约等若干城市，各族裔群体在日常生活中的联系非常密切，因而很容易形成无形的、能够互相提供信息的族裔关系网络，这种网络通常会为新来者提供日常生活、就业等各方面的信息，同时也包括福利方面的相关信息。例如，在美国的一些俄国人社区和华人社区，通常会有俄文以及华文报纸对某种福利项目的申请程序和资格要求等进行详细报道。许多华人书店里也销售一种仅有 36 页的汉语版美国生活指南，内容包括如何申请生活补助金及其他福利。[1]总之，在族裔关系网的作用下，新到移民总是循着前者的足迹，较多地利用本民族群体已熟稔的福利项目，从而导致不同民族群体中间存在着不同的福利偏好。

移民群体较多地参与社会福利的现实，引发了美国公众的密切关注。特别是在移民分布较为集中的地区，围绕移民是否耗费过多福利的问题，人们甚至展开了激烈的辩论。其中，加州民众对于移民的不满情绪，在 1994 年时升至顶峰。是年，该州以公投方式通过的"187 提案"，则是民意主张限制移民接受福利的直接结果。同样，移民的福利参与问题也引起了美国联邦政府的高度重视，国会先后采取了一系列措施，以限制移民享用福利。早在 1980 年，国会通过的《社会安全法修正案》中就曾规定：移民必须受制于所谓的"担保条件"（deeming requirement），即将某一移民的资助者的收入作为该移民申请某一类型福利的条件之一。这一担保程序显然减少了部分新移民申请福利的机会。该项担保条件一开始只是限制移民对于生活补助金的使用，并且有效时间为三年，但后来又扩展至 AFDC以及其他福利项目。[2] 随后，1986 年的《移民改革与控制法》也禁止那些被赦免的非法移民在五年内享受绝大多数种类的公共资助。到 1996 年，克林顿总统签署了《个人责任与工作机会协调法》（*Personal*

---

〔1〕 George J. Borjas, *Heaven's Door: Immigration Policy and the American Economy*, pp.118–119.

〔2〕 George J. Borjas, "Welfare Reform and Immigrant Participation in Welfare Programs".

Responsibility and Work Opportunity Reconciliation Act）[1]，进一步加强了对获取福利的资格限制。其中，涉及移民的条款主要为：

（一）大多数在 1996 年 8 月 22 日之前进入美国的非美国公民，即"立法前移民"，禁止在一年之内接受生活补助金与食品券（然而，该条款并未完全执行）。

（二）凡是在 1996 年 8 月 22 日之后进入美国的移民，即"立法后移民"，禁止接受大多数的公共救济。当移民变成美国公民之后，这些限制得以解除。

（三）"立法后移民"受制于更严格的"担保规定"（deeming regulations）。移民资助人符合条件的收入和财产，将被认定为是移民申请多数公共资助的一个前提，并且该担保期持续十年。[2]

该法是对美国福利体制的一次重大改革，也对移民的福利参与情况产生了深远影响。它削减了对贫困家庭的福利支持，要求所有接受政府资助的身体健全者都应该参加工作，而不是仅仅依靠接受政府的救济度日。有研究预测，在该法实施后的 1997—2002 年，美国共计节省了 450 亿美元的联邦财政支出，其中，几乎有一半可以直接归功于移民耗用福利的削减。[3] 不仅如此，移民的福利参与率也随之开始明显下降。以 1995—1998 年移民参与福利的数据为例，在该法尚未实施的 1995 年，接受过某一类别福利的移民家庭的比例为 23.8%，而在其实施后的 1997 年、1998 年，比例分别下降至

---

〔1〕 在 1996 年，美国还专门出台了另一项移民法令，即《非法移民改革与移民责任法》（*Illegal Immigration Reform and Immigrant Responsibility Act*）。该法的核心在于控制非法移民，不仅要求在边境上加强控制，而且还加大在美国内部惩治非法移民的力度。此外，该法还要求移民资助者的收入必须在国家贫困线的 125% 以上。

〔2〕 George J. Borjas, "Welfare Reform and Immigrant Participation in Welfare Programs".

〔3〕 Jacqueline Hagan, Nestor Rodriguez, Randy Capps, Nika Kabiri, "The Effects of Recent Welfare and Immigration Reforms on Immigrants' Access to Health Care", *International Migration Review*, Vol.37, No. 2 (Summer, 2003), pp.444–463.

20.2% 和 20%。在移民最为集中的加州，其福利参与率的下降幅度尤为明显。在 1995 年，参与某种类别福利的加州移民家庭的比例为 31.1%，而至 1997 年和 1998 年，该比例分别降至 23.7% 和 23.2%。不过，在此期间，美国本土人的福利参与率也同样有所下降。从全国水平来看，其参与率由 1995 年的 15% 减少至 1998 年的 13.4%。[1] 显然，无论是对移民还是美国本土人参与福利，美国福利改革均起到了一定的遏制作用，而且它对前者的影响还要甚于后者。然而即便如此，与美国本土人相比，新移民接受社会福利的现象更为明显，仍是一个不争的事实。

1996 年的福利改革法剥夺了非美国公民在享受福利方面的多数权利，从而在美国公民与非公民之间划出了一条明显的界线。此后，非美国公民的外来移民在美国的处境变得比以前更为艰难。这些移民为了在美国更好地生存，其途径之一就是转变成美国公民，以获得享受各种福利的资格。因此，积极完成归化、变成美国公民是他们的一个重要选择。自 1996 年以来，美国每年所接收到的归化申请的数量迅速增长，归化公民也日趋增多。例如，直至 90 年代初期，每年申请归化的移民人数不过二十余万；到福利改革法出台前夕，部分移民由于得知新的法令即将实施，因而申请归化者开始明显增多，由 1994 年的 54 万增加至 96 万；到 1996 年，该数字上升至 128 万，1997 年更是上涨至 141 万。此后，申请归化的人数虽有所回落，但直至 2008 年，年均仍保持在 50 万以上（2000 年除外，为 46 万）。[2]

---

〔1〕 George J. Borjas, "Welfare Reform and Immigrant Participation in Welfare Programs", pp.1101–1103.

〔2〕 U.S. Department of Homeland Security, Office of Immigration Statistics, *2008 Yearbook of Immigration Statistics*, pp.51–52, http://www.dhs.gov/xlibrary /assets/statistics/yearbook/2008/ois_yb_2008.pdf.（2010 年 1 月 17 日下载）

第二节　当代移民的福利影响

在过去的几十年中，移民越来越多地占用美国社会福利资源的状况，引起了许多美国人的忧虑。他们认为，大量移民、难民与非法移民的到来，导致了严重的财政负担问题，特别是在移民分布最为集中的地区。例如，加州州长皮特·威尔逊曾向联邦政府要求14.5亿美元的财政拨款，以补偿移民造成的费用。纽约州由于每年拘禁3000名非法移民，不仅导致监狱拥挤不堪，而且耗费资金达6500亿美元，因此该州也要求联邦政府支付这笔费用。[1] 诺贝尔奖得主、芝加哥大学的经济学家加里·贝克尔也对此忧心忡忡，因为他担心美国当前的福利体制可能正充当着吸引来自贫穷国家移民的"磁石"，最终极大地增加政府的财政支出。[2] 哈佛大学著名学者波哈斯教授借助"封底运算"（back-of-the-envelope calculation）的方法，认为在1990年，移民仅在救助性的社会福利方面造成的财政负担就大约是160亿美元。[3] 显然，美国人对于移民造成的财政影响的关注，主要出自于对移民耗用社会福利的考虑。

---

〔1〕 Nicolaus Mills, ed., *Arguing Immigration : The Debate Over the Changing Face of America*, p.71.

〔2〕 Vernon M. Briggs, Jr. and Stephen Moore, *Still an Open Door? U.S. Immigration Policy and the American Economy*, p.91.

〔3〕 George J. Borjas, *Immigration and Welfare:1970-1990*, pp.22-24. "封底运算"法的计算步骤具体如下：在1990年，移民接受的现金福利为370亿美元，占全部现金福利的13.1%。然而，当年政府的"需经家庭经济调查的补助项目"（包括现金福利与非现金福利）的支出额为1813亿美元，若以同比13.1%计算，则移民共耗费了238亿美元；当年，移民家庭的总收入额为2847亿美元，若以30%的税率计算，移民交纳税款总额为854亿美元。表面看来，移民交纳的854亿美元税收远超其耗用的238亿美元的福利费用，似乎是移民产生了较明显的财政收益。但是，在1990年，美国投入在"需经家庭经济调查的补助项目"上的支出费用，只占其全部社会服务支出的8.9%，而剩余91.1%则用于社会保险、医疗保险、失业保险、教育等其他服务方面。那么，同样以8.9%的比例来计算，移民交纳的854亿美元的总税额中，仅有76亿美元投入到"需经家庭经济调查的补助项目"当中，与移民消耗的238亿美元相比，差额为162亿美元。因此，仅在这种救助性的社会福利方面，移民造成的财政负担就达162亿美元。

移民所消耗的政府财政支出，除了政府提供的各类救济福利费用之外，还包括社会安全、医疗以及失业保险等方面的转移支付，以及政府在公共教育、交通使用、治安维护等方面使移民受益的支出费用。事实上，移民占用比例较高的那些纯粹救助服务性质的福利，只占美国每年全部社会服务支出的较小一部分。例如，在 1989 年，政府全部支出总额为 20310 亿美元，其中，只有 1813 亿（约占 8.9%）用于支付所有"需经家庭经济调查的补助项目"（Means-tested Entitlement Programs），而其余的 91.1% 全部用于社会服务项目。[1] 另一方面，移民也通过多种途径为政府做出了财政贡献。移民贡献的财政收入主要包括税收费用、许可证费用（fees and licenses）、公共教育的学费、对政府的捐赠，以及其他涉及钱款由个人流向政府的各种费用。因此，要考察移民对于美国的财政影响，必须区分移民所导致的政府财政支出以及他们创造的财政收入。只有通过对比移民消耗的费用与其创造的财政收入，才能做出移民究竟带来积极还是消极的财政影响的正确判断。如果移民家庭消耗的政府支出超过其贡献的财政收入，则该移民就是一个净财政负担，反之，如果他们为政府提供的税收超过了其消耗的各种福利及其他费用，则意味着移民创造了净财政收益。

正是由于移民的"成本—收益"计算涉及方方面面的支出与投入，因此许多关于移民的财政影响的研究都难免会忽视其中的某些因素而导致存在一些不足。例如，在 90 年代初期，城市研究院（Urban Institute）的学者进行了一项著名研究，认为移民每年支付的各类税收，比他们所消耗的教育与福利方面的费用多出 270 亿美元，因而移民是重要的财政贡献者。然而，在另一份同样较有影响的研究中，莱斯大学经济学荣誉教授唐纳德·赫德尔（Donald Huddle）则认为，

---

[1] George J. Borjas, *Immigration and Welfare: 1970-1990*, p.22.

在 1992 年，移民对美国造成了超过 400 亿的净财政支出。[1]

两份研究之所以在结论方面出现如此大的差异，首先是与这些研究背后的移民立场相关。城市研究院是一个支持移民的思想库性质的研究机构，而赫德尔的研究则是由一个名为"承载力网络公司"（Carrying Capacity Network）的组织赞助的，该组织是主张削减移民的。当然，出现差异的最主要因素还是因为这两个研究所基于的假设不同。城市研究院的研究认为，除却消耗的学校教育费用与福利之外，移民并不会增加诸如国家公园的维护、卫生服务、道路的维修与保养等方面的费用。而另一方面，赫德尔的研究认为，每增加六个移民，将会导致一个本土人失业，并被迫接受福利救济，因此，那些被替换的本土人所消耗的费用也应计算入移民的财政支出中。[2]显然，这两种假设都难以令人信服。没有事实证明，移民必然导致大量本土人口被迫接受福利；另外移民不会增加除福利与教育之外的公共领域的费用的假设，也是不成立的。

为深入地研究这一问题，1995 年，美国国家研究委员会召集了十余名来自不同学科的资深学者，组成一个研究组，以新泽西和加州的移民家庭为考察对象，多层面、多角度地对他们交纳的全部税收以及消耗的各种社会服务与福利进行比较，得出的结论认为：在不同政府层面，移民的财政影响有所不同，移民给州和地方政府带来了财政负担，却给联邦政府创造了财政收入。不过，移民在联邦层面创造的财政收入，不足以抵消其在州与地方造成的财政负担。尽管移民的财政影响在短期内似乎是消极的，但由于这样的影响是一个长期持续发生作用的过程，不仅涉及移民的有生之年，而且也涉及移民的后代，因此，从较长时间跨度看，移民又给美国做出了

---

〔1〕 George J. Borjas, *Heaven's Door: Immigration Policy and the American Economy*, p.121.

〔2〕 George J. Borjas, *Heaven's Door: Immigration Policy and the American Economy*, p.121.

积极的财政贡献。[1] 该研究报告既强调了移民对不同层级政府的影响，也注意到了移民的短期与长期影响，其结论相对客观、公允，也相应奠定了学界在移民的财政影响问题上的认识基调。

那么，为什么在联邦、州与地方政府的不同层面，移民的财政影响却有所不同？首先，这与美国的财政税收体制密切相关。一方面，包括移民在内的纳税人交纳的税款，绝大部分流入联邦国库，但联邦政府用于某些公共服务的财政支出，像国防支出的费用，不会因移民的到来而增加；另一方面，州和地方政府只接受了移民交纳税收的一小部分，却承担了为移民提供多数社会服务与福利的义务。例如在 1995 年，加州家庭的平均纳税额为 16227 美元，其中 8000 美元为收入税，5300 美元为就业税，940 美元为销售税，1000 美元为财产税，987 美元为其他税收。这些税收由联邦、州与地方三级政府共同分享，但是，联邦占了 73.7%（11966 美元），州占了 18.3%（2971美元），地方仅占 7.9%（1290 美元）。[2] 同样，兰德公司的研究也指出，移民所交纳的税收，主要以收入税和社会安全税的形式流向联邦，约占总额的 2/3，而支付给地方政府的却不足 15%。[3] 其次，这也是各级政府推卸责任的"多米诺效应"的结果。也就是说，联邦政府将本应承担的、为移民提供福利与社会服务的部分职责推给州政府，而州政府又将部分职责转嫁于地方政府。由于地方政府再也无法推卸责任，只能被迫担负起这些义务。[4] 最终，移民消耗的大部分福利支出都来自于州与地方政府，而移民所交纳的税收又多流

〔1〕 James P. Smith and Barry Edmonston, eds.,*The New Americans: Economic, Demographic, and Fiscal Effects of Immigration*, pp.254-294,342.

〔2〕 James P. Smith and Barry Edmonston, eds.,*The Immigration Debate: Studies on the Economic, Demographic, and Fiscal Effects of Immigration*, pp.74,135.

〔3〕 Vernon M. Briggs, Jr. and Stephen Moore, *Still an Open Door? U.S. Immigration Policy and the American Economy*, p.95.

〔4〕 Eric S. Rothman, Thomas J. Espenshade, "Fiscal Impacts of Immigration to the United States", *Population Index*, Vol.58, No.3, 1992, p.410.

向联邦政府。因此总体而言，移民对州与地方政府的财政影响是消极的，对联邦的影响却是积极的。

如上所述，移民的财政影响也呈现一个动态的变化趋势，即在短期内是消极的，而长远看却又是积极的。这是因为移民在入境之初，通常经济较为落后，他们一方面接受了较多的福利救济，另一方面交纳的税收却有限，因此给美国造成了一定的财政负担。学界有关移民给美国带来负面财政影响的观点，多是建立在静态的短期考察基础之上，无法准确诠释处于动态变化中的移民及其家庭在较长时期内产生的实际财政影响。因为随着在美国居住时间的增加，移民逐渐积累了必要的人力资本，增强了经济创造能力，交纳的税收越来越多，并最终超过其耗费的福利，因而给美国创造了财政盈余。对此，国家研究委员会的报告指出，大约在入境20年后，移民开始由财政负担的制造者，变成财政盈余的创造者。[1] 不仅如此，那些出生及成长于美国的移民后代，在成年后做出的经济贡献，也是移民财政贡献的一部分。该报告甚至认为，如果以300年的时段来计算，平均每位移民创造的财政贡献达80000美元。[2] 当然，由于未来美国的移民、金融与财政政策等存在难以估测的变数，这个建立于多重假设基础上的长时段预测，未必就是一个准确无误的结论，但它从一个侧面表明，从长远来看，移民将给美国带来积极的财政影响。

与其短期负面影响相比，移民的长期积极财政影响通常较为隐蔽。譬如，移民未成年子女的教育费用问题，就是一个明显例证。前文指出，移民家庭通常有较多的未成年子女。这些子女享受的教育福利，在移民家庭耗费的政府财政支出中占较高比例。例如

---

〔1〕 James P. Smith and Barry Edmonston, eds., *The Immigration Debate: Studies on the Economic, Demographic, and Fiscal Effects of Immigration*, pp.297-362.

〔2〕 James P. Smith and Barry Edmonston, eds., *The New Americans: Economic, Demographic, and Fiscal Effects of Immigration*, pp.254-294,342.

在 1996 年，新泽西州的地方政府平均为每个移民家庭支出了 4236 美元，其中用于移民子女"K-12"基础教育的费用达 2985 美元，比例为 70.5%；而州政府平均为每个移民家庭支出了 3146 美元，其中用于"K-12"基础教育的费用为 1878 美元，比例为 59.7%。[1] 移民子女耗费的教育费用，固然在短期内增加了政府的财政支出，但它作为一种人力资本投资，必然会在未来带来相应的收益。当那些接受了良好教育的移民子女进入就业市场之后，有可能获得较高收入，从而也能够交纳更多税收。因此，"为移民子女提供教育福利的财政影响在短期内可能是负面的，若从其终身方面考虑的话，则又是积极的"[2]。不仅如此，许多移民在美国生育的子女，在幼年曾耗费了大量的福利支出，他们在成年后为美国做出重要财政贡献时，其身份却不是移民了，而是美国本土人。这在无形之中又强化了移民对美国财政的负面影响，弱化了他们的积极影响。

就本身而言，移民其实就意味着一大笔财富由原籍国向美国的无形转移。由于移民以青壮年为主，他们在原籍国成长时消耗的各种抚养费用与教育费用，并未由美国承担。特别是各类技术、专业人才的入境，更意味着为美国带来更多财富。有学者指出，在 1950—1975 年，大量移民科学家和工程师来到美国，意味着每年节省了 86 亿美元的教育费用，这一数额甚至超过同期美国向第三世界提供援助的总额。[3] 此外，移民进行的各种生产与消费活动，也为美国创造了相应的经济效益。尤其是那些高科技移民，通过创办大量的企业，他们在创造巨额经济财富、交纳较多税收的同时，也提

〔1〕 James P. Smith and Barry Edmonston, eds., *The New Americans: Economic, Demographic, and Fiscal Effects of Immigration*, p.276.

〔2〕 Center for Continuing Study of the California Economy, *The Impact of Immigration on the California Economy*, p.44, http://www.labor.ca.gov/panel/pdf/impactimmcaecon.pdf（2005 年 12 月 26 日下载）

〔3〕 Vernon M. Briggs and Stephen Moore, *Still an Open Door? U.S. Immigration Policy and the American Economy*, p.139.

供了众多就业岗位。在 2005 年，移民创办的工程与技术公司创造了 520 亿美元的销售收入，雇用了 45 万名员工。[1] 然而，许多人在指责移民给美国造成财政负担的同时，却有意或无意地将移民自身所携带的无形财富，以及他们给美国创造的除税收之外的各种经济收益忽略了。

需要指出的是，包括国家研究委员会的研究在内的多数成果，在涉及移民的福利和财政影响问题时，通常将所有移民视作一个整体，未对不同教育、技能水平的群体加以区分。显然，不仅不同族裔来源的移民会有不同影响，即使在同一族裔群体中，教育技能水平不同的移民，其造成的影响也有所不同。接受了良好教育、拥有熟练技术的移民，对美国的财政影响无疑是积极的；相反，那些缺乏学历与技术的移民，其影响通常是消极的。美国《2005 年总统经济报告》指出，高中及以上学历的移民及其后代贡献的财政税收多于其消耗的福利，因而在整体上给美国带来了积极影响。但是，高中以下学历的移民则带来了消极的财政影响，他们的平均净现值为负 13000 美元。其中，第一代移民的净现值高达负 89000 美元，但大部分被其后代贡献的 76000 美元净现值所抵消。[2] 因此，尽管从整体及长远看，移民的财政影响是积极的，但不同教育技能水平的移民所做的贡献却存在着显著差别。

最后，关于移民的财政影响，笔者在此提出两个需要注意的问题。

第一，那些强调移民给美国制造了财政负担的观点，往往忽视了美国正面临的一个严峻现实：随着人口老龄化时代的到来，在出生率不断下降、青壮年劳动力供应相对不足的情况下，谁来为美

---

〔1〕 Vivek Wadhwa,et al., *America's New Immigrant Entrepreneurs*,http://ssrn.com/abstract=990152.（2013 年 8 月 15 日下载）

〔2〕 *Economic Report of the President , 2005*, p.107.

国提供社会保险基金，为已进入老龄的"婴儿繁荣一代"养老？在1900年，美国65岁以上人口的比例只有4.1%，到2000年，此比例为12.4%，预计到2030年将达到19.4%。而根据社会保障局的人口预测，老年人口的数目会一直上升到2080年，将由2000年的3551万上升到2030年的6940万，至2080年为9654万。不仅如此，高龄的老年人口数量也持续增加。在2000—2050年，85岁以上的人口将从430万增加到1820万，增幅为323%。同一时期，75—84岁人口也将从1230万增加到2590万。[1]

对于这样的人口变化预测，美国学者斯蒂芬·穆尔在90年代已明确指出："增加移民对于美国的国家利益，比历史上任何时期都要重要。"因为在随后的20年里，那些高度依赖政府福利如社会保险和医疗的美国老龄人口会持续增长，而新进入劳动力市场的20—29岁年轻工人又将减少10%。当"婴儿繁荣一代"进入退休年龄后，在移民没有增加的情况下，未来的工人将面临严峻的压力。在1970年，平均每四个工人维持一个退休人员，1990年时平均每三个工人维持一个退休者，到2030年，将只有不足两个工人来维持一个退休者。为这些"婴儿繁荣一代"提供健康护理和社会保险，将导致税收总额增加40%，这对于年轻一代的美国工人而言，无疑将是一个巨大的包袱。[2]正是由于有了移民，特别是大量青壮年移民的存在，美国的社会保险体系才能维持支付能力。因此，从这个意义上讲，移民绝不是美国社会福利救济的负担，反而是财政收入的贡献者。

第二，美国对于其他国家的移民是否具有一种福利"磁石"效

〔1〕劳伦斯·J.科特里考夫、斯科特·伯恩斯：《即将到来的世代风暴：美国经济的未来》，李靖野、王宇、苏丽刚译，沈阳：东北财经大学出版社，2007年，第4—10页。

〔2〕Vernon M. Briggs, Jr. and Stephen Moore, *Still an Open Door? U.S. Immigration Policy and the American Economy*, p.89.

应的问题。自 20 世纪 30 年代以来，美国的社会保障体制逐渐确立并日趋完善。虽然与高福利的西欧国家相比，美国仍有一定的差距，但其福利水平毫无疑问也位于世界前列。在 1996 年，加州一个典型的拥有两名子女的家庭若接受未成年儿童家庭援助计划，将会得到 7200 美元的现金福利；这个家庭可能也具备申请食品券的资格，于是每年又可以获取 3000 美元；如果该家庭又参与了医疗补助计划，它又将收到价值超过 6500 美元的福利。同一年，中国的人均收入为 3200 美元，哥伦比亚的为 6000 美元，菲律宾的为 3000 美元。[1] 通过数字对比可以发现，对于生活在美国加州的家庭来说，即使成天无所事事，其所得到的收入也高于世界上多数欠发达国家的家庭。于是，许多美国人认为，拉美与亚洲移民之所以大量涌入美国，美国福利体制的吸引是其中一个主要的原因。例如，加州的许多美国人就倾向于认为，来自拉美地区的移民女性之所以频繁地生育拥有美国公民身份的子女，其目的是为了充分利用该州提供的慷慨福利，并称这些妇女为"福利女王"。[2]

不可否认，来到美国的部分移民因为其不利的经济处境，存在着较多接受福利的现象。但是，这绝不意味着他们当初前往美国的主要动力就是享受美国的福利。移民之所以纷纷涌向美国，除部分寻求家庭团聚和所谓的政治自由者之外，余者皆是期望能够利用美国所提供的相对广阔的发展空间，以改变当前不利的经济现状，或实现更高的经济目标。当这些移民进入美国后，部分人因为自身人力资本不足，在美国劳动力市场遭遇重重困难，经济收入一度一落千丈。尽管如此，与美国的那些"贫困阶层"明显不同的是，他们仍然积极勤奋地工作，属于"工作的穷人"（working poor）。为了维

〔1〕 George J. Borjas, *Heaven's Door: Immigration Policy and the American Economy,* p.114.

〔2〕 Marta López-Garza and David R. Diaz, eds., *Asian and Latino Immigrants in a Restructuring Economy: The Metamorphosis of Southern California*, California: Stanford University Press, 2002, p.47.

持生计或是生活得更舒适，他们的确接受了美国提供的各种福利，但这不足以说明享受美国的福利就是他们的终极目的。一个最具有说服力的事实就是，1996 年美国进行了福利改革之后，前往美国的移民人数并未因此急剧减少，而是呈现稳中有升的趋势。仅从美国接纳的合法移民来看，在福利改革之前的 1995 年，入境的合法移民为 72 万；在福利改革之后的 1997—2000 年，每年入境数量在 64—84 万；2001—2002 年年均超过 100 万，随后在 2003 年（70 万）、2004 年（96 万）略有下降，在 2005—2008 年又年均在 100 万以上。[1] 显然，如果当代移民的目标是获取美国丰厚的社会福利的话，那么在 1996 年的福利改革之后，其入境人数应该有所下降，然而这却不是事实。这说明，美国对移民的福利"磁石"效应之说是站不住脚的。

第三节　非法移民：财政负担的制造者？

在探讨这一问题之前，首先需要明确的是，对于任何国家而言，非法移民都是不受欢迎的群体，他们的到来，扰乱了入境国的正常社会生活秩序，其消极影响显而易见。因此，各国针对非法移民采取种种限制措施，都是十分正常的现象。美国作为世界上最大的移民国家，自 20 世纪中后期起，其境内的非法移民数量开始泛滥，从七八十年代始至今长期居高不下。特别是在那些非法移民较为集中的地区，反对移民的情绪日趋升温，要求加强移民控制的呼声尤为盛行。例如加利福尼亚、亚利桑那等州，曾相继通过了旨在限制非法移民的法案。同样，联邦政府也采取各种立法举措，对非法移民

---

[1] U.S. Department of Homeland Security, Office of Immigration Statistics,*2008 Yearbook of Immigration Statistics,* p.5.

加以遏制，但收效甚微。[1]美国所渴求的妥善解决非法移民问题之策，似乎依然无迹可寻。然而，如果仅从福利支出与财政用度的角度来看，美国的非法移民是否就是财政负担的制造者呢？

美国缺乏对非法移民的详细记载与区分，所作统计等通常只是根据出生地而将人口划为本土出生人口与外国出生人口。大多数研究在分析移民的财政影响时，也很少对移民的入境身份加以区分，而是将合法移民、非法移民以及难民等看作一个整体。因此，对非法移民的福利影响进行直接分析的研究并不多见。尽管如此，学者及民众普遍认为，非法移民由于其自身教育程度低、技能水平落后，他们在无力做出相应的赋税贡献的同时，却消耗了大量的社会服务及福利费用，因而是造成美国政府财政负担的一个主要群体。例如，美国移民改革联盟（Federation for American Immigration Reform）2010年的一份报告指出，非法移民每年耗费1130亿美元的财政支出，其中联邦支出290亿，州与地方支出840亿。[2]城市研究院的学者迈克尔·菲克斯（Michael Fix）和杰弗里·S. 帕赛尔（Jeffrey S. Passel）在其研究中也明确宣称："非法移民而非合法移民，才是唯一可能产生负面财政影响的群体。"[3]

应该承认，某些迹象似乎表明，非法移民是财政负担的制造者。因为非法移民的人力资本普遍较为匮乏，缺乏足够的学历和相应的

---

[1] 在1994年，加州民众以59%对41%的多数投票，通过了著名的"187提案"，要求禁止非法移民享受公立教育及几乎所有的社会福利；在2010年，亚利桑那州通过了"SB1070法案"，对非法移民实行严格控制和管理。该两项法案最终被最高法院判决因违背联邦法律而无效。联邦政府从20世纪80年代起就开始试图立法来解决非法移民问题。1986年《移民改革与控制法》主要通过制裁雇主、大赦非法移民、加强执法等途径，以控制与减少非法移民；1996年《非法移民改革与移民责任法》则以对非法移民采取极其严厉的打击措施而著称；1996年《个人责任与工作机会协调法》则严格限制非法移民的就业。

[2] Jack Martin and Eric A. Ruark, *The Fiscal Burden of Illegal Immigration on U.S. Taxpayers: 2010*, http://www.fairus.org/publications/the-fiscal-burden-of-illegal-immigration-on-u-s-taxpayers.（2014年5月4日下载）

[3] Michael Fix and Jeffrey S. Passel, *Immiration and Immigrants: Setting the Record Straight*, p.70.

就业技能，多从事脏、乱、差且收入微薄的职业，通常位于社会经济底层。例如，皮尤西裔中心 2009 年的一份调查报告指出，在 25—64 岁的非法移民中，不足高中学历者占 47%，而此年龄段的美国本土人的比例仅为 8%。在经济收入方面，非法移民的家庭中位收入在 2007 年为 36000 美元，远低于美国出生者的家庭中位收入 50000 美元。此外，1/3 的非法移民子女及 1/5 的成年非法移民生活于贫困之中，而美国本土出生的儿童及成年人的该项比例分别为 18% 和 10%。[1] 因此，非法移民的不利经济状况，很容易让人推断，他们在入境后会成为社会福利的依赖者。

然而，尽管认为非法移民带来了财政负担的看法较为盛行，但这种观点却是较为武断和片面的，因为它既忽视了非法移民在获取福利资格方面的先天不足，同时也只看到了非法移民利用福利的暂时性后果，却无视他们带来的长期与实际的财政影响。

首先，从非法移民消耗的政府福利费用来看，由于其入境身份特殊，非法移民在接受政府提供的服务与救济方面，难以获得与美国本土人以及其他合法移民同等的权利，具备申请资格的福利计划类别屈指可数。特别是美国在 1996 年进行了福利改革之后，包括合法移民在内的非美国公民，享受福利的资格均受到严格限制，当然非法移民就更不用说了。联邦政府提供的多数福利，包括社会保险、食品券、医疗补助以及贫困家庭临时援助计划等，非法移民都被禁止获取。兰德公司与加州大学的研究者调查发现，在 2000—2001 年，在洛杉矶县那些承认自己是非法移民的被调查者当中，有 65% 在此前两年中没有健康保险。皮尤西裔中心也曾估计，在 2004 年，50% 以上的非法移民儿童以及几乎 60% 的非法成年移民没有健康保险。此外，在那些出生于美国、属于美国公民但其父母是非法移民的儿

---

〔1〕 Jeffrey S. Passel and D'Vera Cohen, *A Portrait of Unauthorized Immigrants in the United States*, http://pewhispanic.org/files/reports/107.pdf.（2014 年 5 月 4 日下载）

童当中，同样有 25% 缺乏健康保险。[1]

当然，非法移民可能造成的财政费用，同样主要是由州与地方政府承担。联邦政府要求，不管移民是何身份，州和地方政府必须对其提供某些方面的福利。非法移民较少享有健康医疗保险，只能依靠地方提供的紧急医疗救助或公立医院，来诊治疾病以及处理其他与健康相关的问题。即便如此，许多非法移民因担心暴露身份而遭到驱逐，很少主动寻求这些福利救助。各州与地方政府为非法移民提供服务的各类支出，只占它们为辖区内定居人口提供的服务总费用的小部分，通常不到 5%。即使在加州某些非法移民较多的地区，此类费用基本也不超过 10%。[2]总体而言，非法移民耗费的福利支出，实际较为有限。

其次，非法移民消耗最多的政府财政支出，也主要是其子女接受公共教育方面的费用。联邦和州法院都规定，不得因学生的个人身份，拒绝为其提供免费的公共教育。因此，与其他美国公民以及合法移民一样，非法移民享有同等的受教育权。随着非法移民不断增多，从幼儿园至 12 年级的学生当中，非法移民子女所占的比例也在不断增加。根据皮尤西裔中心的预测，在 2008 年，其父母双方中至少有一人是非法移民的 K-12 学生的比例为 6.8%。其中，在亚利桑那、加利福尼亚、科罗拉多、内华达和得克萨斯五州，至少 10% 的学生为非法移民的子女。[3]非法移民的子女入学后，相应增加了地方公立学校的学生人数，进而导致地方政府在教育投入上费用增加。

〔1〕 Congressional Budget Office, *The Impact of Unauthorized Immigrants on the Budgets of State and Local Governments*, 2007, p.2, http://www.cbo.gov/ftpdocs/87xx/doc8711/12-6-Immigration.pdf.（2009 年 4 月 17 日下载）

〔2〕 Congressional Budget Office, *The Impact of Unauthorized Immigrants on the Budgets of State and Local Governments*, p.3, http://www.cbo.gov/ftpdocs/87xx/doc8711/12-6-Immigration.pdf.（2009 年 4 月 17 日下载）

〔3〕 Jeffrey S. Passel and D'Vera Cohen, *A Portrait of Unauthorized Immigrants in the United States*, p.9, http://pewhispanic.org/files/reports/107.pdf.（2014 年 5 月 4 日下载）

在 2010 年，为非法移民子女提供的教育费用达 520 亿美元，几乎都由州与地方承担，是美国纳税者额外负担的最大一笔支出。[1] 在某些州，由于非法移民儿童人数越来越多，当地政府感受到了越来越大的压力。例如，在 2003—2004 学年，明尼苏达州和地方政府为大概 9400—14000 名非法移民儿童投入的教育费用，约为 7900 万至 1.4 亿美元，另有 3900 万美元用于教育那些出生于美国、但其父母为非法移民的儿童。对于那些英语并不熟练的非法移民儿童来说，各学校又通常不得不为他们提供双语教育，显然，他们要比本土出生的儿童耗费相对多的教育福利。据国会预算局的分析，教育那些英语不熟练的学生所花费的费用，比其他本土出生的学生高 20%—40%。[2] 尽管非法移民儿童消耗的教育费用较高，但这种教育投资却不是一笔赔本买卖，它在日后会带来明显的经济回报。此外，许多非法移民的子女是出生于美国的公民。据估计，在 2003 年，非法移民的子女共有 430 万，其中 270 万出生于美国，比例高达 63%；到 2008 年，在所有 550 万非法移民的子女中，有 400 万是出生于美国的美国公民，比例为 73%。[3] 这些子女在幼年时耗费的各种费用，无疑是被算在非法移民头上，而他们成年后做出的所有财政贡献，却又被认定为美国本土人的功劳，已与非法移民无关。这不公平地强化了非法移民是财政负担制造者的形象。

再次，许多人批评非法移民，理由之一是非法移民享受福利，却从不纳税。这种说法无疑是错误的。因为根据《美国税法典》(Internal Revenue Code) 的规定，与其他合法移民和美国公民一

---

〔1〕 Jack Martin and Eric A. Ruark, *The Fiscal Burden of Illegal Immigration on U.S. Taxpayers: 2010*, http://www.fairus.org/publications/the-fiscal-burden-of-illegal-immigration-on-u-s-taxpayers.（2014 年 5 月 4 日下载）

〔2〕 Congressional Budget Office, *The Impact of Unauthorized Immigrants on the Budgets of State and Local Governments*, p.8.

〔3〕 Jeffrey S. Passel and D'Vera Cohen, *A Portrait of Unauthorized Immigrants in the United States*, p.7.

样，非法移民也要依法纳税。然而，由于害怕暴露身份，非法移民的确存在着逃税现象，但是，仍有许多非法移民通过各种途径在纳税。特别是在1996年之后，美国国税局开始发放"个人报税识别码"（Individual Tax Identification Number），允许那些没有合法居留身份的人纳税。于是，许多非法移民据此交纳税款，希望自己的纳税记录对日后身份的转变有所帮助。根据城市研究院的学者的研究，在1998年，纽约州的非法移民平均交纳的联邦、州与地方税，占其收入的15%。[1]美国《2005年总统经济报告》也指出，"50%以上的非法移民从事有案可查的工作并交纳税款"[2]。与此同时，非法移民不仅缺乏享受大多数福利的资格，即便对于那些向他们开放的福利项目，也不敢轻易涉及，"与同等条件的合法移民及美国公民相比，非法移民支付了较高的实际税率"[3]。当然，由于教育与技能水平的限制，非法移民的经济收入较低，交纳的税收相对较少。然而，这些税收只是看得见的、流向各级政府的部分费用，他们做出的大多数经济贡献是较为隐蔽和不易发现的。例如，在2005年，非法移民用于商品与服务方面的消费，以及其相对低廉的劳动力价格给雇主们创造的价值，几近8000亿美元。[4]俄勒冈公共政策中心（Oregon Center for Public Policy）2007年的一份研究报告指出，俄勒冈的公共讨论经常夸大该州非法移民及其家庭耗费的福利支出，却很少提及他们的贡献。在俄勒冈州，非法移民的数量约为12.5万—17.5万，

---

〔1〕 Congressional Budget Office, *The Impact of Unauthorized Immigrants on the Budgets of State and Local Governments*, p.2.

〔2〕 Vivek Wadhwa,et al., *America's New Immigrant Entrepreneurs*, p.107, http://ssrn.com/abstract= 990152.（2013年8月15日下载）

〔3〕 Francine J. Lipman, "The Taxation of Undocumented Immigrants: Separate, Unequal, and Without Representation", *Harvard Latino Law Review*, Vol.9, 2006.

〔4〕 Patricia O'Connell, "Online Extra:A Massive Economic Development Boom", *Business Week*, July 18, 2005, http://www.businessweek.com/magazine/content/05_29/b3943005_mz001.htm.（2011年8月12日下载）

他们每年挣得的收入约为 18 亿—25 亿美元，其中用来支付州收入税、消费税、财产税、社会保障税及医疗保险税等的费用约 1.34 亿—1.87 亿美元。而俄勒冈州的雇主以非法移民的名义支付的州失业保险税、社会保障税、医疗保险税等，达 9700 万至 1.36 亿美元。[1] 非法移民在美国从事繁重的工作，但所得又远低于他们创造的经济价值。在很多情况下，他们所做的经济与财政贡献，被其不法身份所掩盖。自 1986 年以来，美国法律要求雇主登记雇用的移民工人的社会保险号码和签证信息。为了获得工作，许多非法移民提供了伪造的社会保险号码。雇主依据这些号码，为雇员交纳了联邦、州与地方税。但是，由于这些号码是无效的，于是拥有无效号码的社会保险费用大量增加。在 1986—2000 年，每年具有无效号码的社会保险费用高达 70 亿—490 亿美元。[2] 这些保险费用无人认取，因此构成美国一笔额外的财政收入。

　　总之，由于身份的特殊性，非法移民很难叩开美国多数福利项目的大门，其耗费的福利支出相对有限。在接受的有限福利费用中，很大一部分用于了子女的教育，这在日后又会带来相应的经济回报。此外，非法移民不仅直接交纳了相当比例的税收，而且他们在美国进行的生产与消费活动，又间接地创造了大量的经济收入，只是这些贡献难以直接感知而已。如果仅仅因为非法移民在短期内耗费了部分财政支出，就据此忽视他们做出的隐性财政贡献，以及在较长时期内产生的经济收益，并将其视为财政负担的制造者，无疑缺乏足够的说服力。

---

[1] Oregon Center for Public Policy, *Undocumented Workers Are Taxpayers, Too*, http://www.ocpp. org/2007/issue070410immigranttaxeseng.pdf.（2012 年 5 月 3 日下载）

[2] C. 弗雷德·伯格斯坦：《美国与世界经济：未来十年美国的对外经济政策》，朱民等译，北京：经济科学出版社，2005 年，第 358 页。

第四节　移民福利神话的根源

通过前文的分析可知，无论是合法移民还是非法移民，在通过各种途径进入美国后，他们在短期内均耗费了部分社会福利，给美国造成了一定的财政负担。但是，从长远的角度看，他们通过纳税、创办企业以及日常的经济消费等，又给美国带来了财政收入，推动和维持了美国的经济发展。因此，那些认为移民是财政负担制造者的观点，难免有失偏颇。然而，在现实生活中，持此观点者却大有人在，美国人要求加强移民控制、限制乃至禁止移民接受福利的呼声，长期不绝于耳。显然，这一主观偏见与客观历史事实之间存在明显的沟壑，其背后无疑有着深刻而复杂的现实与历史因素。

在现实层面，一方面移民的负面经济影响通常具有易察性，例如他们参与了较多的福利项目，呈现出较高的福利参与率，这些在日常经济生活中都是显而易见的。在美国人高度警惕的目光注视下，"好事不出门，坏事传千里"，移民造成任何负面经济影响的行为或现象，美国人都会毫无遗漏地看在眼里并加以散播，有时甚至肆意歪曲。另一方面，移民的积极经济影响却通常具有隐蔽性与滞后性，往往很难被察觉，或者需要较长时间才能得以显现。例如，移民子女在幼年时耗费的教育福利费用，是地方政府较为重要的一项开支。这笔无形的人力资本投资，却只有等到移民子女成年后才可能获得回报。不仅如此，在日常生活中，移民对商品与服务的消费需求，也刺激和推动了经济的发展，给美国带来积极的经济影响，但这些都是间接和相对隐蔽的。人们总是很容易看到或记住移民造成财政负担的不利影响，却习惯于无视他们创造的财政贡献，因此，在无形中强化了外来移民是财政负担制造者的认识。

从历史传统方面看，美国排外主义思想根深蒂固，是当前强调移民是财政负担制造者之论调盛行的根源。作为一个移民国家，"虽然镌刻于自由女神像基座上的诗篇是其民族自豪感的根源，但其移民政策的修辞与举措却并不高尚。在现实中，自由女神的公开欢迎并非是毫无限制的，每一波新来者总会激起普通民众的焦虑"[1]。排外主义者对于移民的担忧，遍及政治、经济、文化等各个方面，但具体投射到经济生活领域，就是担心移民耗费过多的社会福利，加剧美国人的财政负担。也正是基于这种担忧，自殖民地时代起，为了减少移民带给原有定居者的税收压力，一些地方政府采取相应措施，对那些存在福利依赖倾向的外来贫困人口实施某些限制。例如，马萨诸塞首任总督温斯洛普曾要求，前来者必须带足规定的能满足日常生活需要的物品，方可允许入境。[2] 从 19 世纪上半期起，美国国会也围绕移民接受政府救济的问题，展开长期的讨论，但并未采取任何行动。1882 年，国会开始颁布法令，禁止"任何不能保证自己不会成为接受政府救济的人"入境。1903 年，国会又宣布对那些在入境后两年内成为接受政府救济者予以驱逐。[3] 此后，尽管美国的移民政策几经调整，但其入境大门一直未曾关闭，然而，那些可能成为公众负担的人，始终是被禁止入境的对象。到 20 世纪末，加州"187 提案"的出台，标志着美国人对移民的经济担忧再一次达到顶峰。"187 提案"意在阻止非法移民使用公共的社会与医疗保健服务，并阻止其子女进入公立学校，然而，该提案"与其说是对非法移民的抗议，不如说是对加州经济与财政危机的一种反应"[4]。总之，在排外主义思想的影响下，美国人对于移民会加剧美国经济负担的

---

〔1〕 Judith Gans, Elaine M. Replogle and Daniel J. Tichenor, eds., *Debates on U.S. Immigration,* Los Angeles: SAGE Publications, Inc., 2012, p. xvii.

〔2〕 梁茂信：《美国移民政策研究》，第 19—20 页。

〔3〕 George J. Borjas, "Welfare Reform and Immigrant Participation in Welfare Programs", *International Migration Review*, Vol.36, No.4 (Winter, 2002), pp.1093-1123.

〔4〕 Thomas Muller, "Nativism in the Mid-1990s: Why Now?", in Juan F. Perea edited, *Immigrants Out!: The New Nativism and the Anti-Immigrant Impulse in the United States*, New York: New York University Press, 1997, p.114.

疑虑，始终贯穿于美国的历史进程。

当然，美国人对移民造成的福利影响的担忧，之所以在20世纪末再次迸发，也与这一时期的特殊经济环境有关。在美国历史上，尽管排外主义思想长期阴魂不散，却并非始终赤裸地呈现出来。一般而言，当美国经济正常运行时，美国人的忧虑便暂时隐匿甚至消失，社会中排斥移民的舆论与行为并不突出；当美国经济运行出现故障，尤其恰逢大规模的外来移民涌入时，移民便毫无例外地成为各种社会问题的替罪羊，进而成为众人口诛笔伐的对象。学者托马斯·穆勒（Thomas Muller）指出，美国历史上几个反移民情绪高涨时期，通常具有如下一些共同点：（一）经济不稳定，民众缺乏就业安全感；（二）出现大规模且持续的移民潮；（三）新来者与本土多数人口存在显著的社会、族裔与文化差异。[1]"二战"以后，美国的经济发展就呈现出了上述类似特征。在这一时期，高速发展的美国经济也相应出现了一系列问题，例如，经济结构的调整与大量结构性、技术性失业的出现，经济的周期性衰退以及收入差距的持续扩大等，无不困扰着美国普通民众。同时，从20世纪60年代中期起，来自拉美与亚洲的移民掀起了新的入境高峰，这些移民不仅在数量上创下了新的历史纪录，而且在肤色、文化、族裔、宗教乃至生活习俗等方面，均与美国本土人有着显著差异。所有这些因素，再次激发了美国人内心深处的排外情绪，对移民耗费社会福利的质疑之声也随之兴起。

美国社会存在的对当代外来移民挤占福利资源的担忧，也是美国人实用主义哲学思想的一种本能流露。作为美国土生土长的一个哲学流派，实用主义深深地影响着每个人的行事方式以及政府的一切大政方针，移民政策自不例外。随着国内社会经济的发展以及国

---

[1] Thomas Muller, "Nativism in the Mid-1990s: Why Now?", in Juan F. Perea edited, *Immigrants Out!: The New Nativism and the Anti-Immigrant Impulse in the United States*, p.105.

际环境的变换，美国的移民政策经历了多次调整与修订，每一次的调整都更符合美国的国家利益。美国移民政策的一个主要目标，就是引进外来人才为我所用，同时拒绝不需要的人。那些多产的、可以自力更生并能给美国带来积极贡献的人，是美国移民政策中"受欢迎的人"，美国对他们敞开怀抱；而那些有可能成为公共救济负担的外来者，则是美国移民政策中"不受欢迎的人"，美国对他们加以拒绝和排斥。在美国的移民政策当中，一个古老而又最被遵从的原则就是"公众负担条款"：所有可能成为公众负担的人，均被禁止进入美国；如果一个移民变成了公众负担者，则应被驱逐出境。所谓"公众负担者"，是指那些因不能自力更生而将公共资助作为重要维生之道的人。早在 1645 年，马萨诸塞殖民地就制定了最早的公众负担者法，以限制穷困潦倒的外来人口进入。此后，纽约、特拉华等殖民地，也纷纷采取各种类似措施或是颁布相关法令，排斥有可能成为公共救济负担的人。从 19 世纪末期起，在联邦政府颁布的移民法令当中，绝大多数都涉及"公众负担条款"。[1]"公众负担条款"展示了这样一种思想：一个移民如果被授予成为美国的新成员的权利，那么他就应该有自给自足的能力，并对社会有所贡献。显然，该条款正是实用主义原则的具体体现，其目的在于保证美国能引进高质量、有能力的移民。也正因如此，在将实用主义奉为圭臬的大多数美国民众看来，当代的拉美与亚洲移民参与了较多的福利类别，呈现出明显的福利依赖倾向，无疑是不折不扣的"公众负担"。他们坚定认为移民加剧了美国的财政负担，主张严厉控制外来移民。

美国人对于移民耗费社会福利的片面看法，在深层次上也反映了战后美国新保守主义思潮兴起背景下福利哲学的转向趋势。自战

---

〔1〕 James R. Edwards, Jr., *Public Charge Doctrine: A Fundamental Principle of American Immigration Policy*, pp.2−4, http://www.cis.org/sites/cis.org/files/articles/2001/back701.pdf.（2010 年 5 月 23 日）

后六七十年代起，美国的新政自由主义日渐式微，旨在反对国家干预社会经济生活、恢复自由市场经济的新保守主义思潮迅速蔓延，并成为占据主导地位的意识形态。在这一时期，持续繁荣了二十余年的美国经济，开始进入长期的滞胀阶段，与此同时，社会福利开支不断增加，福利制度的负面效应和潜在危机日益暴露。在许多人看来，福利制度不仅导致联邦政府权力急剧膨胀，破坏了三级政府之间的权力均衡，同时也颠覆了美国传统的工作伦理与价值观，滋长了好逸恶劳、不思进取的心理。[1] 于是，福利制度成为美国人普遍诟病的对象，要求限制政府在福利领域的干预程度、削减政府的福利开支，成为当时的主流思想。到 90 年代，尽管在改革社会福利的具体措施方面，民主党与共和党仍存在较大分歧，但在改革的总体目标上，双方已逐渐达成一致。此后，美国社会福利制度开始由扩张转向紧缩。1996 年，克林顿最终签署了国会通过的福利改革法案——《个人责任与工作机会协调法》。1996 年福利改革法实施后，美国原有的福利制度开始了根本性的变革，外来移民享受福利的资格受到了严厉限制。正因如此，自 20 世纪六七十年代以来，在这种日趋保守的福利哲学思潮的影响下，移民参与社会福利的问题引起越来越多的关注，认为移民给美国带来财政负担的观点才得以盛行。

最后，美国社会中存在认为移民过多参与了福利的偏见，也是长期以来美国新闻媒体对移民问题予以片面报道的结果。在美国，新闻媒体被形象地比喻为继立法权、行政权与司法权之后的"第四权力"，在政治生活中扮演着重要角色。普通民众通常远离第一手的信息，也不直接参与具体政策的制定与执行，媒体人根据自己的价

〔1〕钱满素：《美国自由主义的历史变迁》，北京：生活·读书·新知三联书店，2006 年，第109—110 页。

值倾向与喜好憎恶，对各类信息进行过滤、加工后呈现出来的报道，会直接影响美国民众对于具体政治事件的态度与看法。在美国的不同时期和许多问题上，媒体报道通常是不真实的，头条新闻总是夸大其词和误导的。许多批评者甚至担忧，"媒体的许多碎片式报道，给美国政治创造的麻烦远多于它们所解决的问题"[1]。同样，纵观美国历史，新闻媒体对于移民问题的报道，多存在明显的歧视和偏见。从 19 世纪中后期到 20 世纪初期，美国报纸关于中国、爱尔兰与意大利移民的报道，总是强调语言、宗法观念、生活习性、宗教信仰上的差异以及与之相关的社会问题；到 20 世纪末期，新闻媒体对亚洲和拉美移民的描述，通常聚焦于他们与美国白人的种族、族裔与文化差异等。许多脱口秀与影视节目，在不同程度上煽动了公众对合法与非法移民的恐惧，认为他们耗费了财政资源，导致犯罪与暴力，并且破坏美国正常的社会生活。特别在涉及移民的经济影响问题时，新闻媒体总是过分渲染其消极影响，而忽视他们的积极贡献，"报忧不报喜"是一个常态。有学者指出，在 1995—2005 年有关移民问题的出版物及广播、新闻报道中，相当一部分都在强调移民消耗了费用。新闻记者特别关注移民给纳税者造成的负担、非法移民获取政府福利问题以及维护边境安全的巨额花费。[2] 因此，在舆论片面报道的引领之下，美国民众对新来者的财政影响问题多持负面看法，也就不足为怪了。

分析表明，从长远和整体上看，移民并没有对美国的福利造成不利影响，也没有给美国带来严重的财政负担。然而，在具体的领域，移民的确挤占了美国本土人的资源，移民家庭也可能会因子女较多

---

〔1〕Darrell M. West, *Brain Gain: Rethinking U.S. Immigration Policy*, Washington D.C.: Brookings Institution Press, 2011, pp.65–66.

〔2〕Darrell M. West, *Brain Gain: Rethinking U.S. Immigration Policy*, pp.66–68.

而接受更多的福利。但是这些用于教育投资方面的财政支出，今后是可以带来相应回报的。总之，在移民利用美国社会福利资源的问题上，人们总是很容易看到移民在短期内产生的部分消极影响，并且经常将这种影响不断放大，另一方面却又总是对移民创造的就业机会以及做出的经济贡献视而不见。这种并不全面的认识，正是导致移民的福利影响问题成为移民争论焦点的主要原因之一。

第六章 外来移民与当代美国经济

美国《2005 年总统经济报告》第四章开宗明义地指出："在最近几十年中，美国经历了一整个世纪所不曾遇见过的一次移民浪潮。正如总统（指小布什）所言，移民已经触及了美国经济生活的各个领域，因为有了移民，美国才变得更强大、更好。今天的移民来自世界各个国家，并且从事着从建筑工人到厨师、电脑程序设计师以及医生等各种各样的工作。"[1] 的确，在当代美国的各个国民经济部门中，移民的身影无处不在。尽管这些战后到来的新移民在技能水平上情况复杂，但无论是高科技移民，还是普通移民劳工，都在美国的社会经济生活中扮演着重要角色，都对于美国经济的发展做出了巨大贡献。

第一节　高科技移民与美国经济发展

一　外来移民与技术人才

美国 1965 年移民法实施之后，外来移民的民族来源发生了急剧变化，许多美国人逐渐改变了对移民的看法。他们认为，来自亚洲与拉美地区的当代移民，对于新时期美国的经济发展并无多大意义，

────────────

〔1〕 *Economic Report of the President, 2005*, p.93.

其重要性无法与早期的欧洲和加拿大移民相提并论。显然，这种看法是有失妥当的，当代美国经济的持续繁荣，依然与外来移民紧密地联系在一起。移民不仅为后工业化时代美国的经济发展补充着大量必要的普通劳动力，也为美国源源不断地输送了大批的专业与技术人才，从而保证美国在激烈的全球经济竞争中，维持着世界的领先地位和强劲的竞争力。

在美国，尽管其移民政策的实施有着多重目标，但不可否认的是，引进人才始终是必不可少的。早在美国的奠基时代，各殖民地政府在制定招募移民的相关措施过程中，一个基本原则就是网罗各地人才为我所用。到 20 世纪 20 年代，在确立了移民限额制度的 1924 年移民法中，国会基于当时农业劳动力不足的考虑，把精于农业耕作技术的农民视为国家急需之人才，而将其列为优先入境的范畴。"虽然这种界定失之狭窄，没有顺应工业化发展需要高科技人才的形势，但它毕竟标志着吸引外来人才的原则开始被纳入政府法律。从此，吸引外来人才就成为 20 世纪美国移民政策的一项重要内容。"[1]

值得强调的是，在 30 年代期间，纳粹德国在欧洲展开了疯狂的种族迫害，导致大批犹太难民被迫逃离自己的国家。这一时期，由于国内经济危机问题的困扰和孤立主义思想的盛行，美国并没有向处于水深火热之中的欧洲犹太难民及时伸出援手，采取积极措施接纳他们。但是，这并不意味着美国政府对这一事件置若罔闻、视而不见，相反，它采取了一种近乎趁火打劫的策略，从中重点挑选了那些有着专业技能的难民，从而得到了包括爱因斯坦、费米在内的大批杰出人才。例如，在 1933—1941 年，在仅来自德国、奥地利的犹太难民中，有 7622 人属于知识难民，其中有 1090 名科学家、

---

〔1〕 梁茂信：《美国吸引外来人才政策的演变与效用》，《东北师大学报》（哲学社会科学版），1997 年第 1 期，第 54—60 页。

811名律师、2352名医生、682名记者、645名工程师、465名音乐家、296名造型艺术家、1281名作家和其他文化艺术工作者。在德国、奥地利两国遭到驱逐的约12000名文化精英中，美国至少接纳了63.3%，而在约1400名流亡科学家中，也至少有77%被美国所接收。[1]

"二战"结束后，随着国内外政治、经济与社会形势发生剧变，美国政府对移民政策进行了多次调整，其中，引进具有较高学历、拥有专业技术或突出才能的移民的这一战略目标，在历次出台的移民法中体现得尤为明确。1952年移民法规定，技术类移民的限额占全部移民总限额的50%。其比例如此之高，是迄今为止美国移民政策史上绝无仅有的。到1965年，美国又颁布了新移民法，其中仍然对技术类移民的引进原则作了详细规定。与1952年移民法相比，尽管1965年移民法更强调家庭团聚原则，技术类移民的限额比例也由50%下调至20%，但是，由于该法又将移民总限额由15.6万增加至29万，几乎增加了一倍，因此，技术类移民限额的绝对数量并未明显减少。随后到1990年，美国审时度势，再次对移民政策进行了调整。根据1990年移民法的规定，尽管技术类移民占全部移民限额的比例保持不变，依然为20%，但由于移民总限额又被提高至每年70万（从1995年起稳定为67.5万），因此，技术类移民限额也相应变为每年14万。由此可见，自战后以来，尽管移民政策在不断调整，但始终没有改变引进外来人才的战略目标。外来移民中的专业、技术人才的数量，并未因移民来源的改变而有所减少，反而在不断增长。

需要引起注意的是，除却那些依据技术类条款入境的专业人

---

[1] 转引自李工真：《纳粹德国知识难民在美国的"失语性"问题》，《历史研究》，2008年第6期，第167—192页。

才，在以其他类别形式入境的移民当中，也包括部分专业与技术人才。由于 1965 年移民法中规定家庭团聚类移民限额高达 74%，在就业类移民限额相对紧张的情况下，那些具有特殊才能或一技之长并且有美国亲属的移民，会倾向于选择以亲属移民的身份入境。同样，以难民或避难者身份入境的移民中也不乏大量优秀人才。例如，在卡斯特罗上台后初期，大量古巴社会上层人士纷纷出逃，并以难民身份进入美国。在 1960—1962 年入境者当中，有 37% 的户主是企业主、经理或者专业人士，而在古巴 1953 年的人口统计中，属于此种类别的劳动力比例不足 10%。此外，在这一期间入境的古巴人当中，有 12.5% 完成了四年或更长时间的大学教育，而在 1953 年时古巴人口中这类人员的比例不足 1%。[1] 另外，在越南战争结束前期，同样出现了大批属于专业、技术阶层的越南人逃往美国的难民潮。最后，在那些不受移民限额限制的美国公民的直系亲属类移民当中，也存在着技术人才的可能。

当代美国为吸收他国人才所采取的措施，除了制定移民政策直接吸纳技术移民前来永久定居之外，还通过引进非移民的方式，例如 H-1B 签证，为外国专家、科技人才提供大量的临时工作岗位。如前所述，在 1990 年，美国根据形势发展的需求，颁布了一部新的移民法。该法增加了技术类移民的配额，由原来每年的 5.4 万上升至 14 万。同时，该法又创造了几种非移民签证类别来引进人才，以适应美国对外国特殊人才的需求，其中包括表演类的艺术家和演艺人员、宗教人员、参与国际文化交流的人员，以及在科学、艺术、教育、商业和体育方面有特别才能的他国人。该法首次专门设置了 H-1B 签证，以引进那些从事"专业性职业"（specialty occupation）的技术

---

〔1〕 Lisandro Pérez, "Cubans in the United States", *Annals of the American Academy of Political and Social Science*, Vol.487 (Sep.,1986), pp.126-137.

人才，每年最高限额 65000 人。[1] H-1B 签证要求申请人必须具有美国认可的学士学历或相应的工作经验。在 1998 年，美国国会经过激烈的辩论后，通过了《美国竞争力与劳动力促进法》，对 H-1B 限额进行修订，规定将其配额由 6.5 万增加至 1999 年和 2000 年的各 11.5 万，以及 2001 年的 10.75 万。2000 年 10 月，美国通过了《21 世纪美国竞争力法》，对《美国竞争力与劳动力促进法》所设置的限额也进行了调整，规定 2001 年的 H-1B 限额由原计划 10.75 万增加至 19.5 万，2002 年也增加至 19.5 万。[2] 然而，由于发生了"9·11"恐怖袭击事件，美国人对国土安全的关注日趋严密，此外，2000—2002 年的经济衰退也加剧了美国人关于移民置换本土工人的恐慌心理。于是，在 2004 年，国会又将 H-1B 限额由 19.5 万削减至 6.5 万。尽管如此，国会还是单独设置了一个每年 2 万的 H-1B 签证限额，将其颁发给那些技术密集型产业所急需的、主要是理工科专业的外国研究生。到 2006 年 5 月，美国参议院又通过了一项移民改革议案，该议案拟将 H-1B 限额再次提升至 11.5 万，并且如果限额被用完的话，每年可继续增加 20%。该法案同时放松了对外国研究生的限制，允许理工科的博士生在毕业之后一年里留在美国找工作，从而使这些人在获得职业后永久定居美国。但是，该议案由于与众议院的议案相抵触而未能通过。[3]

从 H-1B 项目实施的结果来看，收效的确颇丰。美国商务部在 2000 年 6 月发表的《2000 年数字经济》报告中指出："H-1B 签证计划填补了 7 万多个信息技术工作岗位，相当于从 1996 年到 1998 年平

〔1〕 U.S. Citizenship and Immigration Services, *The Triennial Comprehensive Report on Immigration*, pp.86-87.

〔2〕 U.S. Department of Homeland Security, Office of Immigration Statistics, *2002 Yearbook of Immigration Statistics*, p.95.

〔3〕 David L. Bartlett, *U.S. Immigration Policy in Global Perspective: International Migration in OECD Countries*, p.15.

均每年需要至少有学士学位资历的信息技术人员总数的29%。"[1] 自90年代以来，大量发展中国家的精英人才通过这种途径，源源不断地移民美国。特别是亚洲的印度和中国，在为美国提供技术人才方面，扮演了重要的角色。例如，在2003财政年度美国发放给高技能专业人员的所有H-1B签证中，仅印度就占了36.5%，中国占9.2%。[2] 由于美国通常对那些愿意留美的H-1B签证申请者大开绿灯，与其他移民相比，H-1B签证类技术人才能够较容易地获得永久居留权，因此，该计划相当于直接为美国搜集全球各地的宝贵人才资源。

接纳外国留学生是美国网罗他国人才的另外一个重要渠道。从60年代起，在美国学习的外国留学生的数量开始有了突飞猛进的增长。1960年时，美国的外国留学生仅为35416人，而到1999年则增加至567146人，增长了约16倍。[3] 而根据国际教育学会（Institute of International Education）2009年发布的有关国际教育交流事务的报告，仅在2008—2009学年期间，在美国高等院校就读的外国学生人数又增加了8%，达到671616人，创历史新高。[4] 在前往美国留学的外籍学生当中，相当部分是攻读高级学历的研究生，并且数量也在不断增长。根据美国科学基金会的统计，在1995—2005年，外国研究生数量由9.85万上升至近14万，其中最高年份为2003年，达14.7万，占美国全部研究生的31%。而在其余年份，外国研究生的比例也在23%—32%。也就是说，在当前美国的研究生当中，几乎平均每三四人中间，就有一个是来自其他国

---

〔1〕 转引自邓蜀生:《世代悲欢美国梦——美国的移民历程及种族矛盾（1607—2000）》，第66页。

〔2〕 David L. Bartlett, *U.S. Immigration Policy in Global Perspective: International Migration in OECD Countries,* p.15.

〔3〕 Sébastien Bourgeols, *Made in America? High-Skill Immigration to the U.S.,* the University of Chicago, 2002, p.61. 下载自ProQuest Digital Dissertations（PQDD）学位论文数据库。

〔4〕 中国美国史研究会网站:《美国高校的外国学生人数再度打破纪录》，http://www.ahrac.com/mgjw/mgwh/1767.html，2009年12月20日下载。

家的留学生（见表6—1）。

表6—1 1995—2005年在美国的外国研究生的数量及其比例

	1995	1996	1997	1998	1999	2000	2001	2002	2003	2004	2005
美国研究生总量	422466	415181	407630	404856	411182	413536	429242	454847	474694	476195	478782
外国研究生数量	98504	98106	98962	101977	109928	122825	134531	145612	147336	143571	139232
外国研究生比例	23.3%	23.5%	24.3%	25.2%	26.7%	29.7%	31.3%	32%	31%	30.1%	29.1%

资料来源：Julia Oliver, *First-Time S&E Graduate Enrollment of Foreign Students Rebounds in 2005*, http://www.nsf.gov/statistics /infbrief/nsf07312/nsf07312.pdf. （2010年1月18日下载，根据第2页表格制作）

外国留学生在美国学有所成之后，都面临着何去何从的抉择问题。由于他们主要来自亚洲等经济相对落后的国家和地区，比较而言，美国能够为他们提供较优厚的待遇和相对广阔的发展前景，因此只有少部分人返回故土，大多数通常会选择留在美国。1961年，在美国求学的中国台湾学生共有4757人，其中只有46人最后返回台湾。1963—1964年，在来自中国台湾、香港和东南亚地区的华人留学生当中，回归故土者估计仅有5%—7%。在1953—1966年通过赴美留学考试的6368名韩国留学生中，只有6%最终回国。印度留学生也同样如此。1966年，在美国大学任教的印度籍教师达1043人；在1967年，居留美国的印度留学生比例高达88%。[1] 此后，尽管这些移民来源国和地区的经济状况在不断好转，但美国对于海外留学生仍具有强劲的吸引力。留学生中学历越高者，留美的可能性越大。

---

[1] Tai K. Oh, *The Asian Brain Drain: A Factual and Casual Analysis*, San Francisco: R & E Research Associate, Inc., 1977, pp. 24—25.

在 1992 年，以临时签证而最终获得理工科博士学历的毕业生中，有 42% 在美国找到了一份职业；物理和工程科学领域内的毕业生居留率更高，分别为 46% 和 48%。[1] 同样，也有研究数据指出，近些年来，在获得美国博士学位的持临时签证的外国学生当中，有 3/5 以上选择留在美国工作。例如，在 1999—2003 年，这些学生留在美国就业的比例分别为 66%、64%、63%、62%、61%。[2] 大量留学生滞美不归，对于美国而言无疑是一笔巨大的无形财富。美国既节省了对这些人员进行前期培养的高额费用，同时也获得了他国的精英人才。毫无疑问，美国是最大的受益者。

总之，自战后以来，美国通过多种途径、采取多种方式来吸引移民当中的技术人才，其成效是卓著的。从绝对数量上看，当代新移民为美国提供了大量来自世界各地的专业与技术人才，特别是科学家与工程师等专业人才。根据美国科学基金会的统计，仅在 1968—1993 年（其中不包括 1979 年、1980 年、1981 年的数据），被美国授以永久居留签证的外国科学家和工程师共计 26.95 万，其中，工程师为 18.45 万，自然科学家为 4.41 万，数学科学家及计算机专家为 2.67 万，社会科学家为 1.42 万。而且，这些数据还不包括那些为各种科学研究、实验活动提供技术协助的人员以及其他技术员。美国每年也会大量授予此类人员永久居留权。仅在 1993 年，就有 10234 名此类技术人才获得永久居留美国的权利。[3] 当然，上述数字

---

〔1〕 U.S. Citizenship and Immigration Services, *The Triennial Comprehensive Report on Immigration*, p.120.

〔2〕 Mark C. Regets, *Research Issues in the International Migration of Highly Skilled Workers: A Perspective with Data from the United States*, 2007, p.7, http://www.nsf.gov/statistics/srs07203/pdf/srs07203.pdf. （2009 年 12 月 28 日下载）

〔3〕 National Science Foundation, *Immigrant Scientists, Engineers, and Technicians:1993*, pp.15,49, http://www.nsf.gov/ statistics/nsf96322/nsf96322.pdf. （2008 年 12 月 26 日下载）需要注意的是，国家科学基金会相关数据中的"科学家与工程师"的界定是依据个人的教育和职业背景来划分的，其中不包括那些认为自己的职业为研究者、管理者、教师或学生的人员；此外，也不包括那些在入境时没有登记自己的职业、处于失业状态或者不属于劳动力范畴之内的各类人员。

反映的仅是 60 年代末至 90 年代初期美国引进人才的情况，随着 90 年代以来 H-1B 项目的实施以及外国留学生的不断增多，美国每年接纳的移民人才数量无疑还在不断增长。

当代移民为美国提供各种人才的重要性，也可从高科技移民在美国各专业领域内的分布窥见一斑。总体看来，当代移民中的科技人才占美国全部科学家和工程师的比例，远远高出移民群体占美国全部人口的比重。例如，在 1995 年，移民占美国 25 岁及以上的就业人口的 10%，但是，在美国所有的科学家和工程师当中，移民科技人才的比例却为 15%。其中，移民占工程师的 17%、化学及物理科学家的 17%、数学科学家的 16%、生命科学家的 16%、计算机科学家的 12%。只有其占社会科学家的比例相对偏低，为 9%（见表 6—2）。

表6—2 1995年移民所占科学家和工程师的职业数量与百分比

职 业	总 数	移民所占比例
所有科学家和工程师	3186000	15%
计算机科学家	641000	12%
数学科学家	87000	16%
生命科学家	305000	16%
化学及物理科学家	274000	17%
社会科学家	318000	9%
工程师	1560000	17%

资料来源：National Science Foundation, *How Much Does the U.S. Rely on Immigrant Engineers?* http://www.nsf.gov/statistics/ issuebrf/sib99327.pdf.（2009 年 10 月 12 日下载）

从移民占美国拥有高级学历的人口的比例来看，移民在提供科技人才方面做出的贡献尤为明显。例如，在 2003 年，在美国所有拥有博士学历的人口当中，34.6% 是外国出生人口。在不同的学科专业领域，移民的比例也不尽相同，其中，移民在心理学博士中的比例最低，为 9.8%，但是，移民却占工程学博士的 50.6%，占计算机科学博士的 57%。在所有硕士学历群体当中，移民所占的比例为27.2%，其中，心理学专业中移民的比例最低，为 8.5%，而在化学工程学专业中的比例却高达 49.2%。在本科学历者当中，移民所占的比例为 15.2%，其中，社会学 / 人类学专业中的移民比例最低，为 6.7%，而电子工程学专业中的比例最高，为 28.1%。[1] 显然，从上述数字不难看出：（一）在那些能够迅速产生显著经济效应的理工类专业人才中，移民的比例较高；（二）在学历层次越高的精英人才当中，移民的比例越高。

在此，不妨以当代美国的部分诺贝尔奖获得者为例，来生动阐明移民人才对于美国的重要意义。当代美国的诺贝尔奖得主，相当一部分是来自世界其他地区的移民。根据美国《2007 年总统经济报告》，在 1901—2005 年，在医学和生理学领域，大约 1/3 的美国诺贝尔奖获得者都出生于国外。[2]"二战"后，美国许多的诺贝尔奖获得者，特别是自然科学领域中的诺贝尔奖得主，都不是在美国出生的。例如，1949 年诺贝尔化学奖得主威廉·弗朗西斯·吉奥克（William Francis Giauque）出生于加拿大，1952 年诺贝尔物理学奖得主费利克斯·布洛赫（Felix Bloch）在瑞士出生并长大，在 1975 年获得了美国公民身份、于 1983 年获得了诺贝尔经济学奖的经济学家杰拉德·德布鲁（Gérard Debreu）是来自法国的移民。[3] 此外，众所周知的华裔诺贝尔奖得主，如 1957 年物理学奖得主李政道与杨振宁、1976 年物理学奖得主丁肇中、1986 年化学奖得主李远哲、1998 年物理学奖得主崔琦、2009 年物理学奖得主高锟等，都是早先移民美国的华人。而 1997 年物理学奖得主朱棣文与 2008 年化学奖得主钱永健，

---

〔1〕 Mark C. Regets, *Research Issues in the International Migration of Highly Skilled Workers: A Perspective with Data from the United States*, pp.12-13.

〔2〕 *Economic Report of the President, 2007*, p.201.

〔3〕 Sébastien Bourgeols, *Made in America? High-Skill Immigration to the U.S.*, pp.12-13.

虽说是土生土长的美国人，却不折不扣是华裔移民的后代。

毋庸置疑，当代移民科学家、工程师以及各类技术、专业人才为美国创造的经济贡献是无与伦比的。这些高科技移民在入境之前，本身已经具有了相当高的学历，抛开他们后来为美国创造的经济效益不计，单是为美国节省的人才培养费用就不菲。据估计，美国大学生取得学士学位约需要花费 10 万美元，再取得硕士学位约需花费 5 万美元，进而再取得博士学位至少还需花费 5 万美元以上。换言之，一个学生取得硕士学位共需花费 15 万美元，取得博士学位共需花费约 20 万美元。这只是高级科技人才个人用于教育的费用，还未计入政府和社会团体对于大学教育的拨款和资助。[1] 流亡美国的意大利原子核物理学家费米的夫人劳拉·费米，曾计算过流亡科学家给美国节省的教育费用。据她估算，"在美国，培养一位科学家到他开始正式工作时的费用，至少需要 45000 美元，仅是那 700 多位移入美国的德国大学教授，就为美国节约了大约 3200 万美元"[2]。此外，也有学者指出，参考 1950—1975 年进入美国的移民科学家和工程师数量，可以得出结论，这些人才的到来相当于每年为美国转移了高达 86 亿美元的教育费用。[3] 因此，仅从当代移民中大量科学、技术人才涌入这一事件来看，移民的入境无异于将一笔巨额财富向美国直接转移。

更为重要的是，技术移民在为美国带来资本与劳动力的同时，也带来了他们的技能与聪明才智。他们通过将自己的智慧与实践相结合，直接推动着美国的科技进步与创新，进而为美国的经济发展注入了前所未有的活力。对于技术移民在科技创新方面的重要性，

---

〔1〕 马侠：《论"脑流失"》，《人口研究》，1993 年第 3 期。

〔2〕 转引自李工真：《纳粹德国流亡科学家的洲际移转》，《历史研究》，2005 年第 4 期。

〔3〕 Vernon M. Briggs, Jr. and Stephen Moore, *Still an Open Door? U.S. Immigration Policy and the American Economy*, p.139.

美国《2007 年总统经济报告》作了如下阐述："高科技移民，无论是永久的还是临时的，都丰富了我们的科学和学术群体，促进了美国公司的科技能力……他们在科学、医药以及工程学等方面做出了重大的科技创新，从而使美国一直在科技方面保持着领先。"[1] 同样，根据美国每年申请的专利数量，世界银行最近的一份研究也分析了移民对于技术创新的重要贡献。该研究指出，外国研究生占美国全部研究生的比例每增长 10%，授予美国的大学、公司以及其他机构的专利就会增长 6%—7%；而技术移民占美国劳动力的比例每增长 10%，授予美国相关机构的专利数量也会增长 1%。[2] 毫无疑问，当这些科技创新一旦应用于社会生产，就必然迅速推动生产力的发展，进而为美国带来难以估算的经济效益。

此外，高科技移民通常有着较高的创业率，他们通过开办企业，在创造巨额经济财富的同时，也创造了大量的就业岗位。这些技术移民通过自身与母国的关系网，在两地之间建立起商业贸易方面的联系，扩大了美国的进出口贸易。不仅如此，同其他普通移民一样，高科技移民在交纳正常税收的同时，也通过购买美国的商品与享受各种服务等消费活动，刺激着美国经济的发展。

二 技术移民与高科技产业

自"二战"结束以来，随着美国经济结构发生深刻的调整，以及技术创新与全球化的推动，美国的高科技产业迅速脱颖而出，不仅在国民经济中占据越来越重要的地位，而且在激烈的国际竞争中长期保持着绝对优势。美国的高科技产业之所以一直居于世界领先地位，其中一个关键因素就是美国吸引了大量优秀的外来移民人才，

〔1〕 *Economic Report of the President, 2007*, p.201.
〔2〕 *Economic Report of the President, 2006*, p.61.

从而提供了源源不断的技术创新活力。从东北部的波士顿，到中西部的芝加哥、丹佛，到西南部的奥斯汀，再到西部的圣迭戈、旧金山，几乎所有高科技基地都遍布着来自世界各地的移民精英人才，包括计算机软件开发、互联网、机器人制造、生物医学工程、半导体等方面的人才。他们所提供的智力支持，对于美国高科技产业的长期繁荣至关重要。

首先，当代移民为高科技产业提供了大量的技术劳动力。在美国的高科技产业地带中，例如从马萨诸塞的 128 号大道到加州的硅谷，那些拥有高额利润的公司和企业随处可见。无论是移民还是美国本土人创办的高科技公司，其雇用的移民通常占据相当大的比例，甚至超过了本土科技人员的数量。来自中国、印度、韩国、菲律宾、古巴、英国等地的科学家们，构成了美国某些最成功的高科技公司的生命源泉，其中，亚洲的技术移民人才对于美国高科技公司的贡献尤为显著。《经济学家》杂志在 1990 年 1 月刊文指出，仅在硅谷就业的亚洲移民就超过了 15000 人。这一数量，几乎占这个高科技中心劳动力的 1/4。而在这些亚洲移民当中，中国与印度移民达 10000 名以上。在纽约州约克敦海茨（Yorktown Haights）的国际商用机器公司（International Business Machines Corporation，IBM）的分部，1/4 的研究人员是亚洲移民；而在美国电话电报公司（American Telephone & Telegraph Company，AT&T）世界闻名的贝尔实验室（Bell Labs），40% 的科学家要么是亚洲移民，要么是亚洲移民的后代。[1]

其次，技术移民也创办了大量新兴的企业，极大地促进了美国高科技产业的繁荣。根据美国杜克大学的研究，在 1995—2005 年间，美国共成立了 2054 家工程与技术公司。其中，有 25.3% 的公司至少

---

[1] Vernon M. Briggs, Jr. and Stephen Moore, *Still an Open Door? U.S. Immigration Policy and the American Economy*, p.137.

有一个主要创始人是外来移民。这些移民创办的公司在 2005 年创造了 520 亿美元的销售收入，雇用了 45 万名员工。将近 80% 的移民公司集中在两个领域——软件和创新、制造业相关服务，二者比例分别为 33% 和 46%。在加州的硅谷，52.4% 的公司有一个或一个以上的移民主创人，而整个加州这一平均数为 38.8%；在北卡罗莱纳州的三角研究区，18.7% 的公司有一名移民创始人，而该州的这一平均数字为 13.9%。其中，印度人是移民创业群体的主导力量，印度移民创办的企业占所有移民公司的 25%，来自德国和英国的移民创办的企业次之，分别为 15%。[1]

关于移民创造的高科技公司，可以举几个实例为证。一个耳熟能详的移民企业是英特尔公司。在 1992 年，英特尔公司的利润超过了 11 亿美元。其最高管理层的三位成员均是移民，包括公司的创始人及行政总裁安德鲁·格鲁夫（Andrew S. Grove）。在美国东部的纽约，华裔王嘉廉（Charles Wang）创办的国际联合电脑公司，是世界上第四大电脑软件制造商，1999 年的营业额达 63 亿美元，拥有员工1.8 万名，与全世界一百多个国家与地区有业务往来。在 2000 年 2 月，该公司被美国《财富》杂志评为全美最受仰慕的电脑软件公司之一，排名仅次于微软。[2] 另一个实例是加州圣何塞的一家名为菲尼克斯激光系统（Phoenix Laser systems）的尖端医疗激光公司。该公司的创始人兼主管艾尔弗雷德·斯克拉（Alfred Sklar）是一位在 60 年代逃离卡斯特罗统治的古巴移民。他在激光与外科技术方面取得开创性成就，该项技术能够治疗多种失明症，并且最终将促使实现视力外科手术的突破。斯克拉因此被《华尔街日报》评为"美国最优秀的

〔1〕钱领一、安娜李·萨克瑟尼安、李岷、侯燕俐：《美国新移民企业家调查报告》，《中国企业家》，2007 年第 6 期。
〔2〕邓蜀生：《世代悲欢美国梦——美国的移民历程及种族矛盾（1607—2000）》，第 260 页。

科学家之一"[1]。可以看出，移民并不必然会与本土人产生职业竞争，相反，他们在缓解美国人的就业压力方面做出了重要贡献。

再次，移民对美国高科技产业的贡献，更主要地体现在他们提供的技术创新方面。在全球日益一体化的情况下，对于处在国际竞争风口浪尖的高科技产业而言，技术上的突破与创新，无疑是其立于不败之地和得以蓬勃发展的关键因素。而大量高科技移民的到来，正好为美国提供了技术创新的动力。在英特尔公司，移民开发了许多最成功的和最具革命性的计算机技术。例如，8080微处理器是由一位日本人发明的，现代计算机芯片最基本的记忆存储单元的多晶硅场效应晶体管栅极，则是由一位意大利人发明的。英特尔公司的培训计划部门经理迪克·沃德说道："我们整个公司致力于新一代计算机技术的发明，而驱动这种探寻的引擎就是智力。在英特尔公司，多数的智力资源来自于移民。"在90年代初，特拉华州威尔明顿的杜邦默克制药公司（Du Pont Merck Pharmaceutical Company）的医疗保健产品产值达8亿美元，其中，许多最有前景的新产品都是由移民开发的。例如，一种名为洛沙坦（Losartan）的抗高血压药品，是由一个包括两位华人移民和一位立陶宛移民组成的科学家团队研制出的。在纽约州霍索恩（Hawthorne）发展较为迅猛的国际纸业公司（International Paper Company），移民占其操作分析与工程部门人员的60%。该公司一个最具创造力的研究组的组员主要是来自土耳其、以色列、菲律宾、埃及、印度、中国台湾以及乌拉圭的移民。另一个典型例子是加州圣何塞的塞浦莱斯半导体公司（Cypress Semiconductor Corporation）。在1992年，它是美国的第十三大半导体公司，年销售额为2.5亿美元。该公司的研发副总裁是来自古巴的难民，负责新产品开发的两个最

[1] Vernon M. Briggs, Jr. and Stephen Moore, *Still an Open Door? U.S. Immigration Policy and the American Economy*, p.137.

杰出的技术人员分别来自印度和墨西哥。公司的总裁及创始人T. J. 罗杰斯认为，塞浦莱斯公司"严重地依赖于从半熟练的流水线生产工人到顶级技术人员的外来移民"[1]。

总之，在当代美国的高科技产业中，外来技术人才的身影无处不在。这些高科技移民用其聪明才智与创造力，为美国的高科技产业做出了无与伦比的贡献。可以毫不夸张地说，若没有这些技术移民，也就没有当前美国高科技产业兴盛繁荣的局面。同样，美国国家研究委员会在1988年的一份研究报告中也再次强调了技术移民对于美国高科技产业的重要性：

> 对那些在美国的科技产值中占较大份额的20家公司的调查表明，它们的特别产业在事实上依赖于外来人才，并且这种依赖仍在持续增长。……因此，非常明显的是，这些外国出生的工程师丰富了我们的文化，对美国的经济效益以及竞争力做出了巨大的贡献。如果没有对这些非公民以及外国出生的工程师加以利用的话，那么许多大学以及企业在实施当前的教育、研究、开发以及技术方面的各种计划时，都将会遭遇困境。[2]

第二节　亚洲技术移民与硅谷的崛起

硅谷是位于加州旧金山经圣克拉拉至圣何塞一条近五十公里的狭长地带，为美国重要的电子工业基地，也是世界最为闻名的电子工业集中地。在20世纪60年代中期，随着微电子技术的高速发展，

---

[1] Vernon M. Briggs, Jr. and Stephen Moore, *Still an Open Door? U.S. Immigration Policy and the American Economy*, p.136.

[2] Vernon M. Briggs, Jr. and Stephen Moore, *Still an Open Door? U.S. Immigration Policy and the American Economy*, pp.137−138.

硅谷迅速成为美国的高科技中心。硅谷的崛起，与外来移民人才，尤其是来自亚洲的华人和印度人的贡献与成就密不可分。一则事例能鲜明地反映这一现实：作为集成电路（Integrated Circuit，简称 IC）的发源地，硅谷的本土科技人员通常一语双关地声称："硅谷是建立在 IC 的基础之上的。"但是，他们所说的"IC"，一方面是指集成电路，另一方面是指来自印度和中国的移民工程师，即印度与中国英文单词首写字母的组合。[1]

尽管早在 18 世纪末期，部分亚洲的华人就已经来到了加利福尼亚，但是硅谷中的亚洲技术移民的入境史，缘起于 1965 年美国移民法的实施。在 1965 年之前，由于受制于美国移民政策中的民族来源限额体制，亚洲移民入境美国的数量非常有限。1965 年移民法生效之后，亚洲国家和地区获得了与其他地区同等的移民入境权利，并且入境限额也相应增多。于是，许多亚洲技术人才依据移民法中的"技术优先类"条款，得以大量入境。例如，在 1965 年之前，中国台湾地区每年只有 100 名的移民签证限额，1965 年时只有 47 名科学家和工程师来到美国。但新移民法实施的两年后，该数量就增加至 1321 名。[2] 1990 年，美国根据国内经济发展的需要，再次调整了移民法，进一步扩大了对就业类移民的限额，由原来的每年 5.4 万增加至 14 万。不仅如此，美国还通过制订诸如 H-1B 等各种临时劳工计划，以吸引各地技术人才。这些措施无疑为亚洲的技术移民大开方便之门。亚洲的技术移民进入美国后，主要集中于美国的西海岸，其中大多数分布于洛杉矶和旧金山等中心城市。

在美国的移民政策发生改变的同时，硅谷的新一代高科技产业也日渐勃兴。随着七八十年代电子产业爆炸性发展，该地区对技术

---

〔1〕 AnnaLee Saxenian, *Silicon Valley's New Immigrant Entrepreneurs*, 1999, p.9, http://www.ppic.org/content/pubs/report/R_699ASR.pdf.（2009 年 10 月 14 日下载）

〔2〕 AnnaLee Saxenian, *Silicon Valley's New Immigrant Entrepreneurs*, p.10.

劳动力的需求相应扩大了，于是，亚洲移民开始大量涌向硅谷。在1975—1990年，硅谷的科技公司创造了15万个以上的就业岗位，而移民人口也几乎达到了35万。到1990年，圣克拉拉县23%的人口是移民，超过了旧金山县而成为海湾地区最大的移民集中地。在硅谷的全部劳动力当中，有1/4是移民，但在高科技劳动力中，移民却占了30%。例如，在硅谷的科技产业工作的科学家和工程师当中，有1/3是移民。在这些移民中，2/3是亚洲移民，主要是华人和印度人，二者分别占51%和23%，此外越南移民占13%，菲律宾移民占6%，日本移民占4%，韩国移民占3%。这些华人移民和印度移民多数又是在1965年之后入境的：71%的华人和87%的印度人是在1970年后来到美国的，而41%的华人和60%的印度人是在1980年之后到达的。[1]这同样也说明了1965年移民法对于亚洲技术移民的影响。

　　首先到达硅谷的亚裔移民是华人。可以说，华人是闯荡硅谷的亚裔先锋。需要注意的是，在硅谷的华人移民当中，技术移民的来源也存在着地区与来美时间方面的差异。华人技术移民于"二战"后四五十年代开始进入硅谷，但在60年代以前，其数量仍较为有限，且多来自中国大陆以及香港地区。此后至七八十年代，技术移民主要来自中国台湾地区，台湾移民在这一期间占华人的绝大多数。但是，随着中国大陆在70年代末实施改革开放政策，从80年代起，来自大陆的移民开始迅速增多，到90年代便取代了台湾移民的支配地位。这一变动趋势，可以从美国大学的华人毕业生的来源地分布得以印证。例如，在1980—1997年，被加州大学伯克利分校授予理工科学士学位的中国大陆学生的比例不断增长，由80年代前期的10%，上升至80年代后期的35%，再到90年代中期的53%；而在同一期间，获得学位的台湾地区学生的比例相应下降，由67%下降至52%，再进一步下降至35%。此外，来自香港地区的华人学生获得学位的比

〔1〕 AnnaLee Saxenian, *Silicon Valley's New Immigrant Entrepreneurs*, pp.11–13.

例也由20%减少至9%；来自新加坡的获得学位的华人学生基本不变，在2%和3%之间。[1]

在80年代之前，硅谷的华人技术移民与来自其他地区的移民一样，通常是受雇于当地的高科技公司，自己创办公司和企业的相对较少。但是，由于美国社会存在着根深蒂固的种族歧视，在美国人开办的公司中，亚洲移民在职业升迁方面经常会遭遇无形的"玻璃天花板"。于是，部分移民转而开始自己创办企业。莱斯特·李（李心培）是一位来自中国四川的移民。他在美国读完大学后，1958年到硅谷著名的安培公司（Ampex）工作。他描述了当时作为一个外来者所感受到的普遍的孤独与无助感："当我第一次来到硅谷……我们的人如此之少，以至于我在大街上发现另一个华人，就会跑过去和他握手。在60年代，没有人想卖给我们（华人）房子。"1970年，李心培离开了安培公司，并创办了录高特科技公司（Recortec），成为该地区第一个华人企业家。其他早期到来的华人工程师，在受雇于人的过程中，也同样有着被排斥的感觉，总是被人看作"认真工作的马而并非赛马"，或"好的技术人员而并非管理者"。当一个经验不多的外行成为自己的上司之后，戴维·李（李信麟）在1973年离开了施乐公司（Xerox），并创办了奎茂公司（Qume）。戴维·拉姆也在失去一个晋升机会之后，于1979年离开了惠普公司（Hewlett-Packard），并创办了从事半导体设备制造的科林研发公司（Lam Research）——到90年代已成为一个有13亿美元销售额的上市贸易公司。[2]

从80年代起，硅谷中自主创业的移民企业家开始增多，他们相继创办了大量的高科技类企业。与那些集中在低技术的服务业和制造业部门的传统移民企业家不同，新移民企业家多瞄准最具技术活

〔1〕 AnnaLee Saxenian, *Silicon Valley's New Immigrant Entrepreneurs,* pp.14–15.

〔2〕 AnnaLee Saxenian, *Silicon Valley's New Immigrant Entrepreneurs,* pp.20–21.

力和全球竞争力的部门，并且相当一部分取得了卓越的成就。1996年，在美国《福布斯》杂志认为是全国200强的小型公司当中，有23家就是由移民经营的。除了前文提及的英特尔公司与科林研发公司之外，其他诸如太阳微系统公司（Sun Microsystems）、甲骨文公司（Oracle）、凌云逻辑公司（Cirrus Logic）、旭电公司（Solectron）等硅谷的高科技企业，均是由移民创办或是合创的。[1] 在这一时期，华人与印度移民企业家开始脱颖而出。在80年代和90年代期间，至少37家上市技术公司是由华人移民创办的，另外22家是由印度人创办的。一份北美华人公司的名录中，列举了300家以上硅谷的高科技公司，而几乎所有这些公司都有来自台湾的创办人或者行政总裁。根据另一份调查数据，在1998年，硅谷近1/4（24%）的科技公司拥有来自中国或印度的主管人员。在1980—1998年成立的11443家高科技公司当中，有2001家为华人经营，约占17%，有774家为印度人经营，约占7%。[2]

　　毫无疑问，华人企业家是硅谷的一支中坚力量，为硅谷注入了旺盛的活力。除上文提及的李心培、李信麟等相对早期的创业者之外，新生代的华人企业家也如雨后春笋般涌现。例如，在90年代中期，风华正茂的台北移民杨致远，与他人一起创办了互联网门户网站"雅虎"，堪称华人企业家代表。在1997年，杨致远荣登《财富》杂志富翁排行榜，1998年4月，其身价高达80亿美元，被称作"华人中的比尔·盖茨"。另据材料统计，1998年硅谷150家销售额最高的公司中，有8家的创始人是华裔；其中10家最盈利的公司中，有5家的高层主管人员中有华人移民。李信麟曾说道："没有华人，硅谷就不成其为硅谷；如果没有华人市场的存在，就不会有今天的硅谷，

---

〔1〕 Peter Duignan and L. H. Gann, eds., *The Debate in the United States Over Immigration*, p.245.
〔2〕 AnnaLee Saxenian, *Silicon Valley's New Immigrant Entrepreneurs*, pp.22–23.

我们在这里创造了众多的工作机会。"[1]

在硅谷的亚洲技术移民当中，另一个取得较大成功的群体是印度人。同其他亚洲移民一样，在20世纪60年代之前，由于遭受美国歧视性移民政策的限制，能进入美国的印度移民数量也较少。当美国1965年移民法实施之后，印度人利用移民法中的"技术优先"以及"家庭团聚"类条款，掀起入境美国的高潮。美国的印度裔人口，由60年代初的一万人左右，迅速增至21世纪初期的三百余万，成为继华人之后的第二大亚裔群体。在印度裔群体当中，专业技术类移民始终占较高比例。根据统计，1966—1980年入境的印度人多为印度社会的精英人士，其中专业技术移民占95%。在1966—1977年，印度有近2万名拥有博士学位的科学家、4万名工程师和2.5万名医生移民美国。[2] 在来到美国的所有专业技术类移民当中，印度人在1971—1980年占19.5%，在1981—1990年占13.4%。在这两个时期，入境的印度人仅占所有入境移民的3.8%和3.6%，可见印度移民中技术人才的数量之多。[3] 到2000年，在所有的美国人中，从事管理、专业及相关职业者为33.6%，亚裔人口中从事该类职业者为44.6%。其中，韩国人的比例为38.7%，日本人的比例为50.7%，华人的比例为52.3%，印度人的比例为59.9%。[4]

印度技术移民进入硅谷的时间稍晚于华人，主要是在20世纪70年代之后。由于有着良好的教育和专业技能，印度移民在硅谷的高科技产业也占有重要的一席之地。一开始，他们多受雇于各类高

---

[1] 邓蜀生：《世代悲欢美国梦——美国的移民历程及种族矛盾（1607—2000）》，第259页。

[2] 腾海区：《论美国印度裔族群的形成及特点》，《美国研究》，2013年第4期。

[3] Paula Chakravartty, *The Emigration of High-Skilled Indian Workers to the United States: Flexible Citizenship and India's Information Economy*, The Center for Comparative Immigration Studies, Working Paper 19, August 2000, p.6, http://ccis.ucsd.edu/wp-content/uploads/2012/08/wrkg19.pdf.（2012年11月23日下载）

[4] U.S. Census Bureau, *We the People: Asians in the United States*, December 2004, p.14, http://www.census.gov/prod/2004pubs/censr-17.pdf.（2011年10月25日下载）

科技公司，自己创办企业的现象并不十分普遍。与华人相比，除同样具备勤奋的优良品质之外，印度人皆精通英语，更强调团队协作，因此，硅谷中印度技术移民的成就日渐突出。在80年代，印度技术移民在硅谷的创业活动，主要集中于集成电路设计领域。90年代后，他们又开始活跃于软件及互联网领域。特别是近些年来，硅谷的印度移民企业家发展势头更为迅猛。有研究指出，到21世纪初期，硅谷的印度移民企业家数量已经超过了华人企业家。例如，从1995年到2005年，15.5%的硅谷公司中有印度移民创始人，占移民群体的25.8%；12.8%的硅谷公司有来自中国大陆和台湾地区的移民创始人，占移民群体的24.4%。在1990—2000年，硅谷的印度裔科学家和工程师增长了646%，相比之下，移民中总的科技劳动力增长了246%，而包括移民和本土人在内的科学家和工程师人群只增长了103%。[1]不仅如此，通过各类技术创新，许多印度移民企业家也获得了巨额财富。据德新社2000年3月5日发自新德里的电讯，印度裔移民萨比尔·巴蒂亚在美国创办的hotmail.com，可能是世界上最著名的电子邮件系统，后以4亿美元的价格被微软收购。另由四个印度裔移民创建的因特网浏览器，以1.8亿美元的价格卖给了世界最大的网上书店亚马逊。[2]

　　硅谷中大量存在的技术移民，特别是来自亚洲的移民，对美国的经济发展具有极为重要的意义。自20世纪60年代中期起，源源不断的亚洲技术移民的到来，不仅为硅谷提供了丰富的劳动力资源，更为硅谷的高科技产业注入了新鲜的血液和持久的活力，从而促使硅谷以及美国的科技产业蒸蒸日上，始终走在科技创新的最前沿，维持着强劲的竞争力与国际领先水平。对于硅谷中人才的重要性，身为移民的英特尔总裁安德鲁·格鲁夫的一席话，颇为令人回味。

〔1〕 钱领一、安娜李·萨克瑟尼安、李岷、侯燕俐：《美国新移民企业家调查报告》。

〔2〕 邓蜀生：《世代悲欢美国梦——美国的移民历程及种族矛盾（1607—2000）》，第319页。

他曾说，下午五点他的员工离开办公室的时候，是他一天中最为提心吊胆的时候，因为此时公司所有的宝贵人才都钻进小汽车并行驶在拥挤的高速公路上了。[1]

硅谷的技术移民在为美国提供大量专业人才的同时，也创办了众多富有活力的高科技企业，不仅创造了巨额的财富，也提供了许多新的就业机会。作为由约二百家加州高科技公司组成的协会组织的主席，罗伯特·凯利对硅谷中的亚洲技术移民的创业精神予以了高度肯定："在 80 年代如果没有亚洲人的到来，我们将不可能有现在所能看到的企业的爆发性扩张的局面。"[2] 仅从来自中国和印度的企业家们创造的直接经济贡献来看，在 1998 年，华裔和印度裔的工程师经营着硅谷 1/4 的高科技企业。是年，他们公司的销售额共计达168 亿美元，同时也提供了 58000 个就业岗位。[3]

此外，硅谷移民企业家的另一个重要经济贡献，还表现在促进了美国的海外贸易。移民通常作为一种商业中间人，在其定居国和故土之间确立密切联系，从而扩大双边的信息交流与贸易往来。硅谷的亚洲移民，对于加强亚洲地区与美国西海岸的贸易合作，意义尤为明显。例如，许多来自中国台湾地区的移民充分利用他们在故土的人际关系网，包括朋友、先前的生意伙伴、亲戚等，有效地加强了美国与台湾地区的贸易。企业家频繁地穿梭于美国与故乡之间，也是为了加强与故土的联系而经常使用的一种手段。据估计，有 65% 的台湾企业家至少一年返回台湾一次，其中有 41% 的访问是出于生意方面的目的。在 90 年代，洛杉矶是与台湾进行贸易的

〔1〕 Peter Duignan and L. H. Gann, eds., *The Debate in the United States Over Immigration*, p.244.

〔2〕 Vernon M. Briggs, Jr. and Stephen Moore, *Still an Open Door? U.S. Immigration Policy and the American Economy*, p.137.

〔3〕 Public Policy Institute of California, *Silicon Valley's Skilled Immigrants: Generating Jobs and Wealth for California*, June 1999, http://www.ppic.org/content/pubs/rb/RB_699ASRB.pdf.（2009 年 8 月 14 日下载）

最大港口城市。在 1992 年，通过洛杉矶—长滩港口与台湾达成的总贸易额为 124 亿美元，这个数字占该地区贸易总额的 10%，台湾地区也成为加州的最大贸易伙伴之一，仅位于日本之后。同样，这些贸易活动也给台湾移民提供了较多的创业机会。事实上，洛杉矶与台湾之间开展的多数贸易，主要是由洛杉矶的台湾商人进行操作的。例如，根据华人计算机代理商协会（Chinese Computer Dealership Association）的预测，在 1991 年，美国从台湾订购了价值 7.5 亿美元的私人计算机设备，其中至少 65% 被运到洛杉矶由这里的台湾电脑商所经销。[1]

第三节　低技术移民的经济贡献

一般而言，认为高技术移民对于美国有着积极的经济贡献，似乎不难理解。关于这一点，无论是移民支持者还是反对者，都予以了毫无二致的赞同。但是，对于低技术移民来说，许多美国人对其能否创造经济价值持怀疑态度。有人认为，由于低技术移民的教育与技能水平非常有限，他们创造经济价值的能力不足，交纳的税款较少，却耗费了较多的福利，还加剧了同部分美国本土人之间的就业竞争，因而也导致失业现象的增加。也有人强调，大量非熟练移民的存在，导致美国部分劳动力集中的产业部门持续存在，这一现象与后工业化时代的经济发展趋势不符。其他仍以体力劳动为主的农业、纺织业等，应该转移到海外劳动力密集的发展中国家。利昂·布维尔教授（Leon Bouvier）在其著作《和平入侵：移民与变化中的美国》中指出："80 年代大量低技术移民的到来，与政府促进和维持具有全

---

〔1〕 Yen-Fen Tseng, "Beyond 'Little Taipei': The Development of Taiwanese Immigrant Businesses in Los Angeles", *International Migration Review*, Vol.29, No.1 (Spring,1995), pp.33—58.

球竞争力的高科技经济的研发以及相关税收政策相抵触。"[1] 言下之意，美国不应该存在这些低技术移民。

关于低技术移民的存在是否合理的问题，前文论述已表明当代美国仍存在着对低技术移民的需求，在此不再赘述。至于将农业等劳动力密集型的产业转移到海外，并将全部精力用于发展知识与技术密集型产业的观点，显然也是极不现实的。对于某些劳动力密集型的制造业而言，的确可以将它们逐步转移到海外其他国家，然后进口同类产品来满足需求。但是，绝大多数劳动力密集型的制造业以及服务业，却不具备向海外转移以及通过进口实现替补的可能性。例如，低技术移民较为集中的建筑产业，就是一个明显特例。随着美国经济的蓬勃发展，人们对物质与精神文化的需求随之增长，这也相应推动了包括修建住宅、学校、教堂、娱乐场所等在内的建筑产业的发展。然而，建筑产业的发展需求，却不可能通过海外进口的方式来予以满足，只有依靠劳动力在特定场所来提供这种服务，而移民正是建筑业的主要劳动力。在其他各种低技能要求的服务业领域，工人提供的服务也普遍具有地域局限性，不可能通过海外贸易的方式来予以替代。如果一位美国人需要理发，他要享受的服务是无法通过进口来获得的；如果他想雇用一位能够操持家务与照顾年幼子女的保姆，远隔重洋的菲律宾女佣们则远水救不了近火，等等。

在诸如农业、服装业等产业领域，尽管可以通过进口农产品和服装等的方式，来取代它们在国内的生产，但是，这种生产转移的背后却隐藏着较为显著的代价。由于各经济部门之间存在着紧密的产业关联，某一产业的消失，必然会产生一种连锁反应，导致其他相关产业衰退或者消亡，进而会影响到美国本土人的就业。例如，

---

[1] Leon F. Bouvier, *Peaceful Invasions: Immigration and Changing America*, p.87.

在 80 年代末期，下曼哈顿的唐人街地区大约有 600 家服装厂。随着移民持续地进入，这些产业随即带动并促进了包装工人、批发工人、卡车司机以及其他中层管理人员的就业。[1] 在这些职业领域，那些中层管理类的就业人员，大多数为本土工人。可见，正是由于大量移民的存在，美国在保留了许多低技能产业的同时，也创造了其他职业岗位，为本土工人提供了经济机会。服装与纺织工人联合会的前经理理查德·罗斯坦（Richard Rothstein）就曾指出："移民是唯一愿意从事最低工资或接近最低工资的服装类职业的工人。禁止移民在该产业中的就业，结果只会是加速国内产业的衰亡。"[2] 因此，"与反移民阵营所认为的正好相反，通过保留了那些'低技术'产业以及保护了本土人的职业岗位，移民使美国经济受益"[3]。

显然，在经历了战后深刻的经济重构之后，在发展中国家普遍存在的各类非正规经济形态，也同样常见于美国这样的发达国家。技术含量不高的低端产业，并未因经济的转型与快速发展而不复存在，仍是美国经济体系中一个不可或缺的组成部分。它与以知识和技能为依托的高端产业并存。没有这些低端产业与低技能岗位的存在，美国的经济发展必然受到严重影响。在这一前提之下，低技能移民的存在对于美国经济而言，才有着不可忽视的重要意义。

从直观层面看，低技术移民对于美国经济的贡献，首先体现在他们为美国低端产业领域提供大量劳动力的方面。随着美国老龄工人的退休和新一代教育技能水平相对较高的年轻工人相继就业，大量的低技能岗位开始出现无人问津的现象。但是，移民及时填补了

---

〔1〕 Vernon M. Briggs, Jr. and Stephen Moore, *Still an Open Door? U.S. Immigration Policy and the American Economy*, p.107.

〔2〕 Vernon M. Briggs, Jr. and Stephen Moore, *Still an Open Door? U.S. Immigration Policy and the American Economy*, p.107.

〔3〕 Alfredo Nuñez, *Working Class Immigration and the Impact on the U.S. Economy*, http://www.stanford. edu/class/e297c/ working%20Clas%201migration.pdf.（2006 年 2 月 10 日下载）

这些空缺，并成了这些领域中劳动力的重要来源。这一现象在移民较多的加州尤为明显。例如，在 1970 年，加州要求高中以下学历的就业岗位共有 240 万个，而在这些岗位中就业的移民占 15%。到 1990 年，尽管这些就业岗位的总数基本保持不变，但是就业于此的移民所占的比例却大为增加，达 60%。同一期间，在新增长的 100 万个只需要高中学历的岗位当中，移民占有了其中的 67%。[1]

　　从职业分布来看，移民在部分低技能职业领域中的重要性更为明显。有研究指出，在 1990 年，移民构成了美国所有低技能工人的 21%，但是，在低技能工人比例最高的十类职业当中，移民占所有低技能工人的 33%。具体讲，移民占精纺、服装以及服饰工人的 52%，占农业工人的 51.7%，占私人家庭服务工人的 42.6%，占与农业相关类职业的工人的 36.7%，占纺织、服装以及服饰品领域机器操作工人的 34.1%，占清洁与建筑物维护工人的 24.6%，占机器组装工人的 21.7%。在低技能工人数量最多的十类职业当中，移民占所有低技能工人的 21.6%，其中，移民占食品服务工人的 27.3%，占清洁与建筑物维护工人的 24.6%，占机器操作工人以及材料分配工人的 27.8%，占流水线工人以及手工工人的 23.1%。[2] 不仅如此，在移民分布较为集中的地区，低技能工人中移民所占的比例甚至更高。例如，1996 年一份关于加州的墨西哥移民的统计指出，移民构成了加州农业工人的 91%、家庭佣工的 76%、餐馆厨师的 69% 以及园丁的 66%。此外，自 80 年代以来，建筑工人、电子装配工人当中的移民比例也有了显著增长。[3]

---

〔1〕 Kevin F. McCarthy, Georges Vernez, *Immigration in a Changing Economy: California's Experience-Questions and Answers,* p.25, http://www.rand.org/pubs/monograph_reports/2007/MR854.1.pdf. （2008 年 12 月 18 日下载）

〔2〕 María E. Enchautegui, "Low-Skilled Immigrant and the Changing American Labor Market", *Population and Development Review*, Vol.24, No.4 (Dec.,1998), pp.811–824.

〔3〕 Lucia Duncan, *The Role of Immigrant Labor in a Changing Economy*, p.8.

在低技术移民当中，妇女占据相当大的比例。这些女性主要来自拉美与亚洲地区，从事的工作主要是为私人家庭提供护理、照顾服务，在餐馆与酒店当侍者、招待员，在纺织厂、服装厂、电子加工厂等当操作工人，等等。她们通过自己的勤劳劳动，默默地为美国的经济发展做着贡献。其中，服装业是女性移民就业最为集中的部门之一。在 1994 年的加州南部地区，从事与服装时尚相关职业的人数大约有 11.94 万，为该地区创造了 150 亿美元的产值，而移民劳动力是该产业中的主力军。根据 1990 年的统计，移民构成了洛杉矶服装制造业中就业人数的 93%，在这些服装工人当中，75% 为女性。[1]华裔学者周敏在对纽约唐人街制衣业进行研究后也指出，在 20 世纪 80 年代，随着大批华人妇女的涌入，纽约唐人街曾急剧衰退的制衣业开始重整旗鼓，就业人数由 1970 年的 8000 人，增加至 1980 年的 16000 人。其中，80% 以上的工人为女性。[2]尽管如此，许多地区服装工人仍严重不足，这一现象也经常导致服装业雇主的抱怨。[3]

　　毫无疑问，移民在低技能职业领域中占据相当高的比重，与当代美国经济持续创造大量的低技能职业有关。特别是 90 年代以来，在美国新创造的就业岗位中，有相当一部分是收入较少的岗位。根据 1999 年《洛杉矶时报》的一份报道，自从经济增长率在 1993 年冬天降至最低点起，几乎洛杉矶县所有的就业增长都发生在低收入的领域。在此期间，新创造的就业岗位达 30 万个，但很少有属于年收入在 4 万—6 万美元的中产阶级岗位。其中，诸如停车场服务员、商店职员、侍者等岗位数量，远超过那些高薪的信息技术、休

〔1〕 Marta López-Garza and David R. Diaz,eds., *Asian and Latino Immigrants in a Restructuring Economy: The Metamorphosis of Southern California*, p.60.

〔2〕 周敏:《美国华人社会的变迁》，第 279—280 页。

〔3〕 Ivan Light, Richard B. Bernard, Rebecca Kim, "Immigrant Incorporation in the Garment Industry of Los Angeles", *International Migration Review*, Vol.33, No.1 (Spring,1999), pp.5–25.

闲和国际贸易类岗位。多数岗位的年收入不足 2.5 万美元，年收入达 6 万美元的岗位仅占 1/10。[1] 此外，一个最能说明这一现实的事例，就是硅谷的新兴电子产业当中也存在着大量的低技能岗位。当前，硅谷的电子产业领域呈现出明显分叉的职业结构：一方面是拥有较高教育程度的工程师、科学家以及管理人员，另一方面是低技能的不熟练或半熟练生产工人。例如，在硅谷的微电子产业部门就业的劳动力当中，有 30%（约 5 万—7 万人）从事低报酬、半熟练的操作类岗位。移民妇女构成了这些低技能、低收入岗位就业者的主力军，占据该产业中装配类就业岗位的 75%—95%。同时，高科技产业也创造了大量服务性质的就业岗位，诸如清洁工、快餐店员工以及办公室服务人员等。从事这些工作的同样主要是移民工人。到 1985 年，拉美移民几乎占书记员和操作类工人的 80%。[2] 显然，硅谷中低技术移民的存在，在满足了低技能岗位就业需求的同时，无疑也为高科技产业的发展提供了有力支持，促使硅谷得以保持长期的稳定和繁荣。

总体而言，在美国的劳动力市场中，低技术移民所从事的多为技术含量低、待遇也较低的岗位。许多美国本土工人对于这些不屑一顾，一方面是因为其工资待遇非常低，且有失身份，另一方面是他们难以忍受工作的高强度与高危险性。在 1982 年，一位《华尔街日报》的女记者曾对一些雇用非法移民的企业进行了实际调查。她到过加州圣安娜的一家家具厂、得克萨斯州的一个铁道工程工地、芝加哥的一个食品加工厂，以及其他一些干重活、苦活的场所。她发现，这些地区的非法移民被赶走之后，的确有部分美国公民前来

〔1〕 Marta López-Garza and David R. Diaz, eds., *Asian and Latino Immigrants in a Restructuring Economy: The Metamorphosis of Southern California*, p.369.

〔2〕 Christian Zlolniski, "The Informal Economy in an Advanced Industrialized Society: Mexican Immigrant Labor in Silicon Valley", *The Yale Law Journal*, Vol.103, No.8 (June, 1994), pp.2305-2335.

应聘，但是没多久就溜之大吉了。因为这些工作工资太低，比较起来，领失业救济金反而更具诱惑力。加州大学圣迭戈分校的美国与墨西哥研究中心主任韦恩·科尼利厄斯谈道："许多青年人的观点是，这些都是社会上视为肮脏的工作，在美国土生土长受过教育的人，是不该干这种工作的。"另外，担任移民和归化署署长的首位墨西哥裔美国人利奥奎尔·卡斯提略也说道："东海岸的失业者没有人会在（华氏）一百度高温下干三周挖葱头的工作。"[1] 在美国的众多产业领域，肉类加工业是一个危险性较高的产业。随着机械化生产日益广泛地应用，流水线的操作降低了对传统的、有熟练屠宰技术的工人的需求，劳动力只需要从事单调乏味的重复性工作即可。然而，尽管操作过程变得简单，但其危险性却在增强，工人因一时疏忽而导致手、胳膊等受伤的事故，总是频繁地发生。因此，肉类加工业工人的受伤率为全国所有产业受伤率平均水平的四倍以上。在肉类加工业中，平均每三个工人就有一个遭受与工作相关的伤害或疾病的困扰。[2] 因此，从事肉类加工的美国本土黑人与白人工人越来越少，而来自东南亚的难民以及墨西哥等地的西裔移民，成为各肉类加工厂中的主要劳动力。

综上所述，随着美国本土工人教育技能水平日渐提高，低技术移民逐渐成为各类低技能岗位最重要的劳动力。他们在美国日常生活中从事着那些看似无关紧要却不可或缺的工作，为美国经济的繁荣发展做着默默无闻的贡献。正如本书绪论伊始所提到的那样，假如美国的移民突然消失，或者是停止工作的话，其对美国造成的不利影响是深远的。所以，当代美国经济的发展离不开移民，无论是高科技移民人才还是低技术移民。

---

〔1〕 邓蜀生：《世代悲欢美国梦——美国的移民历程及种族矛盾（1607—2000）》，第380—381页。

〔2〕 Louise Lamphere, et.al., eds., *Newcomers in the Workplace: Immigrant and the Restructuring of the U.S. Economy*, Philadelphia: Temple University Press, 1994, pp.29–30.

第四节 低技术移民与美国农业

所谓"民以食为天",无论对于哪一个国家而言,农业都是国民经济的基础。同样,美国也不例外。长期以来,农业在美国经济体系中一直拥有"王冠上的明珠"之美誉。[1] 农业不仅为美国人提供了维持生存所必需的衣食之源,同时每年大量出口至海外的农产品也相应增加了美国的财政收入。战后以来,随着美国产业结构的调整以及生产力的飞速发展,农业生产也发生了一些前所未有的变化。尽管农业的绝对产值在不断增长,由 1975 年的 514 亿(包括农业、林业、渔业)增长至 2005 年的 1231 亿,但它在国民经济中所占的比例却越来越小,由 3.1% 减少至 1%。[2] 与此同时,从事农业的人数越来越少。在 1960—1991 年,美国的农业人口由 1563.5 万下降至 463.2 万,其占全部人口的比例也由 8.7% 下降至 1.9%。[3] 当前,尽管美国农业生产的机械化程度位于世界先进水平,但农作物品种具有多样性,种植、收获方面也有一定的特殊性,因此农业领域绝大多数的就业岗位所需求的仍是普通的体力类工人。大量低技术外来移民的到来,正好满足了农业生产的需求,提供了稳定的农业劳动力来源。

在美国历史上,外来移民有着长期从事农业的经历,并在美国的农业发展进程中扮演着重要角色。自 19 世纪中后期以来,随着美国西部地区大规模农业生产的开展,华人、日本人、菲律宾人以及墨西哥人等,就构成了西部农场主们最可靠的劳动力。在 1870 年,华人构成加州农场全部劳动力的 18%,在萨克拉门托农场占 45%,

---

[1] Philip Martin, "Mexican Workers and U.S. Agriculture: The Revolving Door", *International Migration Review*, Vol.36, No.4 (Winter,2002), pp.1124-1142.

[2] *Economic Report of the President, 2007*, p.244.

[3] *Economic Report of the President, 2002*, Washington D.C.: United States Government Printing Office, p.428.

在阿拉梅达农场占 25%，在圣马蒂奥农场占 25%。到 1880 年，华人农业工人占萨克拉门托县农业劳动力的 86%，占尤巴农业劳动力的 85%，占索兰农业劳动力的 67%，占圣克拉拉农业劳动力的 55%，占约洛农业劳动力的 46%，占蒂黑马农业劳动力的 43%。[1] 同样，美国其他地区也有较多的移民从事农业活动。据研究估计，到 1900 年，第一代和第二代移民占美国农业劳动力的 1/4。[2] 此后至 20 世纪 40 年代，由于"二战"导致美国出现劳动力严重短缺的问题，美国遂又与墨西哥政府签署了"布拉塞洛计划"，引进大量临时劳工在美国从事农业活动。在该计划实施的 1942—1964 年，美国共颁发了 450 万份签证。在加州、得克萨斯、新墨西哥和亚利桑那，这些劳工占了农业劳动力的 25%。[3] 他们的到来极大地促进了"二战"及战后期间美国农业的繁荣发展。

然而，到 60 年代初期，随着美国农业生产力的提高，农业机械化的应用开始日益推广，部分农作物的生产对农业工人的依赖性有所降低。另一方面，"布拉塞洛计划"也招致了来自美国工会组织等方面的严重不满。批评者认为该计划导致了当地农业工人工作条件恶化，工资降低，工作机会减少，因此频频向政府施压，要求终止该计划。于是，1964 年，美国国会废止了该计划。"布拉塞洛计划"的终结，给美国的农业生产带来了立竿见影的后果。根据学者唐纳德·E. 怀斯（Donald E. Wise）估计，在第 78 号公法（the public law 78）终止了墨西哥人在美国合法地从事合同劳工项目之后，甜瓜的价格增长了 6%，草莓的价格增长了 11%，但甜瓜的产量和草莓的产量只是原来的 73% 和 96%；不仅如此，从事草莓与甜瓜种植的劳动

---

〔1〕 转引自戴超武：《美国移民政策与亚洲移民》，第 31 页。

〔2〕 Brian Q. Cannon, "Immigrants in American Agriculture", *Agricultural History*, Vol.65, No.1(Winter,1991), pp.17–35.

〔3〕 姬虹：《美国非法移民潮与布什的临时工计划》，《国际论坛》，2005 年第 6 期。

力也分别减少了 22% 和 16%。[1]

但是，随着科学的进步，美国人越来越注重健康的饮食生活，对食品的要求也更加多样化。在这一背景下，农场主开始不断地调整自己的经营方向，选择性地改变农作物种植结构，以满足广大消费者新的需求。从 70 年代开始，随着美国人对水果、蔬菜等作物需求的增长，这些作物的种植面积，特别是在西部地区，开始迅速增加。1960 年，在圣巴巴拉县的 6700 万美元的农产品当中，有一半以上产值是来自于甜菜等大田作物[2]以及牲畜产品，而到 1992 年，其比例减少到 11%；相反，水果和蔬菜的总价值由占 1960 年该县农产品价值的 40%，上升至占 1992 年 5 亿美元农产品价值的 75%。在 1960 年，牛肉、柠檬、牛奶是该县最有价值的农产品，而到 1992 年，西兰花、草莓和莴苣则取而代之。在种植面积方面，1960 年时用于种植大田作物的土地达 61000 英亩，而到 1992 年减少至 20000 英亩，与此同时，水果和蔬菜的种植面积由 40000 英亩扩展至近 90000 英亩。[3] 此外，根据美国 1997 年农业相关统计，当年美国总计有 1200 万英亩的水果、木本类坚果和蔬菜作物，其农场售价[4]高达 230 亿美元，占美国全部农业产值的 25%。[5]

相对于大田作物而言，水果和蔬菜以及坚果类作物的机械化作业和加工较为难以实施，它们的种植、耕作、采摘和收获，更多地

---

〔1〕 Michael J. Greenwood and John M. McDowell, "The Factor Market Consequences of U.S. Immigration", *Journal of Economic Literature,* Vol.24, No.4 (Dec.,1986), pp.1738−1772.

〔2〕 大田作物是指在大面积的田地上露天种植的各种直接供给粮食、油料和衣物原料的作物，如小麦、水稻、高粱、玉米、棉花、牧草等。

〔3〕 Juan Vicente Palerm, *Immigrant and Migrant Farm Workers in the Santa Maria Valley,* California, September 1994, p.4, http://www.census.gov.srd/papers/pdf/ex95−21.pdf.（2006 年 1 月 8 日下载）

〔4〕 农场售价是指农业产品在离开农场时扣除营销成本后的净值。由于它不包括运输、处理、贮存、营销方面的成本，因此其价格一般低于消费者在商店、超市中购买时的零售价。

〔5〕 Yoav Sarig, James F. Thompson, Galen K. Brown, *Alternatives to Immigrant Labor? The Status of Fruit and Vegetable Harvest Mechanization in the United States,* http://www.cis.org/FarmMechanization−ImmigrationAlternative.（2010 年 2 月 8 日下载）

要求手工操作，这不仅需要更多的劳动力，同样也需要耗费更多的劳作时间，而且其收获过程更为艰苦和令人生厌。在这种情况下，许多原来的农业工人纷纷前往城市地区，选择从事那些相对轻松的职业，因此导致农业劳动力供应不足。于是，在 80 年代，国会在加紧对非法移民进行限制的同时，出于照顾西部农场主利益的考虑，又实施了"特殊农业工人计划"以及"补充农业工人计划"，强调申请者必须从事易腐烂的农作物的生产，以满足西部农业地区生产发展的需要。其中，截至 1988 年 11 月 30 日为止，"特殊农业工人计划"吸引了 130 万名申请者，仅加州就占 70 万。[1] 于是，大量被赦免以及引进的农业移民的到来，极大地促进了美国农业的发展。有研究表明，1986 年《移民改革与控制法》实施之后，在加利福尼亚、俄勒冈、新墨西哥和华盛顿等州的劳动力较密集的农业生产领域，水果、蔬菜以及园艺作物的产量获得了迅速增长。从全国来看，在 1970—1992 年，新鲜蔬菜的种植面积也扩大了 15%，并且这些增长都发生在 80 年代。[2]

但另一方面，自战后以来，在美国从事农业生产活动的本土人口的比例与绝对数量，都在持续不断地下降，农业生产更多地依赖外来移民。在 1996—2000 年，美国从事农业的劳动力数量减少了 17.8 万，但是从事农业生产的移民却增加了 11.7 万。其中，男性移民增加了 9.5 万，女性移民增加了 2.2 万。[3] 当然，在到达美国的外来移民当中，越来越多的人直接进入城市就业，而从事农业的移民的比例有所下降，但比较而言，从事农业的移民比例仍远远高于美国本土人口务农者的比例。根据国会预算局的研究，2004 年时，在

---

〔1〕 Philip L. Martin, "Harvest of Confusion: Immigration Reform and California Agriculture", *International Migration Review*, Vol.24, No.1 (Spring,1990), pp.69-95.

〔2〕 J. Samuel, P. L. Martin, J. E. Taylor, *The Jobs and Effects of Migrant Workers in Northern America-Three Essays*, p.63.

〔3〕 Abraham T. Mosisa, "The Role of Foreign-Born Workers in the U.S. Economy", p.13.

25—64 岁的工人当中，从事农业的本土人口仅有 0.4%，而外国出生人口却占 1.7%，后者为前者的 4 倍以上。[1]

然而，移民人口当中实际从事农业的数量，显然要远高于上述统计。这是因为在美国，非法移民身份特殊，他们总是很少出现在相应的人口统计之中。并且由于农业生产季节性较强，不同地区不同农作物有着不一致的收获时间，非法的农业工人通常会随着即将收成的农作物在不同地区不停地迁徙、流动，因而给统计带来一定的困难。但是，毫无疑问，包括非法劳工在内的移民构成了美国农业工人中的绝大多数。例如，国际劳工组织在 2004 年的研究报告中指出，美国农场主雇用的农业工人最多时高达 250 万左右，其中大多数的雇用时间不到 6 个月。在种植水果、蔬菜和园艺作物的农场里从事季节性工作的工人，约 90% 是在国外出生的。90 年代期间，在所有被雇用的农作物种植工人中，非法移民的比例从不到 10% 上升到 50% 以上。[2]

由于从事农业的本土人口与合法移民不断减少，非法移民在美国的农业生产中扮演着越来越重要的角色。这种重要性主要体现在种植作物的生产领域。例如，美国农业部一份相关研究报告指出，根据全国农业工人调查（National Agricultural Workers Survey）的数据显示，在种植农场雇用的工人中非法移民几乎占据一半。在 1989 年，非法移民的比例仅为 7%，到 1994 年该比例上升至 38%，到 1999 年达到顶峰，为 53%，至 2004 年有所回落，但仍高达 48%。从生产费用方面看，在 2000 年时，支付给非法移民劳动力的费用，占所有种植作物生产费用的 12%。其中，从事蔬菜种植的非法移民占 32%，

〔1〕 Congressional Budget Office, *The Role of Immigrants in the U.S. Labor Market*, p.12.
〔2〕 国际劳工组织：《在全球经济中为移民工人谋求公平待遇》，http://www.ilo.org/public/chinese/standards/relm/ ilc/ilc92/pdf/rep−vi.pdf（2009 年 12 月 14 日下载）。

从事水果与园艺作物种植的非法移民分别占 40% 和 44%。[1]

　　不仅如此，在与农业相关的制造业与服务业等领域，非法移民也发挥着极其重要的作用。在肉类加工业领域，2005 年时共有 50 万人从业于此。肉类加工厂通常分布于劳动力稀少的乡村地区，其中，越来越多的工人是外国出生的西裔移民，并且是缺乏合法身份的非法移民。1985 年，从事肉类加工的工人当中，白人占 61%，黑人占 25%，西裔占 11%；到 1995 年，白人占 43%，黑人占 24%；再到 2005 年，白人下降至 30%，黑人占 19%，而西裔上升至 47%。在食品服务业领域，2005 年时共有 930 万低技能工人，其中估计有 110 万—150 万为非法移民。1985 年时，从事食品服务的白人占 75%，黑人占 13%，西裔占 12%；到 1995 年，白人占 69%，黑人占 13%，西裔占 18%；到 2005 年，白人所占比例下降至 61%，黑人占 12%，西裔上升至 27%。[2]

　　上述数据不仅表明当前移民特别是非法移民对于美国农业及其相关产业的重要性，而且还说明了这样一个事实：外来移民并没有造成美国人的失业。可以看出，从事肉类加工和食品服务的西裔移民比例不断上升，主要源自于从事这些工作的白人的比例持续下降。出现这一现象，并不是由于西裔移民的竞争导致白人从这些行业退出，而是白人退出这些行业后，西裔移民继承了这些工作岗位。如果西裔移民与美国工人产生竞争的话，那么首当其冲被替换的应是黑人群体，因为黑人的教育、技能程度与西裔较为接近。但是，上述统计数字表明，黑人从事这些职业的比例变化不大或者是基本保持不变。由此可见，移民与美国人在就业方面有着一种互补关系，当美国人获得条件待遇较好的工作岗位而退出原来技术含量较低的

〔1〕　William Kandel and Ashok Mishra, *Immigration Reform and Agriculture*, http://www.usda.gov/oce/forum/2007_Speeches/ PDF%20PPT/W%20Kandel.pdf.（2010 年 2 月 8 日下载）

〔2〕　William Kandel and Ashok Mishra, *Immigration Reform and Agriculture*.

岗位后，移民便填充了这些职位空缺。

当代移民对于美国农业的重要性，也可以从农场主们的态度略见一斑。美国在80年代加强了边境控制后，很快就遭到了来自那些支持放宽边境控制的人们所施加的政治压力。一些农场主频繁地宣称，没有低收入的外国工人，他们将被迫削减生产或者破产。为了坚持雇用非法移民，一位加州的农场主说道："当前的现实就是，如果政府能够在边境阻止每一个人的话，那么就不会有农业了，你们也将无法吃到芦笋。"[1]到90年代，随着美国新经济的迅速发展，在硅谷以及其他地方的高科技公司的强烈游说下，美国国会在1998年临时增加了分配给高科技移民的工作签证数量。与此同时，加州、俄勒冈、得克萨斯以及其他地区的农场主，也声称体力工人的短缺严重威胁了美国农业，强烈要求恢复从墨西哥以及其他地区大规模地引进从事农业工作的临时移民。[2]当然，农场主们要求获得移民劳动力的愿望，尽管更多是出于自身利益的考虑，但它至少也说明了移民在美国农业，特别是西部农业中所具有的重要性。

正是鉴于移民在农业及其相关产业中发挥的重要作用，移民管理部门在实施打击非法移民的行动当中通常会有所保留。1998年，移民归化局对佐治亚州处于收获季节的洋葱农场进行了突袭检查，随后美国司法部长以及佐治亚的参议员和三名议会代表，公开批评移民归化局的这一行为损害了佐治亚农场主的利益。于是，这场突袭很快就停息了。在内布拉斯加和艾奥瓦向来以雇用非法移民为主的肉类包装业领域，移民归化局也实施了例行检查，却没有采取任

〔1〕 Gordon H. Hanson, Kenneth F. Scheve, Matthew J. Slaughter, Antonio Spilimbergo, *Immigration and the U.S. Economy: Labor-Market Impacts, Illegal Entry , and Policy Choices*, p.38.

〔2〕 Gordon H. Hanson, Kenneth F. Scheve, Matthew J. Slaughter, Antonio Spilimbergo, *Immigration and the U.S. Economy: Labor-Market Impacts, Illegal Entry , and Policy Choices*, p.2.

何大规模的突然袭击。在移民归化局的代表到来之前，许多工厂都已事先接到了通知。一位移民归化局的工作人员对此解释道："我们不希望给这些公司的生产能力带来任何负面影响。"[1]

　　农业生产雇用大量低工资的移民劳动力，为美国农场主创造了高额的利润，同时美国的消费者也因此能够享受到种类繁多且价格低廉的农产品。但是，也有许多批评者认为，从长远的发展来看，正是大量移民劳动力的充分供给导致了农业机械化发展缓慢，而这最终又势必将增加美国农业生产的费用。[2] 的确，在缺乏足够劳动力的情况下，农场主们可能会被迫采取各种措施，扩大对农业科技开发的投入，从而推动农业机械化生产的发展。例如，60年代"布拉塞洛计划"的结束，最终促使实现了西红柿采摘方面的机械化。西红柿采摘机的使用，促进了加州西红柿的生产，并使之在美国取得了垄断性的地位。然而，这类机械化的引进却是一个极端昂贵的、复杂的长期过程。例如为了采用西红柿采摘机，种植者不仅需要研制这种采摘机器，而且还需要培育一种能够适应机器采摘的西红柿品种，而这种西红柿是经过二十余年才得以培育出的。同时，机械化的操作过程，也要求在运输和处理等流程中相应采用新的方法，等等。[3] 对于利润至上的农场主们而言，直接引进廉价的移民劳动力，无疑是一个更可取的途径。此外，大多数的水果和蔬菜类农作物的种植、耕作与采收，显然不适宜于机械化生产，而是更多地依靠人力的手工操作来完成。

　　总之，外来移民在美国当代农业中发挥着极为重要的作用。他们一方面为美国的农业生产提供着稳定的劳动力大军，同时也承担

〔1〕 Gordon H. Hanson, Kenneth F. Scheve, Matthew J. Slaughter, Antonio Spilimbergo, *Immigration and the U.S. Economy: Labor-Market Impacts, Illegal Entry, and Policy Choices*, p.40.

〔2〕 *Economic Report of the President, 1986*, p.228.

〔3〕 Jorge A. Bustamante, Clark W. Reynolds, and Raúl A. Hinojasa Ojeda, eds., *U.S.-Mexico Relations: Labor Market Interdependence*, p.463.

着那些最为辛苦、乏味的工作。特别要注意的是，非法移民对美国农业的重要意义尤其不应忽视。对于他们的积极贡献，美国《1986年总统经济报告》明确指出："虽然许多移民在美国农场非法就业，但正是由于这些工人的存在，美国的某些水果和蔬菜作物的生产才保持着与他国的竞争力。"[1] 当前，移民农业工人遍布于美国各个地区，并从事各种各样的农业及其相关的生产活动。例如，在爱达荷南部，墨西哥农业工人就业于当地的大型灌溉农场；在俄勒冈，他们构成了威拉米特河谷（Willamette Valley）中从事果酱生产的主要劳动力；在华盛顿州，移民也取代了种植芦笋、梨以及其他作物的美国本土工人；在佛罗里达，墨西哥移民和危地马拉移民是种植蔬菜和水果的绝对主劳力；在堪萨斯以及内布拉斯加等内陆腹地州，移民也构成了牲畜屠宰和肉类加工产业的主力军，等等。因此，毫不夸张地说，没有当代的外来移民，美国的农业就绝不会有今天繁荣兴盛的局面。

综上所述，在当前的后工业社会，外来移民对于美国经济仍具有重要意义。同早期移民一样，他们仍为美国的经济发展做着持续的贡献。在人口出生率不断下降和社会逐渐步入老龄化的背景下，移民为美国提供了经济发展所必需的劳动力。高科技移民为美国提供了源源不断的技术人才，促进着美国高科技产业的繁荣发展，并维持了美国在科技领域的国际竞争力；低技术移民的到来，则满足了美国对低技术劳动力的需求，承担了本土工人不愿意从事的各类工作。总之，从经济的视角来看，无论是高科技移民，还是低技术移民，都在尽力地推动着当代美国经济向前发展。

---

[1] *Economic Report of the President, 1986,* p.228.

结　语

在美国，外来移民的劳动力市场与经济影响的问题，自殖民地时代以来就是一个争执不休的话题。而人们对于这一问题的看法，颇有些"当局者迷，旁观者清"的意味。因为在美国不同历史时期的争论中，移民的支持者与反对者展开了针锋相对的论战，双方各持己见，难以达成一致，争论双方的"当局者"以及时人，也似乎迷失其中，一时难以得出准确的判断。但是，随着时间的流逝，历史发展的后一阶段总是能够确凿地证明移民在前一历史阶段中的重要性，总是为后来的"旁观者"印证着这样的事实：外来移民始终是维系美国劳动力市场平衡的一个重要因素，他们推动了美国经济的发展，对美国经济的繁荣做出了积极的贡献。

然而，"二战"以来，美国的产业结构与经济结构进行了深刻的调整与重构，美国的外来移民潮自六七十年代起发生了前所未有的变化。来自拉美与亚洲等经济相对落后的第三世界国家的移民纷至沓来，其数量远远超过了欧洲与加拿大移民，成为当今美国新移民潮的主体。在这种背景下，有关当代移民对美国的劳动力市场与经济影响的关注再次出现，进而在美国社会引发了持续至今的新一轮移民大辩论。在许多美国人看来，随着社会生产日趋高度专业化与科学化，人力资本整体而言相对落后的外来移民难以适应当前美国经济发展的需求，会给美国劳动力市场和美国经济带来许多不利影响。

新移民群体的教育状况与技能水平在整体上相对较差的现实，成为移民反对者关注的一个核心焦点。然而，新移民的教育状况与技能水平并不全是很差的，总体呈一种两极化趋势，也就是说，在新移民群体中，拥有中等技能水平的移民数量相对较少，而拥有高、低技能水平的移民却相对较多。不过，新移民这种教育与技能水平的两极化特点，归根结底是美国经济与产业结构调整后的一个直接结果。美国战后开始的经济重构，导致就业岗位的增长多发生在高级白领职业与低级普通职业当中，即职业结构呈现明显的"沙漏"态势。这一结果相应促使美国劳动力市场同时扩大了对两类劳动力的需求，一是高科技人才，二是普通劳动力。显然，无论是高技能还是低技能的新移民劳动力，都是顺应美国劳动力市场的需求的。

当外来移民进入美国后，他们在美国社会必然要经历经济适应与同化的过程。与早期入境的移民不同，当代美国的经济变革导致新移民的社会经济同化变得相对困难。无论是在平均经济收入，还是在整体社会地位等方面，新移民均不及美国本土人。但是，由于社会经济同化与融合通常是一个长期发生的过程，因此对于大多数新移民来说，在短期内期望能取得与美国人同样的经济成就，显然是不太现实的。总体而言，1965年以来的新移民普遍有着实现社会经济同化与融合的强烈愿望，他们在美国积极地参与劳动力市场，因而有较高的劳动力参与率和就业率，并展现出了积极的社会经济同化趋势。此外，随着他们在美国生活的时间越长，他们逐渐掌握了英语技能，相应获得更多就业市场所必需的人力资本，因此也不断地取得经济进步。当他们的经济收入实现不断增长后，其对美国的经济贡献也会越来越明显。

以历史的视角来看，在过去的几十年中，美国土生劳动力开始相对减少，外来移民持续地为美国就业市场补充着劳动力，并且在各经济领域都发挥着至关重要的作用。即使是那些到来的低技能移民劳动力，也极大地缓解了美国本土普通劳工日趋减少的问题。他们在美国的身份是农业工人、建筑工人、酒店员工、旅馆服务员、清洁工人、家政人员等，从事的是各种各样低报酬、低技能的工作，但是，他们对于美国经济的运转有着极不显眼却十分重要的意义。另一方面，移民群体中的高技术人才对美国的经济贡献更是显而易见的。他们广泛地分布于美国的各个领域，特别是为高科技产业领域输送了大量专业的技术劳动力，带来了创业精神和活力，也催生了许多难以估价的科技发明与技术创新。总之，大量技术移民的存在，不仅对于维持美国高科技产业的全球竞争力，而且对于巩固美国世界头号经济强国的地位，都是至关重要的。

探讨移民对劳动力市场与经济的影响问题，必然会涉及就业市场与社会福利方面的考察。虽然并不排除在某些时期、某些行业的确存在着移民与美国本土工人的竞争，造成了后者的失业或工资下降，但是总体说来，在宏观层面上，当代新移民并没有抢夺美国人的工作，也没有加剧竞争和降低本土工人的收入，同时也不存在因耗费过多的社会福利而造成严重财政负担的问题。相反，作为生产者和消费者，移民通过在美国的消费、投资以及各种创业活动，扩大了美国国内的消费需求，促进了社会生产的发展，创造了大量新的就业机会，甚至推动了工资的上涨。在社会福利方面，移民也交纳各种税金，这在总体上超过了他们所享受的各类福利，因而也为美国的财政做出了积极的贡献。

总之，在后工业社会的发展阶段，尽管美国的经济结构与移民群体都发生了前所未有的改变，但当代移民对于美国的劳动力市场和经济仍有着极为重要的意义。与早期的移民一样，1965年以来的外来移民依然是推进美国经济的至关重要的动力。

然而，虽然当代移民对美国经济有着持续的积极影响，但这毕竟是一个复杂的社会问题，因此，其引发的相关争论在美国得以长期存在，无疑也是一个正常的现象。在此，为了对移民的经济影响有一个更加明确的认识，笔者认为有必要澄清如下四个问题。

其一，移民的经济性影响与非经济性影响。移民来到美国后，显然会对美国的各个领域都产生相应的影响，其中既包括经济方面的，也包括政治、社会、文化等非经济方面的。毫无疑问，从经济的视角来看，移民的影响是积极的。依据经济学理论的解释，对于美国来说，仅移民的到来本身就意味着净利的获得。国家研究委员会在1997年的研究中指出，来自移民的净利每年为10亿至100亿美元。尽管这一数目相对于美国整体经济而言似乎微不足道，但是其绝对数量却是相当可观的。[1] 当然，移民的经济贡献远不仅止于此。他们在美国进行的各种消费与经济活动，无疑刺激和推动了社会生产的发展，特别是高科技移民所做的种种技术发明与创新，更是在无形之中提升着社会生产力，其为美国创造的经济价值是无法估算的。

从非经济的视角来看，移民同样也在政治、文化、社会等方面产生了深远的影响。许多美国人因此忧心忡忡地指出，移民将在这些领域给美国带来严峻的挑战。例如著名学者塞缪尔·亨廷顿就认为，来自拉美尤其是来自墨西哥的移民，将会导致美国"变成一个分成两叉的、通行两种全国性语言的盎格鲁—拉美社会"[2]。同样，在国家安全领域，特别是在"9·11"恐怖袭击发生之后，美国人对外来人口的不信任感空前加剧，认为移民构成了美国国家安全的最大威胁。客观地讲，大量文化特征迥异的当代移民，在为美国带来多元文化与思想的同时，的确也会对美国的文化凝聚力以及国家认同等产生一些微妙的不利影响。当然，至于这些影响达到何种程度，需

---

〔1〕 James P. Smith and Barry Edmonston, eds., *The New Americans: Economic, Demographic, and Fiscal Effects of Immigration*, p.153.

〔2〕 塞缪尔·亨廷顿：《我们是谁？——美国国家特性面临的挑战》，第183页。

要作进一步的详细考察。同时，如何将移民所带来的各种不利影响因素减至最小，则取决于美国的移民同化与融合措施是否有效。然而，正是出于担心移民在政治、文化以及社会等非经济领域带来不利影响的心理，许多美国人因而忽视了移民在经济领域的积极影响。因此，评价移民的经济影响问题，显然不能将之与其他非经济因素混淆在一起。

其二，移民的宏观经济影响与微观经济影响。从宏观的视角来看，移民对美国的经济产生了积极的影响。但是，这并不代表在微观领域就不存在某些消极影响。例如，在某些领域，当大量移民到来后，雇主会利用劳动力供应量的增多而开始压低劳动力价格。本土工人可能会因嫌弃工资待遇较低而拒绝继续工作，但对于那些来自低收入国家的移民来说，雇主提供的相对低廉的工资仍是较为丰厚的。因此在这些领域，本土工人退出而移民进入的现象屡有发生。同样，在经济不景气的非常时期，经济的萧条导致就业岗位增长有限，从而给劳动力市场制造了严峻的压力。这种情况下也会出现移民与本土工人相竞争的现象。但是，尽管自20世纪60年代以来入境移民数量呈直线上升，总体上却未造成美国人失业或者工资下降。这些事实说明，移民在宏观层面的积极经济影响与在微观层面的部分消极经济影响同时存在，二者之间并不矛盾。但毫无疑问的是，宏观的积极经济影响远远超过了其在微观层面的不利经济影响。

其三，移民的长期经济影响与短期经济影响。如前所述，尽管从整体而言移民对于美国经济做出了显著的贡献，但是，在他们刚入境的一段时期内，由于受到自身教育、技能与语言等方面的限制，普遍缺乏美国劳动力市场所需要的人力资本，因此经济状况相对较差，交纳的各类税金也相对较少，同时却耗费着相对较多的社会福利。不仅如此，移民在某些领域的高度集中，也加剧了部分美国本土工人的就业压力或者导致其收入下降，等等。然而，这些不利的经济影响只是短期性的，移民在劳动力市场中造成的不利影响，通常会随着美国经济的自行调整而逐渐消失。同时，随着移民在美国居住时间的增加，其经济能力也会因人力资本的增多而不断增强，因而能够交纳更多的税收和做出积极的经济贡献。此外，由于多数移民家庭普遍拥有较多的年幼子女，这些移民子女在成年之前，通常接受了较高比例的教育福利，因此造成短期内福利费用的增加。但是，当这些移民子女成年并就业之后，其早年接受的教育投资必然会带来长期的经济回报，并且这种回报远超过早期消耗的教育福利费用。因此，总体而言，尽管移民在短期内可能产生一定的负面经济影响，但长期来看，他们是做出了积极经济贡献的。

其四，移民的显性经济影响与隐性经济影响。移民对于美国的经济影响，有些是显而易见的，有些却是不易觉察的。通常说来，美国人对那些危及切身经济利益的不利影响都是非常敏感的，因而很容易发觉和感受到移民带来的消极因素；而在另一方面，对于移民的许多潜在的积极影响，他们却并不能够做到明察秋毫。例如，当移民到来后，他们相对低廉的劳动力价格导致生产成本降低，因此也会降低产品与服务的价格与生产费用，导致那些购买这些产品和享受这些服务的美国人受益。当美国本土人享受着相对低廉的优质产品与服务时，他们未必能够意识到这是移民造成的结果。此外，移民的增加也会导致劳动力市场做出相应的调整，例如青年学生当中的一些潜在辍学者为避免同移民竞争，因而打消了辍学的念头，选择继续求学深造，这在无形之中推动了美国人整体教育水平的提高，等等。同样，移民所促成的这种间接的积极影响也是无法直接显现出来的。总之，移民的显性不利经济影响通常总是比其带来的隐性积极经济影响更易于为人觉察，因而在一定程度上妨碍了人们对于移民的经济影响的正确认识。

需要注意的是，在关于移民的劳动力市场影响的讨论中，移民引起的就业竞争问题应值得加以特别说明。许多美国人有这样的意识，即移民增加了劳动力市场中的劳动力供应量，给美国本土工人造成了职业竞争的压力，并导致部分本土人出现失业的现象。因此，在他们看来，移民导致的竞争必然会造成不利的经济后果。显然，这种观点只看到了市场经济中竞争的消极影响的一面，而没有看到其具有的积极意义。在市场经济体制之下，竞争是推动经济发展的一个重要机制，竞争通过赋予个人或企业以压力和动力，最大限度地激发潜能，提高工作效率，对于促进个人、企业以及社会进步，都有着重要作用。同样，正是外来移民的到来，在某种程度上激发了劳动力市场中美国本土工人的忧患意识，促使他们努力提升自身的教育与技能水平，以免在激烈的就业竞争中被淘汰。尽管竞争不可避免地导致小部分美国人的经济利益受损，但从整体而言，移民引发的竞争实际上促进了美国经济的发展。例如，在分析了得克萨斯州凯马镇（Kemah）的越南难民逐渐取代本地渔民并支配了该地区的渔业这一现象之后，学者摩尔明确肯定了移民引发的竞争的意义：

> 毫无疑问，美国出生的渔民被替换了。这样的替换经常发生于市场经济当中。新的生产线取代旧的生产线，新的技术创新取代标准流程并且有时甚至是整个产业，高效率的工人取代低效率的工人。在这样的竞争中，即使整个社会总是变得更加富庶，但也总是存在经济上的损失者。的确，在资本主义经济当中，竞争的压力是经济增长的引擎之一。[1]

---

[1] Vernon M. Briggs, Jr. and Stephen Moore, *Still an Open Door? U.S. Immigration Policy and the American Economy*, p.99.

此外，当代移民对于美国经济的影响，还可以从人口流动的角度来予以阐释。根据人口流动的理论，合理的人口流动可以形成一种新陈代谢的社会机制，从而促进社会的协调发展。外来移民作为美国社会中流动人口的一个组成部分，对美国的经济发展同样有着重要的意义。在美国的社会经济发展过程中，社会不同层面、不同领域、不同地区及不同行业等不可能是齐头并进的，必然出现发展不平衡或不协调的现象。移民的到来能够逐步促使人口从稠密地区流向稀少地区，使劳动力从多余的行业流向不足的行业，使人才从拥挤的单位流向奇缺的单位，其结果是不仅个人才能得到发挥，而且社会结构也得到了优化。同时，移民所引发的人口流动还可以形成一种优胜劣汰的社会机制，从而提升社会发展的速度和优化社会运行的质量，成为推动个人和群体自我提高和自我发展的强大社会力量。不仅如此，移民的人口流动，还能为地方劳动力市场创造新的经济机遇。例如，根据一些学者的研究，在美国 2/3 的主要大都市区内，每增加一位就业的迁入人口，将会额外创造一个职业岗位，而在 30% 的美国大都市中心地区，一个新到来的迁入人口平均将创造 1.26 个就业岗位，其中 1 个是自己的，而 0.26 个是为当地其他人口创造的。[1] 当然，移民与国内流动人口也存在明显的区别，这一区别表现为他们的出生国籍不同。但是，无论是移民还是国内人口，其在市场经济体制之下的流动对社会经济生活的影响应该是一致的。在认同美国国内人口流动对于经济发展有积极意义的同时，对于移民的流动却持一种截然不同的反对态度，这应该是有悖于事实的。相反，我们只有以一种理性的思维去审视美国劳动力市场中的移民，才能对其经济影响作出合理的解释。

通过本研究，我们不难发现，美国这一移民之国始终存在着这

---

[1] J. Samuel, P. L. Martin, J. E. Taylor, *The Jobs and Effects of Migrant Workers in Northern America-Three Essays*, p.51.

样的悖论：一方面外来移民为美国的经济发展做出重要贡献，另一方面，美国社会对外来移民的经济忧虑却从未消释，认为移民扰乱了美国劳动力市场的原有秩序，加剧了就业市场的竞争，拉低了美国人的生活水平。类似的质疑之声长期不绝于耳，甚至暴力排斥外来移民的行为也屡有发生。美国之所以长期存在着对外来移民经济影响方面的担忧与抵触，原因是多方面的，但其中一个持续且影响深远的原因，就是美国社会中根深蒂固的排外主义。在美国的历史进程中，排外主义始终是与移民问题紧密联系在一起的。尽管在历史发展的不同时期，排外主义的表现形式有所差别，但本质上却毫无二致，即通过限制或阻止那些在民族、宗教和文化背景等方面与自己截然不同的移民群体入境定居，避免他们加剧在政治权力、土地资源和就业机会等方面的竞争，保护本民族在语言、宗教、文化和血统等方面的同质性。当然，美国对于移民的排外情绪，尤其是在美国经济不景气，且恰逢大规模外来移民入境的时期，体现得尤为明显。例如在内战后随着工业化的全面展开，美国经济的高速发展与上层建筑的管理之间出现严重脱节，各种社会问题涌现，劳资矛盾异常激化，工人运动此起彼伏。与此同时，成千上万的东南欧移民蜂拥而入，这一时期，排外主义思想迅速盛行，加之文人政客煽风点火，外来移民遂成为排斥打击的对象，一时间全民性的排外主义浪潮达到顶峰。[1] 到 20 世纪 20 年代，美国实施了以限额体制为核心的移民政策，结束了移民史中"门户洞开"的时代。同样，自20 世纪六七十年代起，随着来自拉美与亚洲地区的移民掀起新的入境高潮，经历了深刻重构的美国经济开始出现周期性的危机与滞胀，于是，以限制移民为核心的排外主义思潮再度兴起，美国社会各界围绕着外来移民又展开一轮辩论，移民的劳动力市场与经济影响仍

---

[1] 梁茂信：《美国的排外主义演变分析》，《西南师范大学学报》，1998 年第 4 期。

是探讨的核心之一。部分移民较为集中的州甚至出台了相应法律，对移民实施严苛的限制。在排外主义势力的推动下，美国国会也审时度势，先后对移民法进行了多次调整，加强了对非法与合法移民的控制与管理。尽管基于国家利益进行的移民政策调整适应了美国经济与社会发展的需要，但是，针对外来移民的不定期泛滥的排外主义，始终是美国社会的一种痼疾。特别是在排外主义盛行时期，各种野蛮侵犯人权乃至危及移民人身安全的暴力事件并不在少数，这对于一向标榜平等、自由、民主的美国，无疑是一个莫大的讽刺。

最后，需要强调的是，本书虽然充分肯定了当代移民在劳动力市场与经济影响方面的积极作用，但这并不表明笔者就赞同美国应实施一种门户洞开、无条件地接纳所有外来移民的移民政策。毕竟，人口增长与经济发展之间的关系是极为复杂的，并非是人口增长越快，经济增长也相应越迅速。许多研究成果已表明，在美国等生育率相对较低的发达国家中，保持适度的人口增长有助于促进经济的可持续发展。这是毋庸置疑的事实。但是，超高的生育率、泛滥的移民潮等如果超出了国家经济发展的承受与负荷能力，必然会产生难以预计的恶果。此外，移民的影响是非常广泛的，它涉及各领域的方方面面，除了会带来显著的经济影响之外，还会在政治、文化、社会、环境等方面产生非经济性的影响。在当前全球一体化趋势明显加快、多元文化普遍盛行的时代，从一个民族国家的角度来讲，外来移民，特别是那些有着显著文化差异的移民的到来，必然会对美国的文化与国家认同等产生不容忽视的冲击。也就是说，对于美国而言，当代移民有着"双刃剑"式的影响，即移民在给美国做出积极经济贡献的同时，也为美国带来了一些文化与国家安全等方面的不稳定因素。当前，在美国现行移民政策之下，美国每年接纳的移民数量仍高达百万，究其原委，除了不可否认的人道主义因素之外，更多的还是出于经济目的方面的考虑，因为移民对于美国的劳动力市场和经济发展仍有着极其重要的意义。这一点可以从不同时期的美国总统经济报告中得以证实。然而，美国移民政策之所以并未完全敞开移民大门，而是设置了移民数额的限制，这无疑是基于对移民的潜在消极影响方面的考虑。因为移民政策制定者们在注意到移民能够产生积极影响的同时，他们也同样明白这样一个事实：如果接纳的外来移民数量太多，远超出了美国具有的消化和吸收能力，绝对不是一件幸事，甚至可以说是一个灾难。当然，至于美国每年应当接收多少移民才最符合根本国家利益的问题，无疑是极其复杂的，当前也难以得出一个明确的答案。它不仅是美国的移民政策制定者及其他政客所关注和讨论的问题，同时也值得我们史学工作者努力探究。

参考文献

一、美国政府文献

1．U.S. Census Bureau, *Income, Poverty, and Health Insurance Coverage in the United States: 2005*, http://www.census.gov/prod/2006pubs/p60-231.pdf.（2007 年 4 月 9 日下载）

2．U.S. Census Bureau, *Domestic Net Migration in the United States: 2000 to 2004* , http://www.census.gov/prod/2006pubs/p25-1135.pdf.（2007 年 4 月 9 日下载）

3．U.S. Census Bureau, *The Foreign-Born Population in the United States*, http://www.census.gov/prod/2000pubs/p20-534.pdf.（2007 年 4 月 9 日下载）

4．U.S. Census Bureau, *Geographical Mobility: March 1997 to March 1998*, http://www.census.gov/prod/2000pubs/p20-520.pdf.（2007 年 4 月 10 日下载）

5．U.S. Census Bureau,*1990 Census of Population: The Foreign-Born Population in the United States,* http://www.census.gov/population/www/socdemo/foreign/cp-3-1.pdf.（2007 年 4 月 9 日下载）

6．U.S. Census Bureau, *Profile of the Foreign-Born Population in the United States: 2000*, http://www.census.gov/prod/2002pubs/p23-206.pdf.（2007 年 4 月 9 日下载）

7．U.S. Census Bureau, *Geographical Mobility:2002 to 2003,* http://www.census.gov/prod/2004pubs/p20-549.pdf.（2007 年 4 月 9 日下载）

8．U.S. Census Bureau, *Migration of Natives and the Foreign Born: 1995 to 2000,* http://www.census.gov/prod/2003pubs/censr-11.pdf.（2007 年 4 月 9 日下载）

9．U.S. Census Bureau, *Migration by Race and Hispanic Origin: 1995 to 2000,* http://www.census.gov/prod/2003pubs/censr-13.pdf.（2007 年 4 月 9 日下载）

10．U.S. Census Bureau,*Geographical Mobility: March 1999 to March 2000,* http://www.census.gov/prod/2001pubs/p20-538.pdf.（2007 年 4 月 9 日下载）

11．U.S. Census Bureau, *Inmigration, Outmigration, and Net Migration for Metropolitan Areas: 1985-2000,*http://www.census.gov/population/socdemo/migration/tab-a-3.pdf.（2007 年 4 月 10 日下载）

12．U.S. Census Bureau, *Annual Inmigration, Outmigration, Net Migration, and Movers from Abroad for Regions: 1980-2005,*http://www.census.gov/population/socdemo/migration/tab-a-2.pdf.（2007 年 4 月 10 日下载）

13．U.S. Census Bureau, *Ancestry:2000,* http://www.census.gov/prod/2004pubs/c2kbr-35.pdf.（2006 年 5 月 19 日下载）

14. U.S. Department of Justice, Immigration and Naturalization Service,*1997 Statistical Yearbook of the Immigration and Naturalization Service,* http://www.dhs.gov/xlibrary/assets/statistics/yearbook/1997YB.pdf.（2008 年 4 月 5 日下载）

15．U.S. Department of Justice, Immigration and Naturalization Service, *1998 Statistical Yearbook of the Immigration and Naturalization Service,* http://www.dhs.gov/xlibrary/assets/statistics/yearbook/

1998/1998yb.pdf. (2008 月 4 月 5 日下载)

16. U.S. Department of Justice, Immigration and Naturalization Service, *1999 Statistical Yearbook of the Immigration and Naturalization Service*, http://www.dhs.gov/xlibrary/assets/statistics/yearbook/1999/FY99Yearbook.pdf. (2008 年 5 月 19 日下载)

17. U.S. Department of Justice, Immigration and Naturalization Service, *2000 Statistical Yearbook of the Immigration and Naturalization Service*, http://www.dhs.gov/xlibrary/assets/statistics/yearbook/2000/Yearbook2000.pdf. (2008 年 4 月 30 日下载)

18. U.S. Department of Justice, Immigration and Naturalization Service, *2001 Statistical Yearbook of the Immigration and Naturalization Service*, http://www.dhs.gov/xlibrary/assets/statistics/yearbook/2001/yearbook2001.pdf. (2008 年 5 月 19 日下载)

19. U.S. Department of Homeland Security, Office of Immigration Statistics, *2002 Yearbook of Immigration Statistics*, http://www.dhs.gov/xlibrary/assets/statistics/yearbook/2002/Yearbook2002.pdf. (2008 年 3 日 12 下载)

20. U.S. Department of Homeland Security, Office of Immigration Statistics, *2003 Yearbook of Immigration Statistics*, http://www.dhs.gov/xlibrary/assets/statistics/yearbook/2003/2003Yearbook.pdf. (2008 年 5 月 19 日下载)

21. U.S. Department of Homeland Security, Office of Immigration Statistics,*2004 Yearbook of Immigration Statistics*, http://www.dhs.gov/xlibrary/assets/statistics/yearbook/2004/Yearbook2004.pdf. (2007 年 8 月 29 日下载)

22. U.S. Department of Homeland Security, Office of Immigration Statistics, *2005 Yearbook of Immigration Statistics*,http://www.dhs.gov/

xlibrary/assets/statistics/yearbook/2005/OIS_2005_Yearbook.pdf.（2008
年 3 月 22 日下载）

23．U.S. Department of Homeland Security, Office of Immigration
Statistics, *2006 Yearbook of Immigration Statistics*, http://www.dhs.gov/
xlibrary/assets/statistics/yearbook/2006/OIS_2006_Yearbook.pdf.（2008
月 3 月 22 日下载）

24．U.S. Department of Homeland Security, Office of Immigration
Statistics, *2007 Yearbook of Immigration Statistics*, http://www.dhs.gov/
xlibrary/assets/statistics/yearbook/2007/ois_2007_yearbook.pdf.（2009 年
4 月 22 日下载）

25．U.S. Department of Homeland Security, Office of Immigration
Statistics, *2008 Yearbook of Immigration Statistics*, http://www.dhs.gov/
xlibrary/assets/statistics/yearbook/2008/ ois_yb_ 2008.pdf.（2010 年 1 月
17 日下载）

26．Bureau of Labor Statistics, *Foreign-Born Workers: Labor Force
Characteristics in 2005,* http://www.bls.gov/news.release/pdf/forbrn.pdf.
（2007 年 1 月 12 日下载）

27．U.S. Department of Commerce，*Historical Statistics of the United
States: Colonial Time to 1970,*Part 1, http://www2.census.gov/prod2/
statcomp/documents/CT1970p1-05.pdf.（2009 年 10 日 15 下载）

28．*Economic Report of the President, 1986,* Washington D.C.: United
States Government Printing Office,1986.

29．*Economic Report of the President, 1997,* Washington D.C.: United
States Government Printing Office,1997.

30．*Economic Report of the President, 1999,* Washington D.C.: United
States Government Printing Office,1999.

31．*Economic Report of the President, 2004,* Washington D.C.: United

States Government Printing Office,2004.

32．*Economic Report of the President, 2005,* Washington D.C.: United States Government Printing Office,2005.

33．*Economic Report of the President, 2007,* Washington D.C.: United States Government Printing Office,2007.

34．Congress of the United States,Congressional Budget Office, *Immigration Policy in the United States,* February, 2006, http://www.cbo.gov/ftpdocs/70xx/doc7051/02-28-Immigration.pdf.（2007 年 5 月 15 日下载）

35．Congress of the United States, Congressional Budget Office, *The Long-Term Budget Outlook,* December, 2005, http://www.cbo.gov/ftpdocs/69xx/doc6982/12-15-LongTermOutlook.pdf.（2008 年 2 月 12 日下载）

36．Congress of the United States,Congressional Budget Office, *Global Population Aging in the 21st Century and Its Economic Implications,* December, 2005, http://www.cbo.gov/ftpdocs/69xx/doc6952/12-12-Global.pdf.（2007 年 5 月 18 日下载）

37．Congress of the United States,Congressional Budget office,*The Role of Immigrants in the U.S. Labor Market,* November, 2005, http://www.cbo.gov/ftpdocs/68xx/doc6853/11-10-Immigration.pdf.（2005 年 12 月 21 日下载）

38．Congress of the United States, Congressional Budget Office, *A Description of the Immigrant Population,* November, 2004, http://www.cbo.gov/ftpdocs/60xx/doc6019/11-23-Immigrant.pdf.（2007 年 4 月 10 日下载）

39．U.S. Department of Commerce, *Income, Poverty, and Health Insurance Coverage in the United States:2004,* http://www.census/gov/prod/2005pubs/p60-229/pdf.（2006 年 03 月 3 日下载）

40．U.S. Census Bureau, *Historical Census Statistics on the Foreign-Born Population of the United States:1850-2000,* Working Paper No.81, 2006, http://www.census.gov/population/www/documentation/twps0081/twps0081.pdf.（2009 年 5 月 5 日下载）

41．"Immigration and Nationality Act, Amendments"，in *United States Statutes at Large,* Volume 79, Part one, http://www.gpo.gov/fdsys/browse/collection.action? collectionCode=STATUTE.（2013 年 5 月 23 日下载）

42．"Immigration and Nationality Act"，in *United States Statutes at Large,*Volume 66, Part one, http://www.gpo.gov/fdsys/browse/collection.action?collectionCode=STATUTE.（2013 年 5 月 23 日下载）

二、研究报告

43．Center for Continuing Study of the California Economy,*The Impact of Immigration on the California Economy,* http://www.labor.ca.gov/panel/pdf/impactimmcaecon.pdf.（2005 年 12 月 26 日下载）

44．The U.S.-Mexico Migration Panel, Carnegie Endowment for International Peace, *Mexico-U.S. Migration: A Shared Responsibility,* http://www.migrationpolicy.org/files/MexicoReport2001.pdf.（2007 年 4 月 7 日下载）

45．Steven A. Camarota, *Immigration from Mexico: Assessing the Impact on the United States,* Washington, D. C.: Center for Immigration Studies, July, 2001, http://www.cis.org/articles/2001/ mexico/mexico.pdf.（2007 年 4 月 10 日下载）

46．National Immigration Law Center, *Facts about Immigrants,* http://www.nilc.org/immspbs/research/pbimmfacts_0704.pdf.（2006 年 12 月 26

日下载）

47．Kenneth J. Franzblau, *Immigration's Impact on U.S. National Security and Foreign Policy*, U.S. Commission on Immigration Reform, October, 1997, http://www.utexas.edu/lbj/uscir/respapers/ii-oct97.pdf. （2005 年 12 月 26 日下载）

48．Joseph P. Ferrie,*The Impact of Immigration on Natives in the Antebellum U.S. Labor Market, 1850-60,* Department of Economics and Center for Urban Affairs and Policy Research, Northwestern University, January, 1996, http://www.faculty.econ.northwestern.edu/faculty/ferrie/papers/impact.pdf. （2005 年 12 月 30 日下载）

49．Eran Razin, *Immigrant Entrepreneurs and the Urban Milieu: Evidence from the U.S., Canada and Israel,* The Hebrew University, January, 1999, http://www.riim.metropolis.net/Virtual%20Library/1999/wp9901. pdf. （2005 年 12 月 27 日下载）

50．Malcolm Cross and Roger Waldinger, *Economic Integration and Labor Market Change: A Review and Re-appraisal,* September, 1997, http://www.ercomer.org/metropolis/proceedings/CrossAnd Waldinger.html. （2005 年 12 月 26 日下载）

51．*Hearing on U.S. Immigration Policy and Its Impact on the American Economy,* November 16, 2005, http://www.lawlogix.com/CEO_testimony_LLX.html. （2006 年 2 月 21 日下载）

52．*New Legal Immigrants, Background, Skills, and Impact on U.S. Society,* http://www.nichd.nih.gov/cpr/dbs/pubs/ti12.pdf. （2006 年 2 月 20 日下载）

53．The Urban Institute, *Crossing Borders: The Impact of Immigration,* February, 2004, http://www.urban.org/publications/900680.html. （2006 年 2 月 11 日下载）

54. *New Study Finds Immigrants Play Major Role in U.S. Economic Health*, December 4, 2002, http://www.immigrationforum.org/ DesktopDefault.aspx?tabid=176. (2006 年 2 月 11 日下载)

55. Rob Paral, *The Demographic Impact of Immigration at State and Local Levels*, http://www.ailf.org/ipc/policybrief/policybrief_2005_lifeline. shtml. (2006 年 2 月 20 日下载)

56. *Does Immigration Help or Hurt Less-Educated Americans?*, Testimony of Harry J. Holzer before the U.S. Senate Judiciary Committee, April 25, 2006, http://www.urban.org/UploadedPDF /900954_ Holzer_042506.pdf. (2006 月 5 日 16 日下载)

57. Michael E. Fix and Karen Tumlin, *Welfare Reform and the Devolution of Immigrant Policy*, The Urban Institute, Series A, No. A-15, October, 1997, http://www.urban.org/UploadedPDF/anf15.pdf. (2006 年 3 月 9 日下载)

58. Wendy Zimmermann, Michael E. Fix, *Declining Immigrant Applications for Medi-Cal and Welfare Benefits in Los Angeles County*, Urban Institute, July, 1998, http://www.urban.org/publications/407536.html. (2006 年 3 月 9 日下载)

59. Karen C. Tumlin, Wendy Zimmermann, *Immigrants and TANF: A Look at Immigrant Welfare Recipients in Three Cities*, The Urban Institute, October, 2003, http://www.urban.org/url.cfm?ID=310874. (2007 年 8 月 10 日下载)

60. Stephen A. Woodbury, *Culture, Human Capital, and the Earnings of West Indian Blacks*, Upjohn Institute Staff Working Paper 93-20, September, 1993, http://www.upjohninstitute.org/publications/wp/93-20. pdf. (2009 年 5 月 25 日下载)

61. Sari Pekkala Kerr, William R. Kerr, William F. Lincoln, *Skilled*

Immigration and the Employment Structures of U.S. Firms, NBER Working Paper 19658, November, 2013, http://www.nber.org/papers/w19658. (2014年5月24日下载)

62. Thomas Bauer, Klaus F. Zimmermann, *Occupational Mobility of Ethnic Migrants*, September, 1999,http://repec.iza.org/RePEc/Discussionpaper/dp58.pdf. (2007年4月11日下载)

63. George J. Borjas, *Comments on "Immigration and the U.S. Economy"*, http://www.frdb.org/images/customer/copy_o_Commentsonhanson_borjas_23jun01.pdf. (2005年12月21日下载)

64. Pia M. Orrenius and Madeline Zavodny, *Does Immigration Affect Wages? A Look at Occupation-Level Evidence,* Federal Reserve Bank of Dallas, August, 2003, http://cep.lse.ac.uk/seminarpapers/21-01-03-BOR .pdf.(2005年12月26日下载)

65. Andrew Sum, Paul Harrington, Ishwar Khatiwada and Sheila Palma, *New Foreign Immigrants and the Labor Market in the U.S.: The Unprecedented Effects of New Foreign Immigration on the Growth of the Nation's Labor Force and Its Employed Population,2000 to 2004*, Boston: Center for Labor Market Studies, Northeastern University, January, 2005, http://www.numbersusa.com/PDFS/Northeastern foreign labor impact study.pdf. (2005年12月21日下载)

66. Raymond J. Keating, *A Nation of Immigrants,An Economy of Immigrants*, Washington, D.C.: Small Business Survival Committee, September, 2001, http://www.sbsc.org/media/pdf/SBSCpolicyseries4immigrant.pdf? FormMode=&ID=0. (2005年12月21日下载)

67. Greater Twin Cities United Way, Reasearch & Planning Department, *Immigrants and the Economy*, June, 2002, http://www.unitedwaytwincities.org/news/download/immigration%Economics.pdf.

（2005 年 12 月 26 日下载）

68．Stephen Moore, *Immigrants and the U.S. Economy: Testimony Before the Senate Judiciary Committee*, Subcommittee on Immigration, April, 2001, http://judiciary.senate.gov/oldsite/te040401sm.htm. （2005 年 12 月 26 日下载）

69．Lucia Duncan, *The Role of Immigrant Labor in a Changing Economy*, http://www.nelp.org/docUploads/duncan.pdf. （2005 年 12 月 21 日下载）

70．Employee Benefit Research Insittute Education and Research Fund, *The Impact of Immigration on Health*, Vol.26, No.6, June, 2005, http://papers.ssrn.com/so13/papers.cfm?abstract_id=748464. （2005 年 12 月 30 日下载）

71．Gianmarco I. P. Ottaviano, Giovanni Peri, *Rethinking the Gains from Immigration: Theory and Evidence from the U.S.*, August, 2005, http://www.econ.ucdavis.edu/faculty/gperi/papers/ottaviano_peri_aug_2005.pdf. （2005 年 12 月 20 日下载）

72．Eric D. Gould, Victor Lavy, M. Daniele Paserman, *Does Immigration Affect the Long-Term Educational Outcomes of Natives? Quasi-Experimental Evidence*, October, 2004, http://www.nber.org/papers/w10844. （2005 年 9 月 12 日下载）

73．Francisco L. Rivera-Batiz, *Migration and the Labor Market: Sectoral and Regional Effects in the U.S.*, December, 1997, http://www.columbia.edu/~flr9/immig.pdf. （2006 年 6 月 10 日下载）

74．David Card, John E. DiNardo, *Do Immigrant Inflows Lead to Native Outflows?*, Cambridge, Massachusetts: National Bureau of Economic Research, March, 2000, http://www.nber.org/papers/w7578. （2006 年 12 月 21 日下载）

75．George J. Borjas, *Native Internal Migration and the Labor Market Impact of Immigration*, Cambridge, Massachusetts: National Bureau of Economic Research, September, 2005, http://www.nber.org/ papers/ w11610.（2007 年 3 月 14 日下载）

76．George J. Borjas,*The Economic Benefits from Immigration*, Cambridge, Massachusetts: National Bureau of Economic Research, December, 1994, http://www.nber.org/papers/w4955.v5.pdf.（2006 年 2 月 10 日下载）

77．George J. Borjas, *Immigration and Welfare: 1970-1990*, Cambridge, Massachusetts: National Bureau of Economic Research, September, 1994, http://www.nber.org/papers/w4872.（2006 年 12 月 8 日下载）

78．Robert Kaestner, Neeraj Kaushal, *Immigrant and Native Response to Welfare Reform*, Cambridge, Massachusetts: National Bureau of Economic Research, October, 2001, http://www.nber.org/papers/w8541.（2006 年 12 月 24 日下载）

79．James P. Smith, *Immigrants and the Labor Market*, RAND Labor and Population Working Paper series, November, 2005, http://www.rand. org/pubs/working_papers/2005/RAND_WR321.pdf.（2006 年 5 月 18 日下载）

80．Nelson Lim, *Friends or Foes?Immigrant Competition Hypothesis Revisited*, November, 2002, http://www.rand.org/labor/DRU/DRU2913. pdf.（2006 年 5 月 18 日下载）

81．The American Immigration Law Foundation, *Economic Growth and Immigration:Bridging the Demographic Divide*, 2005, http://www.ailf. org/ipc/special_report/2005_birdging.pdf.（2006 年 2 月 11 日下载）

82．Maria A. Padilla, *Impact of the Mexican Immigrant Labor Force in the United States Economy,* Houston: Center for International Studies, University of St,Thomas, http://www1.appstate.edu/~stefanov/ student2002.pdf. (2006 年 2 月 10 日下载)

83. Gordon H. Hanson, Kenneth F. Scheve, Matthew J. Slaughter, Antonio Spilimbergo, *Immigration and the U.S. Economy: Labor-Market Impacts, Illegal Entry, and Policy Choices,* May, 2001, http://papers.ssrn.com/ so13/papers.cfm?abstract_id=296108. (2006 年 5 月 12 日下载)

84. Andrew Brod and Peter Lux, *An Economic Profile of Immigrants in Guilford County,* the University of North Carolina at Greensboro, June, 2004, http://www.greensborochamber.com/CH/PA/DocumentsPresentations/ Economic% 20impact%20final%20report%5B1%5D.pdf. (2005 年 12 月 21 日下载)

85. Joanne P. Streeter, *Immigrant, Scientists,Engineers,and Technicians:1993,* National Science Foundation, 1993, http://www.nsf.gov/ statistics/nsf96322/nsf96322.pdf. (2007 年 4 月 10 日下载)

86. Rob Paral, *Essential Workers: Immigrants are Needed Supplement to the Native-Born Labor Force,* March, 2005, http://www.ailf.org/ipc/ essentialworkersprint.asp. (2005 年 12 月 27 日下载)

87. Pablo Ibarraran, Darren Lubotsky, *Mexican Immigration and Self-Selection: New Evidence from The 2000 Mexican Census,* Cambridge, Massachusetts: National Bureau of Economic Research, June, 2005, http:// www.nber.org/papers/w11456. (2007 年 4 月 6 日下载)

88. Juan Vicente Palerm, *Immigrant and Migrant Farm Workers in the Santa Maria Valley,California,* September, 1994, http://www.census.gov.srd/ papers/pdf/ex95-21.pdf. (2006 年 1 月 8 日下载)

89. J. Samuel, P. L. Martin, J. E. Taylor, *The Jobs and Effects of Migrant Workers in Northern America-Three Essays,* Geneva: International Labour

Office, http://www.ilo/org/public/English/protection/migrant/download/imp10.pdf. （2006 年 1 月 2 日下载）

90. Nik Theodore, Chirag Mehta, *Day Labor, Low-Wage Work, and Immigrant Employment Opportunities in Chicago*, October 11, 2001,http://www.roosevelt.edu/ima/pdfs/immigrant-employment.pdf. （2005 年 12 月 21 日下载）

91. Kristin F. Butcher, John DiNardo,*The Immigrant and Native-Born Wage Distributions: Evidence from United States Censuses*, Cambridge, Massachusetts: National Bureau of Economic Research, http://www.nber.org/papers/w6630. （2006 年 12 月 21 日下载）

92. George J. Borjas, *Immigration in High-Skilled Labor Markets: The Impact of Foreign Students on the Earnings of Doctorates,* Cambridge, Massachusetts: National Bureau of Economic Research, March, 2006, http://www.nber.org/papers/w12085. （2007 年 3 月 15 日下载）

93. George J. Borjas, *The Labor Market Impact of High-Skill Immigration,* Cambridge, Massachusetts: National Bureau of Economic Research,March, 2005, http://www.nber.org/papers/w11217. （2007 年 4 月 24 日下载）

94. David Card, *Is the New Immigration Really So Bad?*, Cambridge, Massachusetts: National Bureau of Economic Research, August, 2005, http://www.nber.org/papers/w11547. （2007 年 2 月 24 日下载）

95. Sam Kwainoe,*The Truth about the Impact of Unskilled Immigrants in America,*http://titan.iwu.edu/~econ/ppe/2002/sam/pdf. （2006 年 12 月 26 日下载）

96. Timothy Bates, *Exiting Self-Employment: An Analysis of Asian Immigrant-Owned Small Businesses,* http://webserver01.ces.census.gov/index.php/ces/1.00.cespapers?down_key=101569.（2006 年 1 月 8 日下载）

97. Maude Toussaint-Comeau, Thomas Smith, Ludovic Comeau Jr., *Occupational Attainment and Mobility of Hispanics in a Changing Economy*, http://pewhispanic.org/files/reports/59.1.pdf. （2007 年 4 月 8 日下载）

98. Rakesh Kochhar, *The Occupational Status and Mobility of Hispanics*, The Pew Hispanic Center, December, 2005, http://www.pewhispanic.org/files/reports/59.pdf. （2012 年 4 月 8 日下载）

99. *The Triennial Comprehensive Report on Immigration*, http://www.uscis.gov/files/article/2ndfullTriReport.pdf. （2007 年 4 月 21 日下载）

100. Susan C. Pearce, *Immigrant Women in the United States: A Demographic Portrait*, American Immigration Law Foundation, Immigration Policy Center, 2006, http://www.ailf.org/ipc/im_women_summer06.pdf. （2007 年 9 月 1 日下载）

101. The Partnership for a New American Economy, *Open for Business: How Immigrants Are Driving Small Business Creation in the United States*, August, 2012, http://www.renewoureconomy.org/sites/all/themes/pnae/openforbusiness.pdf. （2014 年 1 月 15 日下载）

102. Dowell Myers, Stephen Levy, and John Pitkin, *The Contributions of Immigrants and Their Children to the American Workforce and Jobs of the Future*, June, 2013, http://www.ccsce.com/PDF/OurFutureTogetherUpdated.pdf. （2014 年 1 月 15 日下载）

103. American Immigration Council, *High-Skilled Workers and Twenty-First Century Innovation: The H-1B Program's Impact on Wages, Jobs, and the Economy*, April, 2014, http://www.immigrationpolicy.org/sites/default/files/docs/factsheet_h1b_innovationecon_2.pdf. （2014 年 10 月 20 日下载）

104. James R. Edwards, Jr., *Public Charge Doctrine: A Fundamental Principle of American Immigration Policy*, May, 2001, http://www.cis.org/sites/cis.org/files/articles/2001/back701.pdf. （2010 年 5 月 23 日下载）

105. Oregon Center for Public Policy, *Undocumented Workers Are Taxpayers, Too*, http://www.ocpp.org/media/uploads/pdf/2012/01/iss2012 0125UndocumentedTaxpayers_fnl.pdf.（2014 年 5 月 3 日下载）

106. Paula Chakravartty, *The Emigration of High-Skilled Indian Workers to the United States: Flexible Citizenship and India's Information Economy*, The Center for Comparative Immigration Studies, Working Paper 19, August, 2000, http://ccis.ucsd.edu/wp-content/uploads/2012/08/wrkg19.pdf.（2012 年 11 月 23 日下载）

三、英文著作

107．Augustine J. Kposowa, *The Impact of Immigration on the United States Economy*, Lanham, Maryland: University Press of America, Inc. 1998.

108．Barry Edmonston and Jeffrey S. Passel, eds., *Immigration and Ethnicity: The Integration of America's Newest Arrivals*, Washington, D.C.: The Urban Institute Press, 1994.

109．Bean, Frank D. and Stephanie Bell-Rose, eds., *Immigration and Opportunity: Race, Ethnicity, and Employment in the United States*, New York:Russell Sage Foundation, 1999.

110．Cohen, Steve, et, al., *From Immigration Controls to Welfare Controls*, New York: Routledge, 2002.

111. Darrell M. West, *Brain Gain: Rethinking U.S. Immigration Policy*, Washington D.C.: Brookings Institution Press, 2011.

112．Eldredge Dirk Chase, *Crowded Land of Liberty:Solving America's mmigration Crisis*, Bridgehampton, New York: Bridge Works Publishing Company, 2001.

113．George J. Borjas, ed., *Issues in the Economics of Immigration*,

Chicago: University of Chicago Press, 2000.

114. George J. Borjas, *Heaven's Door: Immigration Policy and the American Economy*, New Jersey: Princeton University Press, 1999.

115. George J. Borjas, *Friends or Strangers: The Impact of Immigration on the U.S. Economy*, New Nork: Basic Books, Inc., 1990.

116. Daniel S. Hamermesh and Frank D. Bean, eds., *Help or Hindrance?: The Economic Implications of Immigration for African Americans*, New York: Russell Sage Foundation, 1998.

117. Hiroshi Motomura, *Americans in Waiting: The Lost Story of Immigration and Citizenship in the United States*, New York: Oxford University Press, 2006.

118. Irene Browne, ed., *Latinas and African American Women At Work: Race, Gender, and Economic Inequality*, New York: Russell Sage Foundation, 1999.

119. James D. Cockcroft, *Outlaws in the Promised Land: Mexican Immigrant Workers and American's Future*, New York: Grove Weidenfeld, 1986.

120. James P. Lynch and Rita J. Simon, *Immigration the World Over: Statutes, Policies, and Practices*, Lanham, Maryland: Rowman & Littlefield Publishers, INC., 2003.

121. James P. Smith and Barry Edmonston, eds., *The New Americans: Economic, Demographic, and Fiscal Effects of Immigration*, Washington, D.C.: National Academy Press, 1997.

122. James P. Smith and Barry Edmonston, eds., *The Immigration Debate: Studies on the Economic, Demographic, and Fiscal Effects of Immigration*, Washington, D.C.: National Academy Press, 1998.

123. Jongsung Kim, *Labor Supply and Occupational Structure of Asian*

Immigrants in the U.S. Labor Market, New York: Garland Publishing, Inc., 1999.

124. John M. Abowd and Richard B. Freeman, eds., *Immigration, Trade, and the Labor Market*, Chicago: University of Chicago Press, 1991.

125. Jorge A. Bustamante, Clark W. Reynolds, and Raúl A. Hinojosa Ojeda, eds., *U.S.-Mexico Relations: Labor Market Interdependence*, California: Stanford University Press, 1992.

126. Juan F. Perea, ed., *Immigrants Out! : The New Nativism and the Anti-Immigrant Impulse in the United States*, New York: New York University Press, 1997.

127. Karas, Jennifer, *Bridges and Barriers: Earnings and Occupational Attainment among Immigrants*, New York: LFB Scholarly Publishing LLC., 2002.

128. Leonard Dinnerstein and David M. Reimers, *Ethnic Americans: A History of Immigration and Assimilation*, New York: Harper and Row, Publishers, Inc., 1975.

129. María Cristina García, *Havana USA: Cuban Exiles and Cuban Americans in South Florida, 1959-1994*, University of California Press, 1996.

130. Marta López-Garza & David R. Diaz, eds., *Asian and Latino Immigrants in a Restructuring Economy: The Metamorphosis of Southern California*, California: Stanford University Press, 2002.

131. Mary Reintsma, *The Political Economy of Welfare Reform in the United States*, Edward Elgar Publishing Limited, 2007.

132. Michael C. LeMay, *Guarding the Gates: Immigration and National Security*, Westport, Connecticut: Praeger Publishers Inc., 2006.

133. Michael E. Hurst, *The Assimilation of Immigration in the U.S. Labor Market: Employment and Labor Force Turnover*, New York: Garland Publishing, Inc., 1998.

134. Miguel Gonzalez-pando, *The Cuban Americans*, Westport, Connecticut: Greenwood Press, 1998.

135. Milton M. Gordon, *Assimilation in American Life: The Role of Race, Religion, and National Origins*, New York: Oxford University Press, 1964.

136. Mooney, Peter J., *The Impact of Immigration on the Growth and Development of the U.S. Economy, 1890-1920*, New York: Garland Publishing, 1990.

137. Nicholas Capaldi, ed., *Immigration: Debating the Issues*, New York: Prometheus Books, 1997.

138. Nicolaus Mills, ed., *Arguing Immigration: The Debate Over the Changing Face of America*, New York: Simon and Schuster, 1994.

139. Pastora San Juan Cafferty, Barry R. Chiswick, Andrew M. Greeley, Teresa A. Sullivan, *The Dilemma of American Immigration: Beyond the Golden Door*, New Brunswick, New York: Transaction Books, 1983.

140. Paul Spickard, *Almost All Aliens: Immigration, Race, and Colonialism in American History and Identity*, New York: Taylor & Francis Group, LLC., 2007.

141. Peter Duignan and L. H. Gann, eds., *The Debate in the United States over Immigration*, California: Hoover Institution Press, 1997.

142. Peter J. Duignan and L. H. Gann, *The Spanish Speakers in the United States: A History*, New York: University Press of America, Inc., 1998.

143. Philip Q. Yang, *Post-1965 Immigration to the United States: Structural Determinants*, Westport, Connecticut: Praeger Publishers, 1995.

144. Portes, Alejandro, ed., *The Economic Sociology of Immigration: Essays on Networks, Ethnicity, and Entrepreneurship*, New York: Russell Sage Foundation, 1995.

145. Rebecca Morales, Frank Bonilla, eds., *Latinos in a Changing U.S.*

Economy: Comparative Perspectives on Growing Inequality, Newbury, CA: SAGA Publications, Inc., 1993.

146. Richard Alba & Victor Nee, *Remaking the American Mainstream: Assimilation and Contemporary Immigration*, Cambridge, Massachusetts: Harvard University Press, 2003.

147. Roger Daniels, *Coming to America: A History of Immigration and Ethnicity in American Life* , New York: Harper Collins Publishers, 1990.

148. Roger Daniels and Otis L. Graham, *Debating American Immigration, 1882-Present,* Mayland: Rowman and Littlefield Publishers, Inc., 2001.

149. Roy Beck, *The Case Against Immigration: The Moral, Economic, Social, and Environmental Reasons for Reducing U.S. Immigration Back to Traditional Levels,* New York: W. W. Norton &Company Inc., 1996.

150. Simon, Julian Lincoln, *The Economic Consequences of Immigration,* Cambridge, Massachusetts: Basil Blackwell, Inc., 1989.

151. Stephen C.Loveless, Clifford P. McCue, Raymond B. Surette, and Dorothy Norris-Tirrell, *Immigration and Its Impact on American Cities,* Westport, Connecticut: Praeger Publishers, 1996.

152. Steven S. Zahniser, *Mexican Migration to the United States: The Role of Migration Networks and Human Capital Accumulation,* New York: Garland Publishing, Inc., 1999.

153. Stuart Bruchey, ed., *The History of American Labor,* New York: Garland Publishing, Inc., 1998.

154. Thomas D. Boswell, James R. Curtis, *The Cuban-American Experience: Culture, Images, and Perspectives,* New Jersey: Rowman & Allanheld publishers, 1984.

155. Timothy Bates, *Race, Self-Employment, and Upward Mobility: An*

Illusive American Dream, Washington, D. C., The Woodrow Wilson Center Press, 1997.

156. Vernon M. Briggs, Jr. and Stephen Moore, *Still an Open Door? U.S. Immigration Policy and the American Economy*, Washington, D.C.: American University Press, 1994.

157. Vernon M. Briggs. Jr., *Mass Immigration and the National Interest*, New York: M. E. Sharpe, Inc., 1996.

158. Wayne A. Cornelius and Jorge A. Bustamante, eds., *Mexican Migration to the United States: Origins, Consequences, and Policy Options*, San Diego: Center for U.S.-Mexican Studies, University of California, 1989.

159. William A. V. Clark, *Immigrants and the American Dream: Remaking the Middle Class*, New York: The Guilford Press, 2003.

四、英文论文

160. Abraham T. Mosisa, "The Role of Foreign-Born Workers in the U.S. Economy", *Monthly Labor Review*, Vol.125, No.5 (May, 2002), pp.3-14.

161. Alberto Dávila, Marie T. Mora, "The Marital Status of Recent Mexican Immigrants in the United States in 1980 and 1990", *International Migration Review*, Vol.35, No.2 (Summer, 2001), pp.506-524.

162. Alejandro Portes, Alex Stepick, "Unwelcome Immigrants: The Labor Market Experiences of 1980 (Mariel) Cuban and Haitian Refugees in South Florida", *American Sociological Review*, Vol.50, No.4(Aug.,1985), pp.493-514.

163. Alexander Kemnitz, "Discrimination and Resistance to Low-skilled Immigration", *Labour*, Vol.19, No.2 (2005), pp.177-190.

164. April Linton, "Immigration and the Structure of Demand:

Do Immigrants Alter the Labor Market Composition of U.S. Cities?", *International Migration Review*, Vol.36, No.1 (Spring, 2002), pp.58-80.

165. Ayse Pamuk, "Geography of Immigrant Clusters in Global Cities:A Case Study of San Francisco,2000", *International Journal of Urban and Regional Research*, Vol.28, No.2 (June, 2004), pp.287-307.

166. Barry R. Chiswick, Yinon Cohen, Tzippi Zach, "The Labor Market Status of Immigrants: Effects of the Unemployment Rate at Arrival and Duration of Residence", *Industrial and Labor Relations Review*, Vol. 50, No. 2(Jan.,1997), pp.289-303.

167. Barry R. Chiswick, "Immigrants in the U. S. Labor Market", *Annals of the American Academy of Political and Social Science*, Vol.460 (Mar., 1982), pp.64-72.

168. Barry R. Chiswick , "Is the New Immigration Less Skilled Than the Old?", *Journal of Labor Economics*, Vol. 4, No. 2 (Apr.,1986), pp.168-192.

169. Barry R. Chiswick, Yew Liang Lee , Paul W. Miller, "A Longitudinal Analysis of Immigrant Occupational Mobility: A Test of the Immigrant Assimilation Hypothesis", *International Migration Review*, Vol.39, No.2 (Summer, 2005), pp.332-353.

170. Christian Dustmann, Tim Hatton and Ian Preston, "The Labor Market Effect of Immigration", *The Economic Journal*, Vol.115, No.507 (Nov., 2005), pp. F297-F299.

171. Cordelia W. Reimers, "Labor Market Discrimination Against Hispanic and Black Men", *The Review of Economics and Statistics*, Vol. 65, No. 4 (Nov.,1983), pp.570-579.

172. Daniel E.Hecker, "Occupational Employment Projections to 2010", *Monthly Labor Review*, Vol.124, No.11(November, 2001), pp.57-84.

173. David A. Green, "Immigrant Occupational Attainment:

Assimilation and Mobility Over Time", *Journal of Labor Economics*, Vol.17, No.1 (Jan.,1999), pp.49-79.

174. David Card, "The Impact of the Mariel Boatlift on the Miami Labor Market", *Industrial and Labor Relations Review*, Vol.43, No.2 (Jan., 1990), pp.245-257.

175. Deborah L. Garvey, Thomas J. Espenshade, James M. Scully, "Are Immigrants a Drain on the Public Fiscal? State and Local Impacts in New Jersey", *Social Science Quarterly*, Vol.83, No.2 (June, 2002), pp.537-553.

176. Don E. Bradley, "A Second Look at Self-Employment and the Earnings of Immigrants", *International Migration Review*, Vol.38, No.2 (Summer, 2004), pp.547-583.

177. Edward Funkhouser, Stephen J. Trejo, "The Labor Market Skills of Recent Male Immigrants: Evidence from the Current Population Survey", *Industrial and Labor Relations Review*, Vol. 48, No. 4 (July,1995), pp.792-811.

178. Elaine M. Allensworth, "Earnings Mobility of First and '1.5' Generation Mexican-Origin Women and Men: A Comparison with U.S.-Born Mexican Americans and Non-Hispanic Whites", *International Migration Review*, Vol.31, No.2 (Summer, 1997), pp.386-410.

179. Francisco L. Rivera-Batiz, "English Language Proficiency and the Earnings of Young Immigrants in U.S. Labor Markets", *Policy Studies Review*, Vol.11, No.2 (Summer, 1992), pp.165-175.

180. George J. Borjas, "The Labor Demand Curve is Downward Sloping: Reexamining the Impact of Immigration on the Labor Market", *The Quarterly Journal of Economics*, Vol.118, No.4 (Nov.,2003), pp.1335-1374.

181. George J. Borjas, "Welfare Reform and Immigrant Participation in Welfare Program", *International Migration Review*, Vol.36, No.4 (Winter,

2002), pp.1093-1123.

182. George J. Borjas, "Immigrants in the U. S. Labor Market: 1940-80", *The American Economic Review*, Vol.81,No.2(May, 1991), pp.287-291.

183. George J. Borjas, "The Economics of Immigration", *Journal of Economic Literature*, Vol. X X X I I (December, 1994), pp.1667-1717.

184. George J. Borjas, "The Welfare Magnet", *National Review*, Vol.48, No.4 (Mar. 11, 1996), pp.48-50.

185. George J. Borjas, "The Intergenerational Mobility of Immigrants", *Journal of Labor Economics*, Vol. 11, No. 1, Part 1 (Jan.,1993), pp.113-135.

186. George J. Borjas, "Immigrants, Minorities, and Labor Market Competition", *Industrial and Labor Relations Review*, Vol. 40, No. 3 (Apr.,1987), pp.382-392.

187. George J. Borjas, Stephen J. Trejo, "Immigrant Participation in the Welfare System", *Industrial and Labor Relations Review*, Nol.44, No.2(Jan, 1991), pp.195-211.

188. Giovanni Facchini, Assaf Razin and Gerald Willmann, "Welfare Leakage and Immigration Policy", *CESifo Economic Studies*, Vol.50, No.4(2004), pp.627–645.

189. Giovanni Peri and Chad Sparber, "Task Specialization, Immigration, and Wages", *American Economic Journal*, Vol.1, No. 3 (July, 2009), pp.135-169.

190. Gordon F. De Jong, Anna B. Madamba, "A Double Disadvantage? Minority Group, Immigrant Status, and Underemployment in the United States", *Social Science Quarterly*, Vol.82, No.1(March, 2001), pp.117-130.

191. Hannes Johannsson and Stephan Weller, "Local Labor Market Adjustment to Immigration: The Roles of Participation and the Short

Run", *Growth and Change*, Vol.35, No.1 (Winter, 2004), pp.61-76.

192. Héctor Cordero-Guzmán and Ramon Grosfoguel, "The Demographic and Socio-Economic Characteristics of Post-1965 Immigrants to New York City: A Comparative Analysis by National Origin", *International Migration*, Vol.38, No.4(2000), pp.41-77.

193. Ilana Redstone Akresh, "Occupational Mobility among Legal Immigrants to the United States", *International Migration Review*, Vol. 40, Issue 4 (December, 2006), pp.854–884.

194. Ivan Light, "Immigrant Place Entrepreneurs in Los Angeles, 1970-99", *International Journal of Urban and Regional Research*, Vol.26, No.2 (June, 2002), pp.215-218.

195. Jan Lin, "Globalization and the Revalorizing of Ethnic Places in Immigration Gateway Cities", *Urban Affairs Review*, Vol.34, No.2(Nov., 1998), pp.313-339.

196. Jean Baldwin Grossman, "The Substitutability of Natives and Immigrants in Production", *The Review of Economics and Statistics*, Vol. 64, No. 4 (Nov.,1982), pp.596-603.

197. Jeffrey M. Togman, "The Suffering of the Immigrant", *International Migration Review*, Vol.39, No.2 (Summer, 2005), pp.522-523.

198. Kenneth L. Wilson, Alejandro Portes, "Immigrant Enclaves: An Analysis of the Labor Market Experiences of Cubans in Miami", *The American Journal of Sociology*, Vol. 86, No. 2 (Sep.,1980), pp.295-319.

199. Kevin M. Murphy, Finis Welch, "The Structure of Wages", *The Quarterly Journal of Economics*, Vol. 107, No. 1 (Feb.,1992), pp.285-326.

200. Kristin F. Butcher and David Card, "Immigration and Wages: Evidence From the 1980's", *The American Economic Review*, Vol.81, No.2(May, 1991), pp.292-296.

201. Kristopher Kaneta, "Immigration and Its Effects on U.S. Labor Markets", *The Park Place Economist*, Vol. VII, pp.51-56.

202. Larry D. Schroeder, "Interrelatedness of Occupational and Geographical Labor Mobility", *Industrial and Labor Relations Review*, Vol. 29, No. 3 (Apr.,1976), pp. 405-411.

203. LingXin Hao, "Private Support and Public Assistance for Immigrant Families", *Journal of Marriage and Family*, Vol.65 (February, 2003), pp.36–51.

204. Lutz Hendricks, "The Economic Performance of Immigrants: A Theory of Assortative Matching", *The Economic Review*, Vol.42, No.2 (May, 2001), pp.417-449.

205. Marie T. Mora, Alberto Dávila, "Mexican Immigrant Self-Employment Along the U.S.-Mexico Border: An Analysis of 2000 Census Data", *Social Science Quarterly*, Vol.87, No.1 (March, 2006), pp.91-109.

206. Mark Ellis and Richard Wright, "The Balkanization Metaphor in the Analysis of U.S. Immigration", *Annals of the Association of American Geographers*, Nol.88, No.4 (Dec.,1998), pp.686-698.

207. Marta Tienda, Leif Jensen, Robert L. Bach, "Immigration, Gender and the Process of Occupational Change in the United States, 1970-80", *International Migration Review*, Vol.18, No.4 (Winter,1984), pp.1021-1044.

208. Marta Tienda, Audrey Singer, "Wage Mobility of Undocumented Workers in the United States", *International Migration Review*, Vol.29, No.1(Spring, 1995), pp.112-138.

209. Mary G. Powers, William Seltzer, "Occupational Status and Mobility among Undocumented Immigrants by Gender", *International Migration Review*, Vol.32, No.1 (Spring,1998), pp.21-55.

210. Mary G. Powers, William Seltzer, Jing Shi, "Gender Differences in the Occupational Status of Undocumented Immigrants in the United States: Experience Before and After Legalization", *International Migration Review*, Vol.32, No.4 (Winter,1998), pp.1015-1046.

211. Michael Baker, Dwayne Benjamin, "The Role of the Family in Immigrants' Labor-Market Activity: An Evaluation of Alternative Explanations", *The American Economic Review*, Vol.87, No.4 (Sep.,1997), pp.705-727.

212. Michael J. Greenwood, Gary L. Hunt, "Economic Effects of Immigrants on Native and Foreign-Born Workers: Complementarity, Substitutability, and Other Channels of Influence", *Southern Economic Journal*, Vol.61, No.4 (Apr.,1995), pp.1076-1097.

213. Nathan Glazer, "Is Assimilation Dead?", *Annals of the American Academy of Political and Social Science*, Vol.530 (Nov.,1993), pp.122-136.

214. Nelson Lim, "The Impact of Immigration on African Americans", *International Migration Review*, Vol.39, No.2 (Summer, 2005), pp.524-525.

215. Pamela Paxton, Anthony Mughan, "What's to Fear from Immigrants? Creating an Assimilationist Threat Scale", *Political Psychology*, Vol. 27, No. 4 (2006), pp.549-568.

216. Paul E. Gabriel, "A Comparison of the Occupational Distributions of Native- and Foreign-Born Males: An Immigration Consideration", *American Journal of Economics and Sociology*, Vol.50, No.3 (July, 1991), pp.351-364.

217. Rachel M. Friedberg, Jennifer Hunt, "The Impact of Immigrants on Host Country Wages, Employment and Growth", *The Journal of Economic Perspectives*, Vol.9, No.2 (Spring, 1995), pp.23-44.

218. Richard C. Jones, William Breen Murray, "Occupational and Spatial Mobility of Temporary Mexican Migrants to the U.S.: A Comparative Analysis", *International Migration Review*, Vol.20, No.4 (Winter, 1986), pp.973-985.

219. Richard Alba, "Immigration and the American Realities of Assimilation and Multiculturalism", *Sociological Forum*, Vol.14, No.1 (Mar., 1999), pp.3-25.

220. Robert J. LaLonde, Robert H. Topel, "Immigrants in the American Labor Market: Quality, Assimilation, and Distributional Effects", *The American Economic Review*, Vol.81, No.2 (May, 1991), pp.297-302.

221. Robert M. Hauser, David L. Featherman, "White-Nonwhite Differentials in Occupational Mobility among Men in the United States, 1962-1972", *Demography*, Vol.11, No.2 (May, 1974), pp. 247-265.

222. Rodney E. Hero and Robert R. PreuhsSource, "Immigration and the Evolving American Welfare State: Examining Policies in the U.S. States", *American Journal of Political Science*, Vol.51, No.3 (Jul., 2007), pp. 498-517.

223. Roger Waldinger, "The Occupational and Economic Integration of the New Immigrants", *Law and Contemporary Problems*, Vol.45, No.2 (Spring, 1982), pp.197-222.

224. Roger Waldinger, "Not the Promised City: Los Angeles and Its Immigrants", *Pacific Historical Review*, Vol.68, No.2 (May, 1999), pp.253-272.

225. Roger Waldinger, "Black/Immigrant Competition Re-Assessed: New Evidence from Los Angeles", *Sociological Perspectives*, Vol.40, No.3 (1997), pp.365-386.

226. Sherrie A. Kossoudji, "English Language Ability and the Labor Market Opportunities of Hispanic and East Asian Immigrant Men",

Journal of Labor Economics, Vol.6, No.2 (Apr., 1988), pp.205-228.

227．Sherrie A. Kossoudji, Deborah A. Cobb-Clark, "Finding Good Opportunities within Unauthorized Markets: U.S. Occupational Mobility for Male Latino Workers", *International Migration Review*, Vol. 30, No.4 (Winter, 1996), pp.901-924.

228．Simonetta Longhi, Peter Nijkamp, Jacques Poot, "A Meta-Analytic Assessment of the Effect of Immigration on Wages", *Journal of Economic Surveys*, Vol.19, No.3 (Jun., 2005), pp.451-477.

229．Thomas J. Espenshade, Jessica L. Baraka, Gregory A. Huber, "Implications of the 1996 Welfare and Immigration Reform Acts for US Immigration", *Population and Development Review*, Vol.23, No.4 (Dec., 1997), pp.769-801.

230．Victor Nee, Jimy M. Sanders, Scott Sernau, "Job Transitions in an Immigrant Metropolis: Ethnic Boundaries and the Mixed Economy", *American Sociological Review*, Vol.59, No.6 (Dec., 1994), pp. 849-872.

231．William H. Frey, Kao-lee Liaw, "Immigrant Concentration and Domestic Migrant Dispersal: Is Movement to Nonmetropolitan Areas 'White Flight?'", *Professional Geographer*, Vol.50, No.2 (1998), pp.215-232.

五、中文著述

1．安娜·哈里斯·莱夫、苏珊娜·哈里斯·桑考斯基:《美国民族百衲图》，邹笃钦译，北京：商务印书馆，1995 年。

2．陈宝森等:《美国经济周期研究》，北京：商务印书馆,1993 年。

3．陈宝森:《当代美国经济》，北京：社会科学文献出版社，2003 年。

4．陈宝森:《美国新经济》，北京：中国财政经济出版社,2002 年。

5．陈宝森：《美国经济与政府政策：从罗斯福到里根》，北京：社会科学文献出版社，2007 年。

6．陈积敏：《非法移民与美国国家战略》，北京：九州出版社，2013 年。

7．陈奕平：《人口变迁与当代美国社会》，北京：世界知识出版社，2006 年。

8．陈勇：《华人的旧金山：一个跨太平洋的族群的故事，1850—1943》，北京：北京大学出版社，2009 年。

9．戴超武：《美国移民政策与亚洲移民》，北京：中国社会科学出版社，1999 年。

10．邓蜀生：《世代悲欢"美国梦"——美国的移民历程及种族矛盾（1607—2000）》，北京：中国社会科学出版社，2001 年。

11．C. 弗雷德 · 伯格斯坦主编、朱民等译：《美国与世界经济：未来十年美国的对外经济政策》，北京：经济科学出版社，2005 年。

12．丹尼尔 · 贝尔：《后工业社会的来临——对社会预测的一项探索》，高铦、王宏周、魏章玲译，高铦校，北京：商务印书馆，1984 年。

13．H. N. 沙伊贝，H. G. 瓦特，H. U. 福克纳著：《近百年美国经济史》，彭松建等译，北京：中国社会科学出版社，1983 年。

14．何顺果：《美国史通论》，上海：学林出版社，2001 年。

15．黄兆群：《美国的民族与民族政策》，台北：文津出版社，1993 年。

16．黄兆群：《熔炉下的火焰——美国的移民、民族和种族》，北京：东方出版社，1994 年。

17．姬虹：《美国新移民研究——1965 年至今》，北京：知识产权出版社，2008 年。

18．劳伦斯 · J. 科特里考夫、斯科特 · 伯恩斯：《即将到来的世

代风暴：美国经济的未来》，李靖野、王宇、苏丽刚译，沈阳：东北
财经大学出版社，2007 年。

19．李明德主编：《拉丁美洲和加勒比发展报告：1999 年》，北京：
社会科学文献出版社，1999 年。

20．李小兵等：《美国华人：从历史到现实》，成都：四川人民
出版社，2003 年。

21．厉以宁、吴世泰：《西方就业理论的演变》，北京：华夏出版社，
1988 年。

22．梁茂信：《美国移民政策研究》，长春：东北师范大学出版社，
1996 年。

23．梁茂信：《都市化时代——20 世纪美国人口流动与城市社会
发展问题》，长春：东北师范大学出版社，2002 年。

24．梁晓滨：《美国劳动市场》，北京：中国社会科学出版社，
1992 年。

25．罗伯特·布伦纳：《繁荣与泡沫：全球视角中的美国经济》，
王生升译，北京：经济科学出版社，2003 年。

26．钱皓：《美国西裔移民研究——古巴、墨西哥移民历程及双
重认同》，北京：中国社会科学出版社，2002 年。

27．宋全成：《欧洲移民研究：20 世纪的欧洲移民进程与欧洲移
民问题化》，济南：山东大学出版社，2007 年。

28．宿景祥编著：《美国经济统计手册》，北京：时事出版社，
1992 年。

29．佟新：《人口社会学》，北京：北京大学出版社，2006 年。

30．托马斯·索威尔：《美国种族简史》，沈宗美译，南京：南
京大学出版社，1992 年。

31．吴元黎主编：《美国华人经济现状》，广树诚译，台北：正
中书局，1985 年。

32．杨善华、谢立中：《西方社会学理论》，北京：北京大学出版社，2005 年。

33．雅格布·明塞尔：《劳动供给研究》，北京：中国经济出版社，2001 年。

34．俞宪忠：《流动性发展》，济南：山东人民出版社，2006 年。

35．钟水映：《人口流动与社会经济发展》，武汉：武汉大学出版社，2000 年。

36．周敏：《美国华人社会的变迁》，郭南译，上海：上海三联书店，2006 年。

37．周敏：《唐人街：深具社会经济潜质的华人社区》，北京：商务印书馆，1995 年。

六、中文论文

38．程希：《中国大陆新老华人移民浅析》，《华侨华人历史研究》，1993 年第 4 期。

39．陈奕平：《当代美国少数族裔人口变动特征及社会经济状况比较分析》，《暨南学报》（人文科学与社会科学版），2004 年第 3 期。

40．陈奕平：《当代美国外来移民的特征及影响分析》，《世界民族》，2004 年第 5 期。

41．陈奕平：《当代美国亚裔人口的特点及其影响分析》，《世界民族》，2003 年第 2 期。

42．陈奕平：《当代美国西班牙裔人口的变动特点及其影响》，《世界民族》，2002 年第 5 期。

43．戴超武：《美国 1965 年移民法对亚洲移民和亚裔集团的影响》，《美国研究》，1997 年第 1 期。

44．胡锦山：《20 世纪美国城市黑人问题》，《东北师大学报》，

1997 年第 5 期。

45．黄苏：《战后美国产业结构变化的主要趋势》，《世界经济》，1986 年第 6 期。

46．高鉴国：《依然是"熔炉"——论美国民族关系中的同化问题》，《世界民族》，1998 年第 3 期。

47. 景跃军：《战后美国产业结构演变研究》，吉林大学 2004 年博士毕业论文。

48．李工真：《纳粹德国流亡科学家的洲际转移》，《历史研究》，2005 年第 4 期。

49．李工真：《纳粹德国知识难民在美国的"失语性"问题》，《历史研究》，2008 年第 6 期。

50．李其荣：《新华侨华人的职业结构及其影响因素——美国与加拿大的比较》，《东南亚研究》，2008 年第 2 期。

51．李秀红：《二战后美国华人的就业特征及成因》，《求是学刊》，2007 年第 1 期。

52．梁茂信：《外来移民对美国经济和就业市场的历史影响——兼论中美学者的观点》，《世界历史》，1996 年第 3 期。

53．梁茂信：《论 19 世纪后期美国对华移民政策》，《东北师大学报》，1998 年第 6 期。

54．梁茂信：《当代美国的人口流动及其区域性影响》，《世界历史》，1998 年第 6 期。

55．梁茂信：《1940—1990 年美国移民政策的变化与影响》，《美国研究》，1997 年第 1 期。

56. 梁茂信：《"人才循环"与"美国人才流失"说：黑白颠倒的伪命题》，《世界历史》，2013 年第 1 期。

57．梁茂信：《二战后专业技术人才跨国迁移的趋势分析》，《史学月刊》，2011 年第 12 期。

58. 梁茂信：《1950 至 1980 年外国留学生移民美国的趋势分析》，《世界历史》，2011 年第 1 期。

59. 梁茂信：《战后美国的外来人才与移民：概念、类型与趋势》，《社会科学战线》，2012 年第 4 期。

60. 陆月娟：《论战后美国族群结构的变化及其影响》，《华东师范大学学报》（哲学社会科学版），2002 年第 5 期。

61. 马侠：《论"脑流失"》，《人口研究》，1993 年第 3 期。

62. 穆光宗：《人口增长效应理论：一个新的假说》，《经济研究》，1997 年第 6 期。

63. 欧阳贞诚：《美国学者关于当代外来移民对经济和劳动力市场影响的研究述评》，《世界历史》，2008 年第 6 期。

64. 欧阳贞诚：《美国当代外来移民的成因及特征分析》，《东北师大学报》，2010 年第 1 期。

65. 钱皓：《美国移民大辩论历史透视》，《世界历史》，2001 年第 1 期。

66. 钱领一、安娜李·萨克瑟尼安、李岷、侯燕俐：《美国新移民企业家调查报告》，《中国企业家》，2007 年第 6 期。

67. 邵惟蔽：《负担还是贡献——试论九十年代移民对美国经济的影响》，上海外国语大学 2005 年硕士毕业论文。

68. 孙群郎：《西方发达国家后工业社会的形成及其成因》，《社会科学战线》，2003 年第 6 期。

69. 吴忠观：《人口增长理论：马克思主义与西方学者比较研究》，《财经科学》，1997 年第 6 期。

70. 沈宗美：《关于美国种族问题的若干历史思考》，《南京大学学报》，1991 年第 4 期。

71. 曾少聪：《美国华人新移民与华人社会》，《世界民族》，2005 年第 6 期。

72．曾少聪、曹善玉:《华人新移民研究》,《东南亚研究》,2005年第 6 期。

73．张晓青:《1990—2000 年美国移民特点及成因分析》,《西北人口》,2002 年第 1 期。

74．赵和曼:《美国新华侨华人的若干变化》,《八桂侨刊》,2003年第 1 期。

75．赵红英:《试论中国大陆新移民的特征——北美与欧洲的比较》,《八桂侨刊》,2001 年第 3 期。

76．赵红英:《近一二十年来中国大陆新移民若干问题的思考》,《华侨华人历史研究》,2000 第 4 期。

77．钟水映、李晶、刘孟芳:《产业结构与城市化:美国的"去工业化"和"再城市化"现象及其启示》,《人口与经济》,2003 年第 2 期。

78．周琪:《日益升温的美国反移民情绪》,《美国研究》,1997年第 1 期。

79．朱慧玲:《近三十年来美国华侨华人职业与经济状况的变化及其发展态势》,《八桂侨刊》,2007 年第 1 期。

80．庄国土:《从移民到选民:1965 年以来美国华人社会的发展变化》,《世界历史》,2004 年第 2 期。

81．应世昌:《美国的移民政策和国外移民对美国经济发展的作用》,《世界经济研究》,1994 年第 1 期。

82．袁奇、刘崇仪:《美国产业结构变动与服务业的发展》,《世界经济研究》,2007 年第 2 期。

后　记

　　作为一个由外来移民及其后代构成的国家，移民问题始终是美国社会生活中无法回避的核心话语之一。在过去的几百年里，移民为美国的崛起、发展与壮大做出了不可磨灭的贡献。但与此同时，在美国历史上，围绕着移民问题的争议之声也长期不绝于耳。特别是在 20 世纪 60 年代美国《外来移民与国籍法修正案》颁布后，大量来自拉美与亚洲地区的新移民，给美国社会带来了前所未有的变化。其中，在战后美国经济经历重构与全球经济日益一体化的国内、国际背景下，新移民对美国的劳动力市场与经济的影响问题，尤为值得思考。因此，从博士论文开始，笔者的研究就围绕相关问题进行探索。毕业之后，笔者并未停止对该问题的关注。在随后几年时间里，笔者又陆续收集了一些资料，对原有成果进行了调整与修正，在此基础上方成此书。当然，限于笔者的研究水平，书中必定存在诸多不足，敬请专家学者斧正。

　　在本书即将付梓之际，我诚挚感谢所有曾为我提供无私教诲与热心帮助的人。

　　首先要感谢的是我求学期间的导师梁茂信先生。梁先生为人正直，治学严谨。自我硕士伊始，先生就始终予以严格要求。在日常生活中，即使在我走上工作岗位之后，先生也时常授以为人处世的原则与方法，帮助我早日褪去青涩，确立信心和走向成熟。因此，无论是为人还是为学，先生均为我树立了一个终生的楷模。只是驽钝如我，时常辜负先生期许。每念至此，深感惭愧。

在东北师大史苑十余载的求学与工作期间，我曾先后接受过于群、董小川、李晔、周颂伦等教授的教诲。诸位先生均为各自研究领域内造诣深厚的学者，能够获得他们的指导和点拨，真是三生有幸。高嵩教授、吕洪艳博士、伍斌博士等也曾为我提供了诸多的帮助与支持，在此一并致谢。

我也要将感谢送给我挚爱的亲人。我于1998年离开了大别山腹地的家乡，只身前往北国春城长春，开始了十余载的求学生涯。我的父母、哥哥、姐姐一直为我提供无尽的鼓励与支持，是我在那一段清贫岁月期间的坚固后盾。在长春成家立业之后，爱人刘子慧女士悉心打理我的日常起居事务，为我提供了无微不至的照顾，让我在远离家乡多年之后，再次收获了久违的家的温暖。对于他们的无私付出，唯有更好地学习和工作，才是对他们的最好回报。

此外，我还要感谢东北师范大学的谢进东博士、客洪刚博士、齐畅博士、张明博士、吉林出版集团的李延勇编辑、长春市政法委的李冠辉先生，以及其他未一一列出姓名但曾给予我以帮助和鼓励的昔日同窗、今日同事与挚友，认识他们是我人生中的一笔宝贵财富。

最后，我要特别感谢生活·读书·新知三联书店的胡群英女士，正是因为有了她的鼎力相助，本书才得以顺利出版。

感谢师长、同事、亲人以及朋友的爱护与帮助，我将以此为动力继续前行！